珍藏本
纪念版

汉译世界学术名著丛书

贫困与饥荒

——论权利与剥夺

〔印度〕阿马蒂亚·森 著

王宇 王文玉 译

商务印书馆
SINCE 1897
The Commercial Press

2017年·北京

Amartya Sen

POVERTY AND FAMINES

An Essay on Entitlement and Deprivation

First issued as a paperback 1981

Reprinted 1985,1987,1989,1991,1992,1996,1997

本书根据国际劳工组织 1997 年版译出

汉译世界学术名著丛书
（120年纪念版·珍藏本）
出版说明

2017年2月11日，商务印书馆迎来120岁的生日。120年前，商务印书馆前贤怀揣文化救国的理想，抱持“昌明教育，开启民智”的使命，立足本土，放眼寰宇，以出版为津梁，沟通中西，为中国、为世界提供最富智慧的思想文化成果。无论世事白云苍狗，潮流左右激荡，甚至战火硝烟弥漫，始终践行学术报国之志，无改初心。

迻译世界各国学术名著，即其一端。早在20世纪初年便出版《原富》《天演论》等影响至今的代表性著作，1950年代后更致力于外国哲学和社会科学经典的译介，及至1980年代，辑为“汉译世界学术名著丛书”，汇涓为流，蔚为大观。丛书自1981年开始出版，历时三十余年，迄今已推出七百种，是我国现代出版史上规模最大、最为重要的学术翻译工程。

丛书所选之书，立场观点不囿于一派，学科领域不限于一门，皆为文明开启以来，各时代、各国家、各民族的思想与文化精粹，代表着人类已经到达过的精神境界。丛书系统译介世界学术经典，引领时代思想，为本土原创学术的发展提供丰富的文化滋养，为推动中国现代学术和现代化进程做出了突出的贡献。

为纪念商务印书馆成立120周年，我们整体推出“汉译世界学术名著丛书”120年纪念版的珍藏本，寄望既利于文化积累，又便于研读查考，同时向长期支持丛书出版的译者、编者和读者致以敬意。

两甲子后的今天，商务印书馆又站在了一个新的历史时间节点上。我们不仅要铭记先辈的身影和足迹，更须让我们的步伐充满新的时代精神。这是商务人代代相传的事业，更是与国家和民族的命运始终紧密相连的事业。我们责无旁贷，必须做好我们这代人的传承与创造，让我们的努力和成果不仅凝聚成民族文化的记忆，还能成为后来人可以接续的事业。唯此，才能不负前贤，无愧来者。

商务印书馆编辑部

2017年10月

献给阿米亚·达斯哥布塔

——是他把我引入了经济学的殿堂，并教我认识了经济学的本质

目　　录

序　　言

有许多关于贫困的事情是一目了然的。要认识原本意义上的贫困，并理解其原因，我们根本不需要精心设计的判断准则、精巧定义的贫困度量和寻根问底的分析方法。那些关于穷人的冗长啰唆的经院研究，那些使用《李尔王》中诸如“居无定所、衣衫褴褛、食不果腹、疲惫不堪”等绘画般的描述，难免会使人感到厌烦。有些事情，就像李尔王告诉瞎子格洛斯特的那样，“一个人不用眼睛看就能知道事情是如何发生的”。的确，有许多关于贫困的事情就是这么一目了然。

但是，并非所有关于贫困的事情都是如此简单明了。当我们离开极端的和原生的贫困时，对于贫困人口的识别、甚至对于贫困的判断都会变得模糊不清。目前，可供使用的贫穷识别方法有许多种（如生理上的基本需要得不到满足、相对贫困等），不过，每一种方法中都还存在大量有待解决的技术问题。另外，要从整体上描绘贫困，还必须超越对贫困人口的“识别”，因为，要在贫困人口特征的基础上形成关于贫困的整体画面，“加总”问题将无法回避。最后——也是最重要的，贫困产生的原因是很难回答的，贫困的直接原因往往比较清楚，无须做太多分析，但其最终原因却是模糊不清的，是一个还远远没有定论的问题。在近期关于饥饿现象原因的研究中，贫困的起因具有特殊重要性。

这本专著所关注的正是这些问题，本书的重点是关于饥饿的一般原因和饥荒的具体原因。第1章从一般意义上引入了基本方法，包括对“权利体系”分析。之所以在详细论述贫穷概念之前就进行这一分析，是因为“权利方法”是这本著作的核心。第2章和第3章研究了关于贫困的概念和度量问题。第4章从一般意义上论述了饥饿这一特殊问题。第5章分析“权利方法”。随后几章分析了发生在世界不同地方的一些案例：1943年的孟加拉大饥荒（第6章）、1973至1975年的埃塞俄比亚饥荒（第7章）、70年代早期非洲萨赫勒地区的饥荒（第8章）以及1974年的孟加拉国饥荒（第9章）；第10章是关于“权利方法”的总结，即在具体层面上分析了一般贫困与权利体系的联系。

本书有四个附录。附录A给出了权利体系的一个重要方面——交换权利的公式化分析。附录B借助于一些模型说明了“交换权利失败”（failure of exchange entitlement）在饥荒发展过程中的作用。附录C研究了贫困的度量问题，详细阐明了已经得到应用和已经提出的各种度量方法。最后，附录D以1943年孟加拉大饥荒为例，分析了饥荒死亡人口的分布问题。

本书原本是为国际劳工局世界就业计划（World Employment Programme of ILO）准备的。我十分感谢他们的耐心，因为本书的完成比我原来的设想要迟得多。我也衷心感谢费利克斯·波克特（Felix Paukert）等人与我关于收入分配和就业计划的有益讨论。朱迪思·海尔（Judith Heyer）和乔斯莱恩·肯奇（Jocelyn Kynch）对本书初稿的评论也使我受益良多。很多学者都给我提出了非常有启发性的建议，他们是：莫胡狄恩·阿拉姆基尔（Mohuddin Alamgir）、苏底尔·阿南德（Sudhir Anand）、阿塞特·布赫塔克基亚（Asit Bhattacharya）、罗伯特·卡森（Robert Cassen）、迪盘卡·查第尔基（Dipankar Chatterjee）、普拉米特·肖德赫利（Pramit Chaudhuri）、阿米亚·达斯哥普塔（Amiya Dasgupta）、梅纳德·德塞（Meghnad Desai）、约翰·弗莱明（John Flemming）、马戴恩古普尔·古什（Madangopal Ghosh）、大卫·格拉斯（David Glass）、卢斯·格拉斯（Ruth Glass）、泰仑斯·戈曼（Terence Gorman）、凯斯·戈利芬（Keith Griffin）、卡尔·哈米尔顿（Carl Hamilton）、鲁戈·哈弋（Roger Hay）、朱利斯·霍尔特（Julius Holt）、雷弗·约翰森（Leif Johansen）、J. 克里西纳莫第（J. Krishnamurti）、穆库·马加姆达（Mukul Majumdar）、阿肖克·米特拉（Ashok Mitra）、约翰·缪尔鲍尔（John Muellbauer）、苏奇·佩恩（Suzy Paine）、戴比达斯·雷（Debidas Ray）、戴布拉·雷（Debraj Ray）、萨米尔·雷（Samir Ray）、塔班·雷坎德胡利（Tapan Raychaudhuri）、卡尔·里斯金（Carl Riskin）、乔恩·罗宾逊（Joan Robinson）、苏曼·萨卡（Suman Sarkar）、约翰·希曼（John Seaman）、里翰·索布罕（Rehan Sobhan）、K. 苏德拉姆（K. Sundaram）、加罗斯拉夫·瓦尼克（Jaroslav Vanek）和亨利·万（Henry Wan）等。

本书中还引用了我早期的一些文章，这些文章发表在：《经济和政治周刊》（*Economic and Political Weekly*，1973、1976）、《计量经济学》（*Econometrica*，1976、1977），《经济研究评论》（*Review of Economic Studies*，1976）、《剑桥经济学月刊》（*Cambridge Journal of Economics*，1977）、《斯堪的纳维亚经济学月刊》（*Scandinavian*

Journal of Economics,1979)、《经济学文献月刊》(*Journal of Economic Literature*,1979)、《世界发展》(*World Development*,1980)和《经济学季刊》(*Quarterly Journal of Economics*,1981)。

最后,需要说明的是,虽然从附录 A 到附录 C,都使用了一些数学概念和符号,但是,本书的分析基本上是非公式化的。对详细内容有兴趣的读者可以参阅附录,不过,即使不参阅附录,理解本书的主要论点(包括案例研究)也不会有任何困难。由于本书的主题非常重要,我将尽可能使其通俗一些。可以不谦虚地说,在这本专题著作中,我所作出的分析是相当有实际意义的。

阿马蒂亚·森

第1章 贫困与权利

1.1 权利与所有权 1

饥饿是指一些人未能得到足够的食物，而非现实世界中不存在足够的食物。虽然后者能够成为前者的原因，但却只是很多可能的原因之一。饥饿与食物供给之间是否有联系，有什么样的联系，需要用事实来进行说明。

关于食物供给的陈述（statement about food supply）是指有关一种商品（或一组商品）自身的事情，关于饥饿的陈述（statement about starvation）则是指人与这种商品（或一组商品）之间的关系。[①] 除非一个人自愿挨饿，我们可以说，饥饿现象基本上是人类关于食物所有权的反映。因此，要说明饥饿现象，就必须深入研究所有权的结构。

所有权关系是权利关系（entitlement relation）之一。要理解饥饿，我们必须首先理解权利体系，并把饥饿问题放在权利体系中

① 商品以及人与商品的关系之间的区别是许多经济理论的核心。实际国民收入评价就是一个重要例子，在这一领域中，已经出现了从传统国民收入评价方法向更加重视人与商品之间关系的方法论转变。见阿马蒂亚·森（1976b，1979a）。

加以分析。[①] 这一方法既可以**更一般地**应用于贫困分析，也可以更具体地应用于饥荒分析。

把一个权利关系运用于所有权，也就按照一定的法律规则，建立一个所有权集合与另一个所有权集合之间的联系。这是一个递推关系(recursive relation)，并且，建立联系的过程是可以被重复的。设想在一个私有制的市场经济中，我拥有一片面包。人们为什么承认我对这片面包的所有权呢？因为它是我用我的钱买来的；为什么人们承认我对这些钱的所有权呢？因为这些钱是我出售我所拥有的一把竹雨伞换来的；为什么人们承认我对这把雨伞的所有权呢？因为这把雨伞是我用自己的劳动和我所拥有的土地里长出的竹子制成的；为什么人们承认我对这块土地的所有权呢？
2 因为这块土地是我从我父亲那里继承来的；为什么人们承认我父亲对这块土地的所有权呢？如此等等。这一权利关系链中的每一环节都"合法地"把一个所有权集合联系到另一个所有权集合，或者联系到一项更基本的权利，即享有个人劳动成果的权利。[②]

在一个私人所有制的市场经济中，人们所公认的典型的权利关系主要包括以下内容：

(1) **以贸易为基础的权利**(trade-based entitlement)：一个人

---

① 饥饿分析的"权利方法"是阿马蒂亚·森(1976c、1977b)提出来的。这一方法在本书第5章和附录A中得到进一步发展，并在第6章至第9章的案例研究中得到应用。

② 这里，权利关系的解释是描述性的(descriptive)而不是规定性的(prescritive)。相反，罗伯特·诺兹克(1974)所做出的正义的"权利理论"这一著名研究则是规定性的，他在规范的意义上研究了私人财产权和其他权利。因此，这两种理论的意义是不同的，绝不能将其混淆。

有权拥有通过自愿交易所得到的东西(在多边贸易中,存在一个由自愿参与者所构成的集合);

(2) **以生产为基础的权利**(production-based entitlement):一个人有权拥有用自己的资源或在自愿的基础上使用雇佣来的资源所生产出来的东西;

(3) **自己劳动的权利**(own-labour entitlement):一个人有权拥有自己的劳动能力,并进而有权拥有与自己的劳动能力有关的以贸易为基础的权利,以及以生产为基础的权利;

(4) **继承和转移权利**(inheritance and transfer entitlement):一个人有权拥有他人自愿赠予他的东西,但后者对这些东西的所有权必须是合法的,而且,这种赠予可能要等到赠予者去世后才能生效(如果他是这样指定的话)。

这些都是或多或少具有直接性的权利关系,而在实际生活中还存在着其他更为复杂的权利关系。例如,一个人可能有权享有某些财产的成果而不需要用任何东西来交换;或者,按照一个社会所公认的亲属关系,一个人有权继承其病危亲属的财产,当然,这位亲属必须没有把这些财产遗赠给别的任何人;或者,一个人可以有权拥有自己所发现的且无人认领的东西。市场权利甚至可以受到配给制度(rationing system)或票证制度(coupon system)的补充,这种情况就曾在英国那样的私人所有制的市场经济中出现过。[①]

① “配给制度”或“票证制度”有可能与价格“控制”结合起来使用。如果“配给制度”不与价格“控制”结合,则会造成“黑市”(“black market”)泛滥。关于黑市价格的详细分析可参阅达斯哥普塔(Dasgupta,1950)。

3

所有制关系的范围会因为经济体制的不同而有很大差别。一个社会主义经济可能不允许"生产资料"私人所有,从而使"以生产为基础的权利"失败。但是,那些仅仅涉及自己的劳动、一些简单的工具和原材料的则属例外。一个资本主义经济则不仅允许生产资料的私人所有,而且这是它的主要基础。但是,资本主义经济——与社会主义经济一样——不允许像奴隶经济那样对人身的所有。社会主义经济会限制一个人为了生产目的而雇用另一个人,即限制为了生产目的而进行的私人劳动力贸易。资本主义经济则不会做出这样的限制,但有可能对长期的劳动力义务契约加以限制。在一些封建农奴社会和殖民地中,这样的契约则是非常常见的。

1.2 交换权利

在市场经济中,一个人可以将自己所拥有的商品转换成另一组商品。这种转换可以通过贸易、生产或两者的结合来实现。在转换中,他能够获得的各种商品组合所构成的集合,可以称为这个人所拥有东西的"交换权利"(exchange entitlement)。

"交换权利映射"(exchange entitlement mapping)是这样一种关系,即它为每一个所有权组合指定了一个交换权利集合。这一关系——缩写为"E-映射"(E-mapping)——界定了对应于每一种所有权情况,一个人所拥有的机会。如果一个人的交换权利集合中没有包含有足够食物的可行商品组合,那么,这个人就有可能面临饥饿的威胁。给定 E-映射,在不存在非权利转移(例如,赈济)

的情况下，我们就有可能识别出那些必定导致饥饿的所有权组合——我将其称为饥饿集合。E-映射、饥饿集合等有关概念将在第 5 章中做详细论述，并在附录 A 中进行公式化分析。这里，我们所关注的只是基本概念。

在给定一个人的所有权组合（包括其劳动力）的情况下，决定一个人交换权利的因素有： 4

(1) 他是否可以找到一份工作，如果可能的话，时间有多长，以及工资是多少；

(2) 他出售自己的非劳动所得资产能够得到多少收入，购买他希望得到的东西需要花费多少钱；

(3) 用他自己的劳动力以及他可以购买和管理的资源（或资源提供的服务）能够生产什么；

(4) 购买资源（或资源提供的服务）的成本是多少，他能够出售产品的价值是多少；

(5) 他有权享受的社会保障福利以及他必须交纳的税金等。

一个人避免饥饿的能力依赖于他的所有权，以及他所面对的交换权利映射。一般来说，食物供给的减少，会通过食物价格上涨，对一个人交换权利造成不利的影响，并使他面临饥饿的威胁。所以，即使饥饿是由食物短缺引起的，饥饿的直接原因也是个人交换权利下降。

更为重要的是，一个人交换权利的恶化可能是由一般食物供给减少之外的原因造成的。例如，假设一个社会中的食物供给总量不变，一部分人因为变得更富有而购买更多食物，造成食物价格上涨，结果就引起另一部分人的交换权利恶化；或者，经济的某些变化可能会影响到一个人的就业机会，从而导致其交换权利恶化；与之相类似，一个人货币工资的增加可能落后于物价的上升；或者他从事生产所必需的资源价格相对上升了，也会对其交换权利产生不利的影响。这些关于交换权利的不利影响就像食物供给总量与人口总量一样是相关的。

1.3 生产方式

很自然，一个人所具有的交换权利还取决于他在社会经济等级结构中的地位，以及该经济中的生产方式。他所拥有的东西会随着他所在的那一阶层的变化而变化。即使 E-映射完全不变，实际交换权利也会随其所有权地位的变化而变化。

即使所有权状况相同，交换权利还依赖于一个人的经济前
5 途，而其经济前途又依赖于生产方式，以及就生产关系而言的他的社会地位。[①] 例如，一个农民与一个无土地的劳动者在所有权方面就存在着差别（因为前者有土地，而后者没有土地）。无土地的收益分成佃农（landless share-cropper）与无土地的劳动者之间的差别并不在所有权方面，而在于他们使用他们所唯一拥有的资源（劳动力）的不同方式。无土地的劳动者通过受雇于别人换得一份货币工资；而收益分成佃农则通过种植作物拥有一部分产品。

① 生产方式的经典论述及其对生产和收入分配的影响，可参见卡尔·马克思（1857—1858、1867）。

这一差别不仅造成二者的报酬不同(报酬的差别可能很大,也可能不大),更重要的是,在灾难发生时,这一差别将造成截然不同的交换权利。例如,假设暴风雨毁坏了农田中的庄稼,造成收获庄稼所需要的劳动力减少,从而导致一些劳动者被解雇,由此会完全摧毁这些人的交换权利。与此相反,在这种情况下,收益分成佃农则只是减少了劳动投入,交换权利有所降低,但他们不会因此而完全失去工作,一无所获。

如果产品是粮食,比如水稻或小麦,收益分成佃农所得到的报酬是可以直接食用的粮食,不需要通过变幻莫测的市场。相反,接受货币工资的农业工人则不得不依赖于其货币工资的交换权利。饥荒往往伴随着相对价格的剧烈变化——尤其是食品价格的急剧上升,因此,当饥荒发生时,收益分成佃农往往要比农业工人更具有相对优势,在资本市场不完备的情况下尤其是这样。然而,与取得固定工资的工业工人相比,收益分成佃农却面临较大的生产风险,这一问题已经得到很好的分析(例如,见斯蒂格利茨,1974)。但是,在食品价格剧烈变化的情况下,一份固定工资并不能保证什么(即使就业有保证);相反,就交换权利而言,一份食品却能够提供一定的保障条件。

类似地,当食品价格发生预料之外的变化时,服务业人员(如理发师或人力车夫)或出卖手工制品的人(如编织者或鞋匠)——
像工资劳动者那样——往往比种植粮食的农民或收益分成佃农更 6
容易遭受饥荒,甚至在后者的**典型**生活标准低于前者的情况下也是这样。

因此,要理解普遍存在的贫困、频繁出现的饥饿或饥荒,我们不仅要关注所有权模式和交换权利，还要关注隐藏在它们背后的因素。这就要求我们认真思考生产方式、经济等级结构及其它们之间的相互关系。在本书的后面，在分析实际饥荒时，这些问题将会得到更加具体的说明。

1.4　社会保障和就业权利

交换权利不仅仅依赖于市场交换，而且还依赖于国家所提供的社会保障。社会保障系统建立之后，失业者可以得到“失业救济金”，老年人可以得到养老金，贫困人口则可以得到一定数量的“贫困救济金”。社会保障系统会影响到每一个人可以控制的商品组合，它们是一个人交换权利的组成部分，其条件是这个人没有进行其他交换。例如，如果一个人用自己的劳动力换取了工资，即成为就业者，那么，这个人就无权继续领取失业救济金；与此相类似，如果市场交换使一个人的收入超过了规定的贫困标准，那么他也没有权利接受救济。在已经建立了社会保障系统的私人所有制的市场经济中，社会保障是对于市场交换和生产过程的补充，这两种类型的机会结合起来决定了一个人的交换权利。

当饥饿现象发生时，社会保障系统尤为重要。世界上富裕的发达国家之所以不存在饥荒，并不是因为就平均水平来说那里的
7 人们是富有的。当人们能够找到工作并能按照适当的工资率挣钱时，他们的确是比较富有的，但是，对大部分人来说，这一状况并不能保持很久。他们可能会被解雇，或者为了寻找更满意的工作而

辞职，也就是说，他们会失业。在失业的一段时间内，他们可能身无分文，在没有社会保障系统的情况下，他们资源禀赋的交换权利就不能为其提供充足的商品组合。如果没有社会保障系统，今天美国或英国的失业状况会使很多人挨饿，甚至有可能发展成饥荒。因此，成功地避免了饥荒发生，靠的不是英国人的平均高收入，也不是美国人的普遍富裕，而是由其社会保障系统所提供保证的最低限度的交换权利。

类似地，社会主义国家——如中国——在人均食物数量没有明显增加的条件下消灭了饥饿。这是先消灭饥饿，而后增加人均食物数量的一个典型。饥饿的消失反映了权利制度（entitlement system）的变迁，社会保障系统的建立以及——更为重要地——通过就业保障制度来保证人们能够挣到足以避免饥饿的工资。

1.5　粮食供给与饥饿

最近，粮食供给增长赶不上人口增长的观点十分流行，不过，支持这一观点的经验性证据却不多见。事实上，当今世界的绝大部分地区——非洲的部分地区除外——粮食供给的增加已经相当于或者快于人口的增长。[①] 不过，这并不意味着饥饿已经被彻底消灭了。这是因为，饥饿——正如我们在前面已经分析过的那

① 见阿塞兹（1975），辛赫（1976b，1977），辛赫和乔丹・德拉贝克（1978），因特福切里斯（1979），以及联合国粮农组织《生产年报》及其月报（如，vol. 3，No. 4，1980，第 15—16 页），也可参阅本书的第 5 章和第 10 章。

样——是交换权利的函数，而不是粮食供给(food availability)[①]的函数。在实际生活中，一些最严重的饥荒正是在人均粮食供给(food availability per head)没有明显下降的情况下发生的(见第 6 章、第 7 章和第 9 章)。

饥饿“不仅仅”依赖于食物的供给，而且还依赖于食物的“分配”。这一说法无疑是十分正确的，然而却无助于问题的解
8 决。不过，由此可以引出一个重要问题：在一个社会的不同阶层中，决定食物分配的因素到底是什么呢？权利方法将引导我们思考所有制形式问题，以及——虽不十分明显，但的确很重要——影响交换权利映射的因素(见附录 A、附录 B，以及第 5—10 章)。如果说食物供给本身对饥饿现象的普遍存在有什么影响的话，其影响也可以被认为是**通过**权利关系而发生的。如果在这个世界上有八分之一的人正在遭受饥饿，[②]那么这只是他们未能获得充分的食物权利的结果，并不直接涉及物质的食物供给问题。

本著作中所使用的权利方法具有一般性，而且，我认为，在饥饿和贫困的分析中，这一方法也是不可回避的。如果说它看上去有些奇怪的话，也是因为我们传统的思维模式在作怪，即只

① 在本书中，“food availability”与“food supply”基本同义。本书作者几乎是在同一意义上使用这两个词的。一个细微的差别是，“food availability”表示实际存在的粮食数量，即粮食存量；而“food supply”则包含有价格因素。不过，二者在本书的绝大多数地方是可以互换的。为了使读者更好地理解作者原意，译者在有细微差别的地方用英文注出。——译注

② 见阿塞兹(1975)，第 108 和 123 页。

考虑到实际中存在着什么东西，而不考虑谁在控制着这些东西。只关注食物相对于人口的比率是十分幼稚的，这一幼稚的方法在过去几个世纪中一直起着混淆是非的作用，并且扭曲了以往的反饥荒政策。直到今天，它仍在严重困扰着人们对于这些政策的研究。[①]

① 见第6、7、9和10章。

第2章　贫困的概念

9

2.1　贫困概念的必要条件

霍尔丹[①]临终时在加尔各答写下了一首诗，叫作《关于癌症的一个笑话》(*Cancer's a funny thing*)。[②] 然而，贫困却一点儿也不好笑。让我们分析以下关于贫困的观点：

> 绝不能让人们贫困到被迫犯罪或危害社会的地步。按照这种贫困观，贫困不仅是穷人的不幸和苦难，更为重要的是，它还导致了社会不安并增加了社会成本。之所以存在贫困问题，是因为低收入者会为高收入者带来麻烦。[③]

---

① J. B. S. 霍尔丹(1892—1964)，印度籍英国遗传学家、生物统计学家和生理学家，对种群遗传和进化研究作出了新贡献，1957年移居印度，著有《遗传学的新途径》等。——译注

② 《牛津20世纪英语诗歌集》(*Oxford Book of 20 Century English Verse*)，拉金(P. Larkin)编辑，牛津出版社，1973，第271页。

③ 雷恩(1971)，第46页。我要补充的是，雷恩教授在这里所描述的是如下有关贫困的三个"宽泛概念"之一：(1)"生存"，(2)"不平等"，(3)"外部性影响"(externality)。引文中的观点对应于"外部性影响"。

贫困概念首先要回答的一个问题是谁应该成为我们关注的焦点。“消费标准”(consumption norms)或“贫困线”(poverty line)也许能部分地完成这一任务:“穷人”是消费水平低于消费标准的人,或者他们的收入水平低于贫困线。但是,这一问题又引出了另外一个问题:贫困的概念是否(1)只与穷人的利益有关,或者(2)只与富人的利益有关,还是(3)与穷人的利益和富人的利益都有关呢?

主张贫困概念只与富人的利益有关不免有些荒唐。我相信放弃第二种观点以及引文中的观点大概不会引起争议。至于第三种观点,由于它的广泛基础和不受限制而具有吸引力。毫无疑问,穷人的贫困的确会影响到富人的福利。然而,真正的问题在于,这一影响是否应该进入贫困的概念之中?或者说,贫困的概念是否应该包括贫困所有的可能**后果**?我认为,我们可以为第一种观点提供充分的论据。这是因为,从某种意义上说,贫困明显只是穷人的 10
特征而不是富人的特征。例如,假设所有穷人的实际收入减少且忍受的贫困增加,那么,无论这一变化是否会给富人带来不利影响(例如,无论富人是否会因为贫困现象恶化而感到不舒服),这种情况都会被定义为贫困增加。

把贫困概念建立在第一种观点之上,并不否认穷人自身的痛苦可能会取决于富人的状况;它只是表明,无论影响穷人福利的因素是什么,贫困概念所关注的焦点都必须是穷人的福利。贫困的**原因**与贫困的**后果**是两个完全不同的重要问题。把贫困的概念转化为穷人的状况并不影响研究这些问题的重要性。事实上,在本书的后面,我们将用大量篇幅来讨论这些问题。

值得注意的是,在有些研究中,研究者不是从一个国家中**穷人**

所忍受的痛苦的意义上去认识贫困的普遍存在，他们所关注的只是整个国家的相对富裕程度。[①] 当然，在关于贫困的研究中，对全体国民福利的关注是理所当然的，而且，当我们把一个国家定义为穷国时，也必然会联系到国民福利这一比较宽泛的概念。但是，我们必须认识到，一个国家内部穷人的贫困与一个国家的贫穷或富裕是完全不同的两个问题，只有这样才不至于引起混乱。

即使我们已经“识别”出穷人，并认定贫困的概念应该只关注穷人的状况，那么，仍然还有很多问题需要讨论。一个重要的问题是，如何对穷人进行“加总”，因为它涉及把对穷人的描述变成某种贫困的度量。在一些传统的研究中，一个简单的做法是，先计
11 算穷人人数，然后再把贫困定义为穷人人数相对于社会总人数的比率。

穷人人数度量(head-count measure)——简记为 H——至少有两个严重缺陷。第一，度量 H 没有考虑到穷人的收入低于“贫困线”的程度：在不影响富人收入的情况下，全体穷人收入的减少丝毫也不会改变对穷人的人数度量。第二，它对穷人之间的收入分配不敏感，尤其是，当收入从一个穷人向一个较富的人转移时，穷人的人数度量绝对不会增加。虽然，H 是目前应用得最为广泛的贫困度量，但是，上述的两个缺陷决定了它不能作为衡量贫困的指标。所以，隐含其中的贫困概念也是值得怀疑的。

在这一章中，我不准备对贫困的度量问题进行详细的分析，这

---

① 例如，斯特里登(Paul Streeten)：《穷国有多穷？为什么？》(*How Poor Are the Poor Countries and Why?*)。

些问题将放在后面两章以及附录 C 中研究。不过，在每种度量方法之后都有一个分析性概念，在这里，我所关注的是有关贫困概念的一般理论。如果上述思路是正确的，那么一个令人满意的贫困概念必须包括两个不同的——但并非完全没有联系的——要素：(1)一个识别穷人的方法［“识别”(indentification)］；(2)一个把穷人所构成的集合的特征进行加总，以形成贫困总体映像(overallimage of poverty)的方法［“加总”(aggregation)］。在后面两章中，我们将完成这两项任务。而在此之前，我们必须首先研究有可能被用于选择具体做法(“识别”和“加总”)的各种思想。本章剩下的篇幅将用来分析这些问题。

在有关文献中，我们可以发现很多关于贫困概念的方法。这些方法中，有一些最近已经受到了严厉的批评；而另外一些则缺少必要的批判性研究。在接下来的几节中，我将对这些方法进行评价。

2.2　生物学方法

在罗恩特里(Seebohm Rowntree)(1901)关于发生在约克(York)[1]的贫困的著名研究中，他把贫困家庭定义为“处于基本贫困”(primary poverty)的家庭。一个家庭处于基本贫困是指，其“总收入不足以获得维持体能所需要的最低数量的生活必需品”。 12
与生存的需要或工作效率的需要相联系的生物学思想常常被用于

① 英格兰北部的一个城市。——译注

贫困线的定义，也并不是很令人奇怪的事情，因为饥饿显然是贫困的一个重要方面。

最近，生物学方法遭到了猛烈的攻击。[①] 它的应用也的确存在一些问题。第一，身体条件、气候条件和工作习惯会有很大差别。[②] 事实上，甚至对一个特定地区中的一个特定群体来说，要准确定义其最低营养标准(minimum nutritional requirements)也是十分困难的。我们知道，人类曾经借助于极少的营养而生存下来，并且，随着饮食条件的改善，人类的预期寿命不断延长。事实上，在很多地区，随着物质富裕程度的不断增加，营养也在增加。由于饮食的不断改善，美国人、欧洲人和日本人的身高一直都在增加。因此，要准确地确定最低营养标准线是十分困难的，如果一定要确定一条最低营养标准线的话，那么，潜在的随意性就很难避免，并且，这种随意性会超出种群和地区之间的差异。

第二，要把最低营养标准转换成最低食物量标准(minimum food requirements)取决于商品组合的选择。这一转换其实是一个最优化问题，即对给定的最低营养标准，求解满足这一最低营养标准的成本最小的商品组合，解出的商品组合就是最低食物量标准。求解这一最优化问题的过程并不困难，不过，这样计算出的食谱是否有意义却不十分清楚。它的确是低成本的，[③]却可能是十

① 见图恩森德(Townsend,1971、1974)和雷恩(1971)。

② 见雷恩(1971)、图恩森德(1974)、苏克哈特米(Sukhatme,1977、1978)和斯林尼瓦森(Srinivasan,1977a、1979)。

③ 见施蒂格勒(Stigler)于1945年所给出"生活必需品成本"估计。也可参阅拉加莱曼(Rajaraman,1974)。

分乏味的，并且，人们的饮食习惯也不是由这一成本最小化问题的求解来决定的。另外，获得特定的最低营养标准所需要的实际收入，在很大程度上还依赖于人们的消费习惯。

第三，对于非食物类项目来说，要确定最低需要量也是十分困难的。通常，这一问题是借助于一个假设条件来解决的，即假设人们会用其总收入中的固定比例购买食物。基于这一假设，再结合最小食物支出就可以计算出最小总支出。但是，人们在食物上的支出不仅依赖于习惯和文化，而且还依赖于商品和劳务的相对价 13
格和总量。不难发现，这一假设条件与现实生活经验常常是不一致的。例如，贝弗里奇(Lord Beveridge)关于在第二次世界大战期间维持最低生活标准的收入估计就已经被证明是错误的，因为当时在英国人的收入中，用于食品支出的比例要比通常所假设的低很多(见图恩森德，1974，第 17 页)。

鉴于这些问题的存在，我们会赞同雷恩(1971)的如下看法："贫困的最低生活水平定义中的每一过程几乎都有缺陷"(第 61 页)。这样就留下了一个问题：在批判了生物学方法的每一过程之后，我们还应该做些什么呢？我们是否应该简单地摒弃这一方法呢？[①] 还是研究其中是否存在可供借鉴的东西呢？我认为，生物学方法中的确存在可供借鉴的东西。

① 这在很大程度上依赖于可供选择的其他方法是什么。1971 年，雷恩本人也曾指出："其他概念应该受到更多的关注并加以发展"(第 62 页)。由于"生存"只是其三个宽泛的贫困概念之一，"外部性影响"和"不平等"的发展和完善工作就留给了我们。无论就贫困的原因来说，还是就贫困的衡量来说，不平等都与贫困有关。但是，正如我们将在第三节中所说明的那样，不平等与贫困是两个完全不同的问题。至于"外部性影响"，就穷人对非穷人的影响而言，我们在第一节中已经进行了批判性说明。

首先，虽然最低营养需求的确是一个很不精确的概念，不过我们也没有特殊的理由苛求贫困概念自身必须是完全清晰的。事实上，在这两个概念中都隐藏着一定的含糊性，真正有意义的问题是这两个概念的含糊程度，即按照通常的解释，在哪些方面这两个概念是一致的。因此，结果不是营养标准是否含糊，而是这种含糊性是否必要。

第二，要考察一个人是否正在享有某种营养组合，我们不必看他是否具有获得这一营养组合所需要的收入水平，只需要简单地观察这个人现在的营养状况是否满足营养标准即可。甚至在贫穷的国家中，关于营养状况的直接信息也能够通过对消费组合进行抽样调查而收集到，并存在进行广泛分析的基础[见斯林尼瓦森和巴德罕(Bardhan)，1974，尤其是查第尔基(Chatterjee)、萨克(Sarkar)、波尔(Paul)和帕尼卡(Panikar)等人的文章，1975]。因此，在营养标准方法中，“识别贫困”根本不必要借助于收入这一媒介。

第三，如果我们一定要借助收入媒介的话，使用我们社会中流
14 行的消费行为模式则可以大大简化从营养标准(或这类标准构成的一个集合)到“贫困线”收入(或一组“贫困线”收入)的转换。接近现实的消费行为和习惯的假设，将使我们能够估计出满足营养标准的“典型”收入水平(在第3章中，我们将对这一问题作进一步的论述)。

第四，虽然营养不良只抓住了贫困概念的一个方面，但不可否认，营养不良是贫困概念的一个非常重要方面，对于许多发展中国家来说，它尤其重要。因此，在贫困的概念中，营养不良必

然占据中心地位。虽然对于如何确定其具体位置还有待于进一步探讨，但是，最近出现的对这一方法的全盘否定则肯定是错误的。

2.3　不平等方法

贫困的概念在本质上就是不平等，这一观点看似有一定道理。毕竟，在绝大多数社会中，富人向穷人转移收入可以减轻贫困的程度。当识别穷人的贫困线标准不得不根据一个社会当时的生活标准来确定时，贫困就好像进一步表现为这个社会中最贫穷的一组人与其他人之间的不平等。

米勒(Miller)和罗比(Roby)曾经说明了他们支持贫困就是不平等这一观点的理由，他们的结论是：

> 从社会等级阶层的角度来考察贫困问题，可以使我们认识到，贫困问题的本质就是一个不平等问题。在这一方法中，我们并不试图去测定具有伪科学准确性的贫困线。相反，我们观察一个社会中最富有的20%人口或10%人口，与这个社会中的其他人在收入分配上的差别的性质及大小。我们所关心的是处于各等级最底层的人与其他人之间差别的缩小。[①]

我们可以列举出更多的理由来支持这一观点，但是，这并不能 15
否认，不平等与贫困是两个根本不同的问题。试图把贫困“当作一

① 米勒和罗比(1971，第 143 页)。也可参阅米勒、雷恩、罗比和克罗斯(Cross，1967)。还可参阅威德波恩(Wedderburn，1974)关于其他方法的论述。

个不平等问题”来分析，或者以某种与此相近的方式来看待二者的关系，都是不恰当的。当然，不平等与贫困也不是完全没有联系，只不过，它们中间的任何一个都不能包括另一个。比如，在其他条件不变的情况下，从高收入阶层中的一个人向中等收入阶层中的一个人转移收入，肯定会减少不平等程度，但是，这并不会影响我们对贫困的感受。与此相类似，收入普遍下降可能会使以某种指标衡量的不平等程度保持不变，但却会导致饥饿、营养不良以及人们贫困程度的急剧增加。在这种情况下，说贫困程度没有变化岂不荒唐？无视饥饿这样的信息不是对“伪科学精确性”的禁戒，而是对那些理解贫困的重要参数的忽视。总之，贫困不意味着不平等，不平等也不意味着贫困。[①]

当然，从认识到不平等与贫困之间的相互联系，到认识到即使在一个国家生产能力不提高的情况下，也可以通过改变收入分配制度来减少贫困，是有一定距离的。认识到作为一个概念的贫困所具有的不同性质，可以使我们把贫困概念当作一个有意义的、有其自身复杂性的问题来看待。这样，不平等在贫困的一般存在中所起的作用就可以被纳入贫困概念之中了，从而无需把这两个概念等同起来。

① 值得注意的是，衡量不平等的方法有很多种，“高收入20%或10%的人与其他人”之间的收入差距只是其中之一。见阿特金森（Atkinson，1970）、阿马蒂亚·森（1973a）、考尔姆（Kolm，1976a、1976b）以及布莱克贝（Blackorby）和多纳尔森（Donaldson，1978、1980b）。另外，不平等不仅是收入分配问题，而且还是不同社会阶层之间多方面的悬殊差别问题，正如卡尔·马克思（1859、1867）在生产关系意义上所作出的分析那样。

2.4　相对贫困

"相对贫困"(relative deprivation)这一概念已经被卓有成效地运用于贫困分析,[①]在社会学文献中尤其如此。贫困(Being poor)与相对贫困(being deprived)是有联系的,尤其是对于人这种社会动物来说,贫困的概念更是相对的。但是,在"相对贫困"这一术语的一致性中,似乎存在着不同的看法。

首先是"**贫困感**"(feeling of deprivation)与"**贫困状况**" 16
(condition of deprivation)之间的区别。图恩森德认为"后者是一个更好的用法"。[②] 为了能够把相对贫困准则建立在具体的条件之上,我们的确需要做很多工作。但是,这样的准则一旦建立起来,我们就可以在客观意义上用"相对贫困"来描述人们的处境,即与另一些人相比,一些人在某些方面的欲望得到了较少的满足,如收入、舒适的职业或权利等。[③]

另一方面,"贫困状况"的选择不可能独立于"贫困感"。对物质目标的评价不可能不涉及人们对这些评价对象的看法,即使"感觉"没有被明确表达出来,在"属性"的选择中,它们也会隐含地发挥作用。图恩森德曾正确地分析了界定一个社会典型生活方式的重要性,他指出:"努力界定一个社会中流行的或公认的生活方式,

---

① 鲁西曼(Runciman,1966)和图恩森德(1974)给出了有关这一概念的两种不同观点。

② 图恩森德(1974),第 25—26 页。

③ 威德波恩(1974),第 4 页。

并发现是否存在……资源分配的某个分界线，在此界线之下的家庭就很难……享受这一典型生活方式所包含的生活习惯、日常活动和营养等”。[①] 然而，在决定被人们视为至关重要的生活方式和生活水平时，我们还必须关注“贫困感”。实际上，我们也无法把“贫困状况”与“贫困感”完全割裂开来，要客观地判断“贫困状况”，就必须客观地理解“贫困感”。

第二，用于比较的“参照组”选择问题。我们必须考察作为比较参照的人的情况，这是我们在使用相对贫困概念1研究贫困问题的过程中可能会遇到的一个困难。当然，横向比较不可能独立于问题中的社会政治活动，[②]这是因为，一个人关于贫困的感觉与这个人的预期、他对公平的看法以及他对谁有权享受什么的判断密切相关。

对于贫困的社会分析来说，这些与“相对贫困”这一宽泛概念
17 有关的不同问题，都具有十分重要的意义。值得注意的是，相对贫困观——甚至包括它的所有变形——并不能真正成为贫困概念的唯一基础。例如，无论一个社会中收入分配的相对模式是什么，饥荒总会被认为是赤贫的表现。由此看来，在我们的贫困概念中存在着一个不可缩减的**绝对**贫困的内核（core of absolute deprivation），即把饥饿、营养不良以及其他可以看得见的贫困，统统转换成关于贫困的判断，而不必事先确认收入分配的相对性。

---

① 图恩森德(1974)，第36页。

② 例如，斯克思(Richard Scase，1974)指出，瑞士工人所选择的参照组就比英国工人更为广泛，这一差别与两国工会运动和政治组织的差别不无联系。

因此，相对贫困分析方法只能是对绝对贫困分析方法的补充而不是替代。

2.5　一个价值判断？

最近，“贫困是一种价值判断”的观点受到了很多作家的推崇。他们把贫困看作是令人厌恶的事情，从而也就很自然地把消灭贫困看作是道德上的善举。这一领域的著名作家奥善斯基（Mollie Orshansky）则走得更远，他认为，“贫困，就像美那样，只存在于注视者的眼中。”[①]由此，在很大程度上，贫困成了主观的事情：在贫困统计中，完全解除了对一个人个人道德的约束。

我反对这一观点。道德会以不同的方式渗入到对贫困的衡量之中，把这些方式区别开来是十分重要的。例如，某种“理论自身是规范性的”与“这一理论必须考虑到社会成员所表现出的行为规范”是两种不同的说法。描述流行中的规定性的东西只不过是一次描述（description），而不是一次规定（prescription）。正如豪伯斯鲍姆（Eric Hobsbawm）在 1968 年所指出的那样：“对贫困的度量是根据发生贫困的那一社会的传统来定义的”（第 398 页）。但是，这并不会使我们在对一个社会的贫困评价中带有价值判断的性质，一些主观方法或其他方法也是这样。对于研究和度量贫困的人来说，社会传统是存在着的事实（当时的行为标准是什么？），而不是个人道德或主观判断的问题（什么应该是当时的行为标准？

① 奥善斯基（1969），第 37 页。对这一观点的批判，见图恩森德（1974）。

18 什么应该是我的价值标准？我对所有这些的感受如何？)。①

亚当·斯密早在200年前就曾明确指出了这一点：

> 我所理解的生活必需品，不仅包括维持生命所必需的东西，而且还包括这样一些东西：如果没有它们，甚至对最下等人来说，也会被社会习俗认为有伤风化。例如，一件亚麻衬衫，严格地说，它并不是维持生命所必需的东西。我猜想，即便没有亚麻衬衫，希腊人和罗马人也能生活得很舒适。但是，今天，在欧洲的大部分地区，没有亚麻衬衫，一个讲究体面的临时工都会羞于在公共场合露面。缺少亚麻衬衫成了不光彩和贫困的标志，在人们看来，只有品行极坏的人才会落到这种地步。在英格兰，习俗以相同的方式，曾经把皮鞋视为生活必需品。没有它们，无论性别如何，连最贫穷的体面人都羞于在公共场合露面。

卡尔·马克思也曾以类似的语言指出，当“历史的和道德的因素”进入最低生活标准概念中时，“在一个给定国家、给定时期，一个劳动者所必需的、最低生活标准所意味着的平均生活质量是众所周知的”(第150页)。

也许，亚当·斯密和马克思都过高估计了社会成员关于“生活

① 当然，这并不否认，个人的价值标准会隐含地影响他对事实的评价。事实上，这种影响也时有发生。不过这里要说明的是贫困度量的性质，即它是对事实的评价，而不是某种具体的度量方法和隐藏在这一具体度量背后的心理活动(我在加尔各答曾经住过学生宿舍，那里的医生可能会拒绝根据如下理由来判断流感的发生，即“流感不应该是卧床不起的原因”)。在某些方面，这一问题可以与影响个人价值标准的个人兴趣相提并论。关于这一问题，也可参见赫斯克曼(Hirschman，1977)。

必需品”或“贫困”看法的一致性程度。关于“生活必需品”的描述也许并非含糊不清，但是，在某一描述中表现出一定程度的含糊性，并非就意味着它一定是一个规范性的陈述——只不过是一个含糊不清的描述而已。为了消除这类含糊性，人们可能不得不做 19
出一些随意取舍或假设，如果这样做了，只需要将其注明就是了。与此相类似，当不存在一个公认的一致性准则时，人们可能被迫使用多个准则，并观察这些准则所产生的**部分**排序（反映这些准则的“多数”）。[①] 但是，这一部分排序所反映的仍然是一个描述性陈述而不是一个规范性陈述。这一陈述很可能类似于说“努里耶夫[②]或许是，也或许不是比尼任斯基[③]更好的舞蹈演员，因为按照努里耶夫那个时代的标准，他的确比尼任斯基跳得更好”，这是一个描述性陈述（并且是一个没有争议的陈述）。

2.6　一个政策性定义？

对贫困的量度可能建立在特定的标准之上，但这些标准自身又是什么样的陈述呢？它们是那些反映实际政策目标或人们关于政策应该是什么的看法的公共政策标准吗？毫无疑问，这一标准必须具有某种意义上的广泛可接受性，不过，这并不意味着它就是

---

① 阿马蒂亚·森(1973a)，第 2、3 章。

② 努里耶夫(1938—　)，出生于苏联的著名芭蕾舞演员，曾任列宁格勒基洛夫芭蕾舞团独舞演员，1961 年离开苏联成为伦敦皇家芭蕾舞团特邀艺术家，1982 年加入奥地利国籍。——译注

③ 尼任斯基(1890—1950)，俄国芭蕾舞演员、舞剧编导，曾在玛丽亚剧院担任独舞演员。——译注

现实中的**或**提议中的政策目标的准确反映。关于这一问题似乎也存在着一定的混乱。例如，1969 年，美国收入补贴总统委员会(United States President's Commission on Income Maintenance)在其著名的报告《贫困与富裕》(*Poverty amid Plenty*)中就曾为这类"政策定义"进行辩解：

> 如果社会认为，人们不应该死于饥饿或没有住所，那么，它就会把贫困定义为缺乏维持生命所必需的最低数量的食品和住房；如果社会认为，它有责任为人们提供的不仅仅是生存手段，如健康的身体，那么，它就应该在生活必需品中再加上预防或治疗疾病所需要的资源。在任何特定的时间内，一个政策定义所反映的应该是社会能力与欲望之间的平衡。在低收入国家中，社会公众会发现，他们不可能过多地奢望生活必需品之外的东西；只有那些更有能力来供养其公民的社会，才可能考虑赤贫对穷人和富人的不同影响。①

在这一"政策定义"中，至少存在着两个困难。第一，实际政策的制定取决于一系列因素，超越了它应该做什么这一一般性观念。政策是政治组织的职能，取决于包括政府的性质、其权利来源以及其他社会组织压力等在内的许多因素。事实上，在许多国家追求的公共政策中，无论从何种意义上讲，都很难发现其对消除贫困所
20 给予的关注。如果就实际政策来说，"政策定义"并不可能把握政策制定中的政治问题。

① 美国收入补贴总统委员会(1969)。

第二，即使这里"政策"所代表的不是实际执行中的政策，而是在社会中得到广泛支持的政策措施，问题仍然会存在。很明显，"贫困"概念不同于应该用"政策"消除的东西。政策措施必定依赖于可行性评估（"应该做什么隐含着能够做什么"①），而承认某些贫困无法被立即消除并不等于承认它们可以不被视为贫困。（对比："老人家，你要明白，你挨饿不是因为你真的很贫穷，而是因为在目前的经济环境中，不可能使每一个人的收入水平都高于消除饥饿所必需的水平。"）亚当・斯密的生活必需品概念是"维持生命必不可少的物品"以及"没有它"就会被"社会习俗视为有伤风化"的物品。这与人们所普遍接受的、用政策能够并应该为所有人提供的物品是完全不同的两种东西。

我认为，这一"政策定义"的基础是混乱的。毫无疑问，随着经济发展，相对贫困和贫困概念的内容也会随之变化，应该做些什么的看法也会发生变化。虽然这两种变化不仅是相互依存的，而且还动态地相互联系着，但是，其中任何一个都不可能完全用另外一个来**定义**。拥有丰富石油的科威特，以其新的繁荣，"更有能力供养其人民"，但是，什么是贫困的观念并不会直接随其收入水平的上升而提高。与此相类似，遭受战争破坏的荷兰，可能仍然保持着战前的贫困标准，而没有把其贫困线下调到与战后困境相对应的水平。②

① 哈里（Cf. Hare，1963），第 4 章。

② 关于这一困境的分析，见斯泰恩（Stein）、苏塞（Susser）、萨恩格（Saenger）和马罗拉（Marolla，1975）。

如果接受这一方法，那么，对贫困的度量就必须被看作是一种
21 描述，是根据当时流行的生活必需品标准对人们的困难处境所进行的评价。这样的评价基本上是对事实的描述，而不是某种伦理评价；这些事实只与什么被视为贫困有关，而与政策建议没有直接的联系。因此，贫困既有绝对的一面，又有相对的一面（正如我在第 2 节和第 4 节所指出的那样）。

2.7 标准与加总

有两个问题我们还没有接触到。第一，在两个社会的贫困比较中，不同社会有着不同的生活必需品标准，我们如何才能建立一个共同的标准呢？用于社会比较的基本方法有两种：一种方法是，就每个社会各自的最低生活必需品标准来比较两个社会的贫困程度；另一种方法是，就某一给定的最低生活标准——比如其中一个社会中现行的最低生活标准——来比较两个社会的贫困程度。以下的两种说法并不矛盾：

(1) 按照某一共同标准，比如，A 国现行的最低生活标准，A 国比 B 国更贫穷；

(2) 按照各自的最低生活标准，A 国比 B 国更贫穷，而 A 国的最低生活标准却远远高于 B 国的最低生活标准。

这两种陈述都是有意义的，就这两个陈述中的哪一个更“正确”进行争论实在没有多大意义。重要的事情是，要看到这两个陈述之间的区别。

第二，虽然贫困的“识别”可以建立在最低生活必需品标准的基础上，但贫困的“加总”却需要用某种方法把不同人的贫困综合成一个总指标。在“加总”中，某种相对贫困尺度是必要的。由于这方面的规则还没有牢固地建立起来，可接受性的约束条件不十分严格，因而留给了研究者比较宽松的选择余地，这里相对尺度的选择也会有很大的随意性。社会之间的贫困比较有些 22
类似于不同分组运动员成绩的比较，都需要一个总的描述性陈述(aggregative descriptive statements)作为比较的准则。在有些情况下，我们可以做出像“在短距离赛跑中，非洲人胜过印度人”这样的总的陈述(例如，在几乎所有短距离赛跑中，非洲运动员都战胜了印度运动员)；而在另外一些情况下，这一陈述则根本不能成立；也存在一些中间情况，即说任何一方胜过另外一方都会引起争议。

由于“总的描述”具有随意性，这一问题很容易被重新定义为一个“伦理”问题，就像经济不平等度量中已经出现过的那样。[①]但是，伦理评价也有着类似的含糊性，而且伦理评价所回答的问题也不是当初所提出的描述性问题。[②] 除了接受贫困描述中所固有的随意性，并将其尽可能搞清楚之外，我们没有其他选择。由于一个国家的“贫困”这一概念有着根深蒂固的含糊性，我们本来就不应该抱有过高的期望。

① 见戴尔顿(Dalton，1920)、考尔姆(1960)和阿特金森(1970)。

② 见本塞尔(Bentzel，1970)、汉逊(Hansson，1977)和阿马蒂亚·森(1978b)。

2.8 总结性评论

贫困也有与别人相比而显得寒酸的意思。最近，人们的注意力——尤其是社会学文献——从绝对贫困转向了相对贫困，这一转变提供了一个非常有用的分析框架(第 4 节)。但是，作为一种贫困的研究方法，相对贫困也很不完善。它只能是对前述绝对贫困方法的补充(而不是替代)。生物学方法虽然有许多弊端，但却值得重新表述，而不能简单拒绝，因为它联系到绝对贫困这一无法回避的内核，并且保持了饥饿问题在贫困概念中的核心地位(第 2 节和第 4 节)。

把贫困问题看作不平等问题，对于这两个概念来说都是不合适的。固然，贫困与不平等有着密切联系的一面，但是，它们毕竟
23 是两个截然不同的概念，任何一个都不能包括另一个。

大量论据表明，贫困的度量并不是一个伦理问题，而是一个描述性问题(第 5 节)。另外，人们通常所使用的贫困的“政策定义”也存在着根本缺陷(第 6 节)。按照一个社会现行的最低生活标准来描述穷人的困境必然存在一定的含糊性，它就潜伏在贫困的概念之中。虽然，含糊性的描述并不同于规范性描述①，但当我们在许可的常规做法与最低生活标准的可能解释之间做出选择时，随意性是难以避免的，这需要我们正确认识和认真对待。

① 关于潜在的方法论问题，阿马蒂亚·森(1980a)已经进行过许多分析。

第3章　贫困：识别与加总

3.1　商品及其特性 24

在上一章中，我们曾指出，贫困的度量可以分为两个步骤，即贫困的**识别**和把贫困人口的特征**加总**成一个总度量。当然，贫困的"识别"要先于"加总"。识别贫困的最普通做法是确定一个"基本"——或"最低"——生活必需品集合，[①]把缺乏满足这些基本需要的能力作为贫困的检验标准。在上一章中，我们已经指出，在"基本"必需品的确定中，相对贫困理论是有意义的，但却不能把相对贫困作为确定"基本"必需品的**唯一**基础。这是因为，**贫困的概念**存在不可回避的绝对贫困内核。根据上一章所描述的一般分析

① 关于基本必需品的文献非常多，其中最主要的文献有：联合国国际劳工组织(International Labour Organization)(1976a，1976b)、哈克(Haq，1976)、乔利(Jolly，1976)、斯第瓦特(Stewart)和斯特里登(Streeten，1976)、贝克曼(Beckerman，1977)、布哈拉(Bhalla，1977)、盖(Ghai)、卡恩(Khan)、李(Lee)和阿尔福桑(Alfthan，1977)、斯特里登(1977)、巴洛格(Balogh，1978)。有关的文献还有：阿戴尔曼(Adelman)和默利斯(Morris，1973)、切恩纳利(Chenery)、阿鲁瓦里亚(Ahluwalia)、贝尔(Bell)、杜雷(Duloy)和乔利(1974)、默拉威兹(Morawetz，1977)、里特林(Reutlinger)和斯罗斯基(Selowsky，1976)、德利诺斯基(Drewnowski，1977)、格兰特(Grant，1978)、奇切尔尼斯基(Chichilnisky，1979)以及菲尔兹(Fields，1980)。

思路，在进行贫困“识别”和“加总”之前，我们必须首先解决一些更具细节性和更技术性的问题。

贫困的识别中所涉及的基本必需品应该被定义为某种具体的商品，还是某种“特性”？小麦、稻谷和土豆等都是具体的商品，而食品所提供的热量、蛋白质和维生素等则是消费者所需要的这些商品的“特性”。[①] 如果某种特性只能从唯一的某种商品中获得，没有替代品，那么，就能够很容易地把对“特性”的需求转换成对商品的需求。不过，一般情况并不是这样，对“特性”的需求并不能决定对商品的需求。维持生命所必需的是食品所提供的热量，而不是小麦、稻谷等食品自身。

显然，对“特性”的需求要优先于对商品的需求。只有在某些
25 特殊情况下，把前者转换成后者才是可能的。“特性”来源的多样性不是一成不变的，能够提供热量或蛋白质的商品很多，能够提供住宿的商品却很少。读写能力主要来自于小学教育，虽然也有其他来源。因此，在许多情况下，从对“特性”的需求向——广义的——对商品的需求转换是可能的，而且，这样做不会导致严重的含糊性。正是基于这一理由，“基本”或“最低”需要才常常被定义为一个合成向量(hybrid vector)，如大卡数、蛋白质、住房、学校和医院病床数等。这一向量中的有些分量是纯粹的“特性”，而另一些分量则是具体的商品。有证据表明，这样的混合使纯粹主义者感到不安，但它的确简便，也没有多大危害。

① 关于商品特性的消费者理论，可参见戈曼(Gorman，1956、1976)和兰卡斯特(Lancaster，1966)。

一种有意义的中间情况是,某种“特性”本来可以从几种不同的物品中获得,而社会偏好却使得这一“特性”只能从某一种物品中获得。例如,一个社会可能只消费稻谷,其他大卡(或碳水化合物)来源被认为是不可接受的。解决这一问题的一个途径是,把“得自稻谷大卡数”的“特性”定义为消费者所需要的东西,这样就只有稻谷才能满足这一需要。并且这样做在分析上也是充分可行的。我们也可以用其他方法来解决这一问题,例如,假设人们所需要的是大卡,但把稻谷当作是唯一**可行**的来源。虽然这些概念上的区别没有很直接的实践意义,但是,对于那些涉及偏好变化的政策来说,它们会给出相当不同的方法。

在合理饮食观念的形成中,知识积累所起的作用是营养计划的一个重要组成部分。这里所说的知识,既包括营养知识,也包括品尝食物的经验[一旦一个人要摆脱老吉尼斯黑啤酒(old Guinness)广告:“我从未尝过它,因为我不喜欢它。”所设置的障碍]。

人们的饮食习惯并不是固定不变的,但它们会有很大的惯性。26
在比较不同社会的贫困时,用“特性”来说明的基本需要明显不同于用具体商品来说明的基本需要。例如,是以掌握的商品数量为基础进行比较,还是以掌握的大卡数和蛋白质数量为基础进行比较,对于印度各州农村生活标准的排序来说,会有很大的不同。[①]毫无疑问,“特性”能够为基本需要的确定提供更确切的基础,但是,由于人们的偏好是相对稳定的,因此,从基本需要到最低成本

① 有关这一问题的一般分析,可参见阿马蒂亚·森(1976b)。有关这一问题的经验研究,可参见莱斯(Rath,1973)、布赫塔克基亚和查第尔基(1974,1977),以及阿马蒂亚·森(1976b)。

饮食函数的转换，不仅取决于各种食品的价格，还取决于人们的消费习惯。[①] 在“识别”的过程中，我们必须考虑到这一问题。下一节，我们还将继续分析这一问题。

3.2 直接方法与收入方法

用一个给定的“基本需要”集合来识别贫困，可供使用的方法至少有两种。[②] 一种方法是简单地考察人们的消费组合是否满足基本需要。我们称这一方法为“直接方法”(direct method)，因为它不涉及收入概念的使用，尤其不涉及贫困线收入的使用。相反，在我们称为“收入方法”(income method)的方法中，首先是计算满足指定的最低需要的最低收入水平 π；然后，再考察人们的实际收入是否处在贫困线之下。

很明显，“直接方法”要优于“收入方法”，因为前者不取决于特殊的消费行为假设，而消费行为假设则可能是不准确的。可以说，只有在判断特定的基本需要是否得到满足所需要的直接信息缺乏的情况下，“收入方法”才值得考虑，因此，“收入方法”充其量只是次优的。

对于这样一种观点，值得阐述的内容很多，而且，“收入方法”

① 饮食习惯是不会轻易改变的，只有在极度饥饿的情况下，才会发生根本的变化。事实上，在饥荒中出现的大量死亡，往往是因为吃了不习惯的食物以及非食物的东西，所导致的腹泻造成的(见附录 D)。

② 这一区别与罗恩特里的“一级”贫困(primary poverty)、“二级”贫困(secondary poverty)之间的区别密切相关。

的确可以被当作近似“直接方法”结果的一个途径。然而,这并不
是这两种方法全部的区别。我们也可以认为,“收入方法”既考虑
到了个人心理上的特点,又不损害贫困概念的基础。按照“直接方 27
法”,躺在钉床上戒食的苦修者(ascetic)应被定义为穷人;而“收入方法”却可以给出不同的判断。因为在这一社会中,一般人的收入本来是可以满足基本营养要求的。一个人的收入水平,不仅可以被认为有助于预测他的实际消费能力,而且还可以被看作是他满足最低需要的**能力**(无论他是否实际使用这一能力)。[①]

这里,要划出一条明确的界限是很困难的。如果我们所寻求的只是满足最低需要的能力,而不考虑人们的口味,那么,就可以建立一个成本最小化的数学规划问题,通过求解这一数学规划问题计算出最低生活成本,然后,根据这一最低生活成本来判断一个人是不是一个穷人。这一成本下的饮食结构是十分便宜的,但也是令人乏味的(不合口味的),而且常常被认为是难以接受的。[拉加莱曼(1974)在旁遮普[②]的开创性研究中,在建立最低生活成本这一最优化问题的最初阶段,旁遮普人难以预料的命运取决于旁遮普村庄遭受洪水的情况。]偏好可以被当作约束条件引入最低生活成本的计算,难以确定的是,这些约束的普遍性和严格程度。只有在极端情况下,这些约束才可能决定消费模式。

我相信,广泛用于整个社会的偏好约束与那些在本质上只反

① 收入方法与实际收入比较福利经济学有着密切的联系。见希克斯(Hicks,1958)。

② 南亚次大陆西北部地区,分属印度和巴基斯坦。——译注

映个人心理特点的偏好约束相比，有着原则上的不同。如果贫困收入水平是根据社会典型行为规范推导出来的，那么，我们就有理由认为，选择躺在钉床上戒食苦修的高收入者不是穷人。因此，“收入方法”除了在可以得到详细消费数据的情况下能够作为“直接方法”结果的近似之外，其自身也有一定的优点。

事实上，“直接方法”与“收入方法”并不是对同一种东西的两
28 种不同度量方法，而是代表两种不同的贫困**概念**。“直接方法”所识别的是，实际消费不满足传统中公认的最低需要的那些人；“收入方法”所识别的则是，按照社会典型的消费方式，没有能力满足该需要的那些人。在一个社会的贫困判断中，这两种方法都是有意义的。但是，后者较少地依赖于典型的生活方式，而且，在从已经观察到的选择到选择能力概念这一飞跃中，它也更精炼。按照“收入”方法，穷人是指这样一种人，即按照社会的传统行为方式，其收入不足以满足规定的最低需要。①

“收入方法”具有这样的一个优点，即就收入差距的意义而言，它提供了偏离“贫困线”程度的数字度量尺度，而这是“直接方法”所不能提供的，因为这意味着它必须指出每一种基本需要的差距。另一方面，从“识别”的必要前提条件来看，“收入方法”则受到较多限制。第一，如果消费行为方式具有不一致性，那么，“典型”的消费者满足其最低需要的收入水平标准就不存在。第二，如果不同的人面对的价格不同，如不同社会阶层、不同职业或不同地区面对

① “收入方法”建立在两个不同传统之上，即(1)用于识别最低需要的传统；(2)用于指定行为和偏好约束的传统。

的价格不同,那么,即使存在着一致性的行为规范和一致性的消费习惯,贫困线也只能按阶层来划分。[①] 这些都是客观的困难,不可能按照我们的主观愿望而自行消失。因此,我们可以基本断定,那种在一个给定的社会中,存在着一个一致性的贫困线的假设是对事实的歪曲。目前我们尚不清楚的是,它对事实歪曲的范围,以及当这一贫困度量被用于某种目的时,歪曲的严重程度。

3.3　家庭规模和等价成年人数

另一个困难来自这样的事实:当我们研究消费行为时,自然单位是家庭而不是个人。在计算不同规模家庭满足其最低需要所必需的收入时,我们必须通过一些方法把家庭收入转换成个人收入。29
最简单的方法是家庭收入除以家庭成员人数。不过,这样做忽视了许多消费项目使用中的规模经济,也忽视了儿童与成人的不同需要。在贫困度量以及社会保障系统的运作中,解决这一问题的通常做法是,用某种"等价尺度"(equivalence scala)把每一个家庭转换成一定数量的"等价成人"(equivalent adult),或者说,把家庭转换成"等价家庭"(equivalent household)。[②]

在这一转换中,存在着很大的随意性。这种随意性主要取决

① 关于印度不同社会阶层价格指数的巨大差异,其证据可参见巴德罕(1973)、威德纳桑(Vaidyanathan,1974)、拉德哈克西纳(Radhakrishna)和萨马(Sarma,1975)、奥斯曼尼(1978)等。

② 见奥善斯基(1965)、阿贝尔-史密斯(Abel-Smith)和图恩森德(1965)、阿特金森(1969)、菲尔兹(1980)等。

于人们的消费方式，而消费方式则随家庭规模的变化而变化，也随年龄构成的变化而变化。事实上，就经验性分析来说，儿童的最低需要以及家庭消费行为方式随家庭规模和年龄构成的变化，都是非常复杂的问题。另外，家庭内部的收入分配不公平等问题也需要给予更多关注。

关于等价必需品(equivalence of needs)的推导也有不同的方法。[1] 一种方法是，根据已经建立起来的消费行为方式，针对不同的年龄组，分别制定不同的营养需求标准，然后，取它们的成本比率。这一方法的可接受性，不仅取决于所采用的营养标准是否成立，还取决于以下假设，即每个家庭都同样关注家庭中不同年龄成员的各方面营养需要的满足。[2] 这一方法还忽视了消费中的规模经济，即使对于食品这样的消费项目来说，规模经济也可以存在。

第二种方法是，研究当事人如何看待以下等价问题：要保持福
30 利水平不变，要维持一个更大的家庭必须增加多少收入。有关这方面的经验性研究[如哥德哈特(Gocdhart)、霍尔伯斯塔特(Halberstadt)、卡普泰恩(Kapteyn)和范普来格(van Praag)，1977]表现出相当的规律性和一致性。

第三种方法是，研究不同规模家庭的实际消费行为，并把这一行为的某一方面当作一个福利指标。例如，食品支出比例就可以作为一个贫困指标：当两个家庭的食品支出比例相同时，这两个不

① 关于这些方法的说明及其背后的逻辑，可参见戴顿和缪尔鲍尔(1980)。

② 另外一个重要变量是工作负担，其中包括抚养孩子的负担。在很多贫穷经济中，这种负担很重。见汉森(Hansen，1969)和哈米尔顿(Hamilton，1975)。

同规模的家庭就可以被认为有“等价”的收入。[①]

无论如何确定这些等价尺度，还有待解决的一个问题是不同规模家庭的权重问题。关于权重的确定，可供考虑的方法有三种：(1)给予每一个家庭以同样的权重，无论家庭规模的大小；(2)给予每一个人以同样的权重，无论他所属的家庭规模大小；(3)给予每个家庭的权重等于家庭中的“等价成人数”(equivalent adults)。

第一种方法显然是不能令人满意的。因为在同样的贫困水平上，大家庭的贫困和遭受苦难的程度显然要大于小家庭。第三种方法看似一个好的方法，但我认为，它的基础是含糊的。“等价成人数”所表明的是用于揭示家庭成员福利水平高低的转换因子，而我们所关心的是家庭中每一个成员的贫困，它不可能是一个假设的等价数字。如果两个人在一起生活只需花费 1.5 个独自生活的人的费用就可以达到同样的福利水平，三个人在一起生活则只需花费两个独自生活的人的费用，那么，在一个两人成员家庭与一个三人成员家庭的相对福利比较中，我们就不得不重视家庭中的规模经济问题。不过，在同样的贫困水平上，我们却没有理由赋予两个三人家庭的苦难比三个两人家庭的苦难以更小的权重。因此，当我们借助“等价尺度”把每个人的福利水平或贫困程度确定下来之后，且所使用的“等价”尺度也考虑到了人们所属家庭的规模及

① 见缪尔鲍尔(1977)、戴顿和缪尔鲍尔(1980)，第 8 章。这一方法可以追溯到恩格斯(1895)。关于这一问题以及家庭中的福利比较问题，也可参见弗里德曼(Friedman，1952)、布鲁恩(Brown，1954)、普莱斯(Prais)和豪萨克(Houthakker，1955)、巴登(Barten，1964)、塞尔(Theil，1967)、尼克尔松(Nicholson，1976)、缪尔鲍尔(1977a)、戴顿和缪尔鲍尔(1980)、菲尔兹(1980)、卡克瓦尼(Kakwani，1980a)、马利斯(Marris)和塞尔(1980)。

31 其构成，那么，我们就有充分理由来使用第二种方法。

3.4　贫困缺口与相对贫困

一个人的收入与贫困线收入的差距被称为“收入缺口”(income gap)。在贫困的总评价中，收入缺口必须被考虑进去。但是，一个人收入缺口的大小真的会造成很大的差别吗？这里，我们有理由认为，任何一个人的贫困都不可能真正独立于其他人的贫困程度。[1] 即使一个人的绝对收入缺口不变，当其他人的收入缺口变得小于这个人的收入缺口时，这个人也会被认为比其他人“更加贫困”；相反，如果一个人的收入缺口小于其他人的收入缺口时，他的贫困程度也会被认为要比其他人小。因此，即使在基本必需品集合和贫困线被确定下来之后，贫困的定量化分析似乎也需要把绝对贫困与相对贫困结合起来考虑。

我们也可以这样来看待相对贫困，即考虑把 1 单位收入从穷人 A 转移给另外一个穷人 B，虽然 B 较 A 富一些，但 B 也处于贫困线之下。因此，即使在收入转移之后，B 仍然处在贫困线之下。这样的收入转移将会增加 A 的绝对收入缺口，而 B 的收入缺口将会减少同样的数量，那么，我们是否可以认为，这两个人的总贫困程度不会受这一收入转移的影响呢？一个自然的回答是：由于收入的边际效用递减，A 的效用减少将大于 B 的效用增加。但是，这

① 希托弗斯基(Cf. Scitovsky，1976)和赫斯克(Hirsch，1976)，也可参见赫斯克曼(Hirschman)和罗斯切尔德(Rothschild，1973)。

一基数效用比较涉及了更严格的信息结构问题,众所周知,这种信息的获得是非常困难的。难道说不进行基数边际效用的得失比较就不可能说明社会总的贫困程度的增加吗?我想并非如此。

与 B 相比,A 变得相对更加贫困了(也有可能存在第三者,其贫困程度比 B 大而比 A 小)。当 1 单位收入从 A 转移到 B 时,这
一收入转移增加了更贫穷的人的绝对收入差距,减少了贫困小一 32
些的人的绝对收入差距,在直觉上,我们也会觉得总的相对贫困程度增加了。[①] 无论绝对贫困的衡量尺度是距离贫富分界线的收入缺口,还是——设效用是收入的增函数——效用缺口,情况都是这样。因此,在不必引入个人之间可比较的基数福利的情况下,我们就可以说,一定的收入转移将会增加相对贫困程度。

在"加总"过程中,绝对贫困度量必须由相对贫困来补充。在研究"加总"的具体做法之前,让我们首先回顾一下经济学文献中经常使用的标准度量方法,并分析其缺陷。这样做是非常有益的。

3.5　标准度量方法批判

最为常见的总贫困度量是第二节中已经介绍过的贫困人口比率度量(head-count measure)H,即被识别为穷人的人数比率,如

---

① 当这一收入转移使得 B 跨越了贫困线时——在我们的例子中,这一可能性被精心地排除了——就有可能产生一个更加复杂的问题。这一例子只是涉及贫困的一个主要参数的减少,即贫困的识别,而一个人是否实际上跨越了贫困线这一问题应该受到多大程度的重视也存在着一定的随意性,这种随意性隐含在以一个分界线(break-even line)为基础的贫困概念之中。对这一问题的进一步分析见附录 C.3,第 192—194 页。

低于特定的贫困线的人数。设 q 代表被识别出来的穷人人数，n 代表社会总人数，那么，贫困人口比率度量 H 就等于 q/n。

自从对贫困的数量研究和度量开始以来，这一指标已经得到了或明或暗的广泛应用[见布斯(Booth)，1889；罗恩特里，1901]。现在，它仍然是反贫困计划所依据的主要贫困统计指标(见奥善斯基，1965，1966；阿贝尔·史密斯和图恩森德，1965)。最近，这一指标不仅被应用于不同时期的贫困比较，而且还被应用于国家之间的贫困比较。[①]

另外一个比较流行的度量方法是所谓“贫困缺口”
33 (povertygap)，即全体穷人的收入与特定贫困线的差距的总和。[②]
这一指标可以被公式化为穷人的平均收入与贫困线的差距的百分比，记作 I，也可以被称为“收入缺口比率”(income-gap ratio)。

只要穷人之间的收入转移不突破贫困线，收入缺口比率 I 对收入转移就肯定是不敏感的。这一方法只关注总的收入差距，不关注贫困线以下的人口数量或比例，不重视收入如何分配，也不重视收入在多少人之间分配。这些都是非常严重的缺陷。[③]

---

① 关于不同时期的贫困比较可参见关于印度贫困发展趋势的争论：奥嘉(Ojha，1970)、丹第卡(Dandekar)和赖斯(1971)、巴德罕(1970、1971、1973)、穆克奇(Mukherjee)、布赫塔克吉亚和查德基(1972)，巴第(Bhatty，1974)、库马(Kumar，1974)、威德纳桑(1974)、拉尔(1976)、阿鲁瓦利亚(1978)、杜塔(Dutta，1978)。关于贫困的国际比较，可参见切恩纳利(Chenery)、阿鲁瓦利亚、贝尔、杜雷和乔利(1974)。

② “贫困缺口”已经被美国社会保险管理部门(US Social Security Administration)广泛使用，见巴特切尔德(Batchelder，1971)、卡克瓦尼(1978)、贝克曼(1979a、1979b)。

③ 阿马蒂亚·森(1973b、1976a)分析了这方面的深层次问题。也可参见菲尔德(1980)。

贫困人口比率度量 H 对于贫困线之下人数肯定是敏感的。事实上,对于一个给定的社会来说,这也是 H 唯一对之敏感的东西。但是,H 并不关心贫困线之下的人们之间收入差距的大小,它不能反映一个人是恰好低于贫困线,还是大大低于贫困线而处于极为悲惨和挨饿的境地。

另外,从一个穷人向一个较富的人转移收入永远不会增加贫困人口比率度量 H,这是它的一个严重缺陷。失去收入的穷人本已被计入贫困的度量 H,不会因为其收入的减少而在 H 中受到更多的重视,获得转移收入的人也绝不会因为这一收入转移而跌落到贫困线之下,因此,在这种情况下,收入转移不会影响贫困人口比率度量 H。如果获得转移收入的人本来就是一个穷人,获得转移收入后仍然是一个穷人,那么,这一收入转移就不会影响贫困人口比率度量 H;如果一个穷人因获得转移收入而跨过贫困线,那么,这一收入转移将使贫困人口比率度量 H 变小。因此,无论哪种情况发生,从一个穷人向一个较富的人转移收入都不会增加贫困人口比率度量 H。

就关于贫困业已经进行的分析和讨论来看,我们有充分的理由拒绝这些常见的贫困度量。贫困人口比率这一贫困度量尤其受到了令人惊奇的、毫无保留的支持。A. L. 鲍利(1932)就曾断言:“也许,检验一个国家经济发展状况的最好方法是说明处于贫困线
以下的人口比率是多少”(第 214 页)。这一观点的精神是可以接 34
受的,但却不能用贫困人口比率来识别贫困。

那么,把这两个贫困度量方法结合起来又会怎样呢?贫困人口比率度量 H 忽视了收入差距,而收入缺口比率 I 则忽视了贫困

人数，为什么不把这两种度量结合起来呢？可惜的是，这仍然不够。如果把一单位收入从一个位于贫困线之下的人手中转移到另一个同样处于贫困线之下但较前者稍富的人手中，而且转移之后，后者仍然处在贫困线之下，那么，这一收入转移在两种度量中都得不到反映。也就是说，这两种度量的结合也无法反映出这一变化，虽然就相对贫困的意义来讲，这一变化的确导致了总贫困的明显增加。

然而，在一种特殊情况下，H 和 I 的结合却是有意义的。请注意，H 和 I 只是分别对收入差距和穷人人数不敏感，我们对两者结合的批判也仅限于它对穷人之间的收入分配的不敏感。假设我们面对的是这样一种情况，即所有贫困者都有相同的收入，那么，我们就可以期望，H 和 I 的结合会对收入转移敏感。因为，用于证明 H 和 I 结合不敏感性的上述收入转移就不可能发生，从而也就不在我们的分析范围之内。

所有穷人有相同收入这一特殊情况的意义，不在于它出现的可能性有多大，而在于当穷人之间的相对贫困不存在附加的特征时，它清楚地说明了应该如何对待绝对贫困与贫困线。[①] 当贫困者之间的收入分配问题通过假设被排除后，它可以帮助我们建立我们所希望的贫困度量 P 应该满足的条件。它提供了 P 应该满足的一个常规条件。

① 正如第 2 章第 1 节所分析的那样，在最低生活需要这一贫困线基础的确定中，也会涉及相对贫困问题。因此，与贫困线相比，绝对贫困的估计隐含着对相对贫困方面的考虑。即使贫困线已经被划定，关于相对贫困的这些问题仍然会存在，因为一个人的贫困与其他人的贫困之间的比较问题仍然存在。

3.6　一个贫困度量方法的公理化推导及其变形 35

我们也许会要求贫困度量 P 是穷人收入差距的加权求和。在一般情况下,权重可以是其他变量的函数。如果我们希望把对贫困的度量建立在穷人缺衣少食所造成的效用减少基础上,那么,权重就应该根据我们所熟知的功利主义思想推导出来。另外,如果假设每个人的效用仅仅取决于他个人的收入的话,那么,给予每个人收入差距的权重将仅仅取决于他个人的收入,而不取决于其他人的收入。这样就提供了一个“可分离的”架构,即在总贫困的推导中,个人贫困被计入总贫困时不涉及其他人的状况。但是,这一传统功利主义模型的应用忽略了相对贫困概念,而相对贫困——正如我们在前面已经指出的那样——在贫困的概念中是非常重要的。再者,还存在着效用得失在技术上是否具有可比性的困难,而且,即使这些都被忽略掉,在满足常规条件(比如,边际效用递减)的各种效用函数中,要使人们认同其中的某一个也是非常困难的。

相反,我们可以把注意力完全放在相对贫困方面。在收入的递减排序中,设 $r(i)$代表第 i 个人的顺序,例如,$r(i)=12$ 表示第 i 个人的贫困程度位居第 12 位。如果两个或两个以上的人拥有相同收入,这些有相同收入的人的排序可以被随意给定,那么,对相同收入随意给定的顺序将不影响贫困的度量。显然,最穷的人有最大的序号 q,贫困程度最小的人的顺序是 1,在同一分类中,一个人的序号越大，与其他人相比，这个人的相对贫困程度就越大。[①]因此，可以说，如果一种贫困度量把握住了相对贫困的这一方面，它给予个人收入差距的权重就必须随个人序号 $r(i)$ 的增加而增加。

这种关系的最简单情况是，令第 i 个人收入缺口的权重就等
36 于他的序号 $r(i)$。这使得权重是等距的，而且，这一做法与伯达(Borda，1978)的投票排序方法，在思想方法上也是相同的，即在对其他假设不可靠的情况下，选择相等的距离。虽然这里也存在一定的随意性，但它却以一种简单的方式把握了相对贫困的概念，并且把它引向一个清楚的过程，从而使假设的东西变得简单明了。[②]

"排序的相对贫困"(Ranked Relative Deprivation)公理(公理R)所关注的是穷人之间的收入分配，而且可能还结合了贫困人口比率度量 H，以及在贫困线之下的每个人都有相同收入这一特殊情况(因此，在贫困者之间不存在收入分配问题)下的收入缺口比率 I。H 代表的是贫困线之下人口的比例，I 代表的是与贫困线相比绝对收入贫困比率。可以说，H 抓住了总贫困的一个方面，即有多少贫困者(不关注他们的贫困程度)；而 I 则抓住了总贫困的另一个方面，即平均起来看，贫困的程度如何(不关注有多少人遭受贫困)。在所有贫困者拥有相同收入这一特殊情况下，H 和 I 结合起来就可以在总贫困的意义上比较准确地描述贫困的程度。这

① 鲁西曼(1966)和图恩森德(1971)。

② 事实上，从其他——更基本的——的公理出发也可以推导出等距离特征。见阿马蒂亚·森，1973b、1974。

是因为,在这一特殊情况下,不存在贫困者之间的相对收入分配问题,由此可以建立一个仅仅是 H 和 I 的函数的一个度量。这一观点最简单的表达方式是 H 与 I 的乘积。这是一个方便的标准化(normalization),被称为"标准化的绝对贫困"(Normalized Absolute Deprivation)公理(公理 A)[1]。

把这两个公理应用于一个更一般的贫困度量,即收入缺口的加 37
权求和,那么,一个精确的贫困度量就产生了(见阿马蒂亚·森,1973b,1976)。设 G 是穷人之间收入分配的基尼系数(Gini coefficient),那么,这一精确度量就是 $P=H\{I+(1-I)G\}$。关于这一度量的推导见附录 C。当所有贫困者有相同的收入时,基尼系数 G 等于 0,那么,$P=HI$。假设平均贫困缺口以及贫困人口比例保持不变,那么,贫困度量 P 将随着基尼系数的增加而增加,这里基尼系数所描述的是贫困线之下的穷人之间收入分配的不平等程度。因此,度量 P 是 H(反映了贫困人数)、I(反映了总贫困缺口)和 G(反映了贫困线之下收入分配的不平等程度)的函数。最后这一点把握了相对贫困的内涵,它是"排序的相对贫困"公理的直接结果。

这一方法已经被多次应用于对贫困的实际度量,[2]有些学者

① 我们应该记住,在贫困线的确定中,关于相对贫困方面的考虑起着一定的作用,因此,说与贫困线相比的绝对贫困不是相对的,只是就贫困的加总而言的。正如我们在前面所分析的那样,绝对贫困的概念和相对贫困的概念,与贫困度量的两个步骤都有联系,即"识别"和"加总"。不过在这里,公理 A 和公理 R 所关注的只是"加总"。

② 见阿鲁瓦利亚(1978)、阿拉姆基尔(Alamgir,1976、1978a)、阿南德(Anand,1977)、巴第(1974)、克拉克(Clark)、乌尔弗(Hemming and Ulph,1979)、杜塔(1978)、菲尔兹(1979)、金尼肯(Ginneken,1980)、卡克瓦尼(1978、1980)、奥斯曼尼(1978)、潘图鲁(Pantulu,1980)、萨斯第(Sastry,1977、1980)、西斯特兰德(Seastrand)和迪万(Diwan,1975)、塞尔(Szal,1977)等。

还分析了这一度量的变化形式,[①]这些都将在附录 C 中得到阐述。度量 P 的突出优点在于它是由公理推导出来的,而它的几个变化形式可以给出贫困概念的一般性解释。接受这种“多元主义”并不是什么荒唐的事情,正如我在第 2 章所指出的那样,这一“多元主义”是潜存于这一理论的本质之中的。重要的一点在于,我们应该认识到,在贫困的总评价中,我们必须关注有关绝对贫困和相对贫困不同特征的各种思想。贫困人口比率 H 或贫困缺口 I 这样的简单度量是会经常用到的,但是,它们在某些方面也是有缺陷的。
38 在我们的贫困概念中隐含着各种不同的特征,使用更加复杂的度量,如 P,以使贫困度量对不同特征具有敏感性是十分必要的。尤其是,即使贫困线之下的收入已经被考虑进去,收入分配问题仍然十分重要。正如我们在接下来的一章中将要做的那样,在对饥饿和饥荒的分析中,关于这一问题的深入分析仍然是必要的。[②]

① 阿南德(1977)、布莱克贝和多纳尔森(1980a)、克拉克、海明(Hemming)、乌尔弗(1979)、哈马达和塔卡亚马(Takayama,1978)、卡克瓦尼(1978、1980)、奥斯曼尼(1978)、皮亚特(Pyatt、1980)、塞尔(1977)、塔卡亚马(1979)、托恩(Thon,1979、1980)、菲尔兹(1980)、查克拉瓦第(Chakravarty,1980a、1980b)。

② 关于饥饿和饥荒的经验性研究,已经揭示了收入分配的意义(第 6—9 章),而一般性的分析也是支持这一观点的(第 10 章)。

第4章 饥饿与饥荒

4.1 饥荒 39

饥荒意味着饥饿，反之则不然；饥饿意味着贫困，反之也不然。现在让我们从关于贫困的一般理论描述转向饥荒这一特殊的灾难现象。

正如我们在第2章中所分析的那样，贫困可能反映是相对贫困，却不一定是绝对贫困。有可能出现这样的情况，即存在着贫困，甚至是非常严重的贫困，但却没有发生严重的饥饿。反过来，饥饿肯定意味着贫困，这是因为，无论**相对**贫困观怎样辩解，饥饿所表现出的一无所有的特征都完全可以定义为贫困。

在世界各地，饥饿经常发生着，但一般性饥饿现象与饥荒的突然爆发是有区别的。公元前436年，成千上万的罗马人"跳入台伯河"；公元918年，在克什米尔，"死尸几乎覆盖了维塔斯塔河，使人们难以看到河水"；公元1333—1337年，在中国的某一个地区就死亡了400万人；公元1770年，在印度，据估计，有1000万人死亡；公元1845—1851年，在爱尔兰，"马铃薯饥荒"杀死了大约五分之一的爱尔兰人，并造成了大规模的移民。这些现象都不能被看作 40

是一般性饥饿。[①] 虽然论述如何“定义”饥荒的文献很多[②]，但即使不使用十分精确的定义，我们也能够像判断水灾和火灾那样来判断饥荒。[③]

在区别饥饿与饥荒时，我并不像贝纳德·绍(Bernard Shaw)《人与超人》(*Man and Superman*)一书中的美籍爱尔兰人马隆(Malone)那样，在饥荒还没有发生的情况下，就着意控诉饥饿。

> 马隆：你是否听说过，在黑暗的47年，我的父亲死于饥饿？
>
> 韦奥利特：是饥荒吗？
>
> 马隆：不，是饥饿。当一个国家到处是粮食并出口粮食时，饥荒是不会发生的。而我的父亲被饿死，我在母亲的怀抱

---

① 有关世界各地饥荒的记载和比较分析，可参见马洛里(Mallory，1926)、古什(Ghosh，1944)、沃德哈姆-斯密(Woodham-Smith，1962)、马塞菲尔德(Masefiesd，1963)、斯第芬斯(Stephens，1966)、布赫迪亚(Bhatia，1967)、布里克斯(Blix)、豪弗范德(Hofvander)和瓦尔奎斯特(Vahlquest，1971)、约翰逊(Johnson，1973)、阿克罗易德(Aykroyd，1974)、胡塞恩(Hussein，1976)、图基(Tudge，1977)、阿拉姆基尔(1978b、1980)等。有关印度次大陆早期饥荒的记载见考第利亚(Kautilya，大约BC320)和阿布法兹尔(Abul Fazl，1952)和其他官方资料。

② 下面是饥荒的很多定义中的几个：(1)“总的来说，令人满意的饥荒定义必须包括食物短缺，并且食物短缺可能是很普遍的，或者是非常严重的，其严重程度的最好度量是饥饿导致的死亡人数”(马塞菲尔德，1963，第3—4页)。(2)“严重和持续的食物短缺造成普遍而持久的饥饿，人们的体重下降，身体憔悴，饥饿或因身体虚弱而引发的疾病导致死亡率增加”(Johnson，1973，第58页)。(3)“从统计学的角度来看，饥荒可以被定义为严重的食物短缺并伴随着局部或地区死亡率显著上升”[梅耶(Mayer)，1975]。(4)“饥荒是一个经济和社会现象，其特征是普遍缺乏食物来源，在没有外援的情况下，导致受灾者死亡”(UNRISD，1975)。我希望读者已经领会了这些定义的精神。

③ 给饥荒下定义的主要意义是，在明显可被判断为饥荒的情况下，为发生的事情提供一个简明的描述，而不是帮助我们定义饥荒——定义的传统功能。例如，约翰逊(1973)所指出的疾病就把我们的注意力从饥饿引向了饥荒的另外一个非常重要方面(见第8章和附录D)，也可参阅默利斯(1974)。

中饿着到了美国。[1]

在饥荒史和一般饥饿史中，到处都充满着无情的、残酷的、血淋淋的故事，关于这些我也有很多可讲的事情，但与本书中所讨论的关于饥饿与饥荒的区别基本无关。在这里，从广义上说，饥饿是指人们没有充足的食物，而饥荒则指由饥饿所造成的大量死亡的恶性现象。也就是说，我是按最普通的英语意思来使用这两个名词的。[2]

4.2　时间对比

在关于饥饿的一般分析中，明确区别以下三类现象是非常重
要的：(1)**典型的食物消费水平低下**；(2)**食物消费量的下降趋势**； 41
(3)**食物消费水平的突然大幅度下降**。饥荒主要是由第三类现象引起的，而前两种现象能够对饥荒的爆发起到推波助澜作用。

例如，在分析本世纪印度粮食产量的下降趋势时，S. R. 森(1971)就注意到平均值和最低值的不同的变化趋势(第 2—3 页)：

> 对这些数据进行的一项研究表明，在本世纪的第一个 24 年中，粮食产量平均每年增加 0.81%，而在每一个周期的低

① 萧伯纳：《人与超人》，Penguin，Harmondsworth，1946，第 196 页。

② 在《简明牛津英语词典》中，“饥饿”(starve)一词中的“致死，杀死，破坏”意思已被废弃(最后一次有记录的使用是在 1707 年)，但保留了“使有饥饿的痛苦”，或“使食物供给不足”的意思，在现代英语中，这些意思多用于形容词。

> 谷，产量却呈现出平均下降 0.14%的趋势，并呈现更大的波动性。因此，虽然从总的趋势来看，粮食产量是增加的，但其不稳定性也在增加……。然而，在第二个 24 年中，情况则完全不同。在这一时期，虽然很少发生干旱，即使发生也不严重，粮食产量却平均每年减少 0.02%。与前一时期相比，每一个周期的高峰产量呈现出平均每年减少 0.04%的趋势，而低谷产量则呈现出平均每年增加 0.20%的趋势，并且这二者有趋同的趋势。

中村(Nakamura，1966)在对日本明治时期与德川幕府(Tokugawa)时期的比较研究中，也发现了类似的现象。① 他认为：

> 事实上，在德川幕府时期(以及更早的时期)，由于自然灾害频繁发生，粮食消费呈现出周期性的短缺和饥荒。据此，与能够进口粮食以弥补短缺的德川幕府后期相比，日本人在明治时期**消费了更多的粮食**，而**平均**②**消费粮食却更少**。③

因此，增加的趋势伴随着更大的波动性，或者下降趋势伴随着更大的稳定性，都不是什么令人惊异的现象。④ 我们甚至可以说，
42 一个明显事实是，增加的趋势不一定能消除粮食大幅度的波动。事实上，我们有充分的理由认为，在最近一个时期，世界各地的人

---

① 食物供给这一经验性结论是否可以推广是一个有争议的问题。见大川(1957)和罗索夫斯基(1973)。

② 这里，平均不是指人均而是年均。——译注

③ 中村(1966)，第 100 页；也可参见埃利克·豪伯斯鲍姆关于英国 1790—1850 年生活标准的分析(埃利克·豪伯斯鲍姆，1957，第 46 页)。

④ 这里所引用的这些关于印度和日本经济历史的观点是否正确是另一个问题。

均粮食供给都呈现出了增加的趋势，[①]但严重的饥饿现象却时有发生，有时甚至面临饥荒的威胁。[②] 造成这种现象的部分原因是一个国家内部各阶层之间的粮食分配问题——接下来我还要分析的一个问题——同时也存在着时间的对比问题（尤其是与一般增长趋势形成鲜明对照的突然下降问题）。即使在一般饥饿稳定减少的情况下，饥荒也可能发生。

1972 年的粮食危机是这一时间对比的一个全球性例子。图基（1977）描述了这一悲惨事件的发生和发展过程：

> 第三世界“绿色革命”的扩大、美国培养的矮壮小麦和水稻品种的推广，导致了 20 世纪 70 年代的粮食丰收。世界粮食供给由短缺转为过剩，导致了粮食价格下降和农业衰退。此后，美国的大量土地退出粮食生产，80 年代早期，美国和加拿大的粮食储存量开始下降。接着，1972 年的恶劣气候造成了苏联、中国、印度、澳大利亚以及撒哈拉以南萨赫勒国家的农作物减产。鉴于对当时情况的认识，苏联先于包括美国在内的其他国家进口了大量粮食。到 1974 年年中，库存粮食仅能维持世界人口三个半星期。多么可怕的边缘政策（terrifying brinkmanship）[③]。[④]

① 见联合国粮食及农业组织（1979）。也可见阿塞兹（1975），第 116 页，表 2，以及辛哈（1976a），第 6 页，表 1。

② 见布里克斯（Blix）、豪弗范德和瓦尔奎斯特（1971）、UNRISD（1975、1978）、阿塞兹（1975）以及图基（1977）。

③ 指冒险把危险局势推至极限。——译注

④ 图基（1977），第 2 页。

这一分析所关注的是一个国家或者甚至整个世界的食物总供给。但是，对于一个社会中的一个阶层的食物供给来说，完全类似的对比也是成立的。也就是说，一个社会中的某一阶层能够控制的粮食数量，可能在一个总的增加趋势中突然减少（或者与典型的粮食高消费水平形成对照）。因此，（Ⅰ）一般性饥饿的大量存在、（Ⅱ）一般性饥饿恶化的趋势以及（Ⅲ）严重饥饿的突然大规模爆发是三个完全不同的问题。它们之中的任何一个都可能伴随另一个出现，但不一定总是这样，或者说通常并不是这样。

43 4.3 社会阶层对比

虽然饥荒总是包含着饥饿的严重蔓延，但是，我们却没有理由认为，它会影响到遭受饥荒国家中的所有阶层。事实上，至今还没有确凿的证据表明，在某一次饥荒中，一个国家的所有社会阶层都遭受了饥饿。这是因为，不同社会阶层对食物的控制能力是不同的，总量短缺只不过使各阶层对食物控制能力的差异明显地暴露出来而已。

有人猜想，在公元1334—1335年，发生在印度的饥荒[见瓦尔福德（Walford，1878），以及阿拉姆基尔（1980），第14页]就是一个实例。有证据表明，这次饥荒的影响范围确实很大。事实上，权威性的《大不列颠百科全书》就把这次饥荒描述为甚至连“莫卧儿[①]帝王（Mogul emperor）都无法为其家庭弄到生活必需品”（第11版，

① 印度的穆斯林，尤指16世纪征服印度而建立穆斯林帝国的蒙古族人。——译注

1910—1911，第Ⅹ卷，第 167 页）。但是，实际情况并不是这样，因为直到 1526 年，莫卧儿帝国才在印度建立起来！值得怀疑的是，当时掌权的图拉克王——穆罕默德·宾·图拉克（Mohammad Bin Tughlak）——是否真的无法为其家庭弄到生活必需品？他拥有实施一项最庞大的救灾计划所需要的资源，其中包括减免税、发行货币以及开设熟食分发救济中心（relief centres for the distribution of cooked food）[见洛夫迪（Loveday），1916]。对于带有趣闻轶事色彩的历史记录，我们绝不能轻信。正如这部《大不列颠百科全书》的姊妹卷中所描述的那样："说阿尔弗雷德（Alfred）在其撤退期间是一个毫无希望的逃亡者，所依据的只是一个关于燕麦饼的传说"。所有这些并不是要否认一些饥荒可能比另外一些饥荒的影响范围更大，也不是要否认阿拉姆基尔的正确性。在 1944 年的荷兰饥荒中，荷兰人的确普遍受到了影响。[①]

不同阶层之间粮食分配问题的重要性，不仅在于它在总量短缺发
生时，使不同阶层的遭遇极不平等[②]，而且还在于它能够使我们认识 44
到，即使不存在总量短缺，有些阶层也仍有可能遭受极为严重的绝对
贫困。无论如何，我们都没有理由相信，不同阶层的食物消费必定沿
着同一**方向**变化（甚至按不同比例和数量变化）。在后面几章的案例
中，我们将会看到，在同一饥荒中，不同阶层的命运是截然不同的。

---

① 见阿克罗易德（1974），第 10 章，斯泰恩、苏塞尔、塞恩格和马罗拉（1975）。

② 最近，这一研究领域的学者已经开始注意到城市人口与农村人口的差别[尤其见李普顿（Lipton），1977]。这种差别对隐含在一些饥荒中的冲突（例如，第 6 章）的确是非常有意义的。但是，也存在着其他一些更特殊的阶层差别，更值得受到密切关注（关于这些差别，有些将放在第 6、7、8 和 9 章中进行论述）。

45 # 第 5 章　权利方法

5.1　资源禀赋与交易

在饥饿和饥荒的权利分析方法中，人们普遍关注的是通过社会现有的合法手段支配食物的能力。这些手段包括生产机会、交易机会、国家赋予的权利以及其他获得食物的方法。一个人之所以挨饿，要么是因为他没有支配足够食物的能力；要么是因为他拒绝使用这种能力。权利方法(entitlement approach)所重视的是前者发生的可能性，而不考虑后者发生的可能性。另外，权利方法所重视的是，在一个社会现有的法律体系中，合法的控制食物的手段。虽然，这是一个具有一般性的方法，但它并不试图把所有可能导致饥饿的因素都包括进去，诸如不合法的转移(如抢劫)以及选择失败(choice failure)(比如，拒绝改变饮食习惯)等等。

对食物的所有权是最基本的权利之一，每一个社会都有规范这种权利的法律。权利方法所重视的是每个人控制包括食物在内的商品组合的权利，并把饥饿看作是未被赋予取得一个包含有足够食物消费组合权利的结果。

在一个完全的直接经济(directed economy)中，每一个人 i 都能简单地得到一个特殊的商品组合，这一组合被指定给他。从一定程度上说，在绝大多数经济中，这样的事情都会发生，例如，养老院或精神病院的居住者。一般情况下，人们对于饮食结构有比较大的选择余地。假设 E_i 代表一个社会中第 i 人的权利集合，在特定的情况下，这一权利集合就是可供选择的商品组合所构成的集合，其中的每一个商品组合都是这个人可以拥有的。在一个私有制经济中，在存在着交换（与其他人的交换）和生产（与自然的交换）的情况下，E_i 取决于两个参数，即个人的资源禀赋（endoment）
（所有权组合）和交换权利映射（为个人的每一资源禀赋组合规定 46
他可以支配的商品组合集合的函数）。[①] 例如，一个农民拥有他的土地、他的劳动力和其他一些资源，这些共同构成他的资源禀赋。从这一资源禀赋出发，他可以生产出一个归其所有的粮食组合；或者他可以出卖自己的劳动力，得到一份工资，用于购买包括粮食在内的商品组合；他也可以种植经济作物，通过出卖这些经济作物来购买粮食和其他商品；他还有很多其他机会。在一定的经济环境中，可以得到的商品组合所构成的集合就是他的资源禀赋的交换权利。交换权利映射分别为每一个资源禀赋组合指定了一个交换权利集合，它由备择商品（alternative commodity）的组合构成。这方面的正式分析见附录 A。

交换权利映射，或简称为"E-映射"，取决于一个社会中的法律、政治、经济和社会特征以及人们在社会中所处的地位。在传统

① 一般来说，一个交换权利映射 $E_i(.)$ 把一个资源禀赋向量 x 变换为一个备择商品向量集 $E_i(x)$。

经济理论中，最简单的情况是，对于一组固定的相对市场价格，按最低成本原则，资源禀赋被用于交换其他商品组合。这时，交换权利就是传统的“预算集”(budget set)。

生产过程的引入将使得“E-映射”依赖于生产机会以及资源和产品的交易机会。它还将涉及产品分配的法律权利，比如“企业家”拥有产品的资本主义法则。有时，治理这些权利的社会传统十分复杂——如农民家庭雇用的季节工人可以分享一部分产量的传统(见阿马蒂亚·森，1975)。

社会保障制度也可以在“E-映射”中得到体现，例如，如果一个人不能找到工作，他就有权利享受失业救济；或者如果一个人的收入下降到一定的水平之下，他就有权利得到收入补贴。因此，当就业保障机制存在时——正如一些社会主义国家所做的那样，它提供了一个人按最低工资受雇于政府的选择机会。另外，“E-映射”还依赖于税收体制。

如果满足第 i 个人对食物的最低需要的商品组合所构成的集
47 合记为 E_i，那么，给定这个人的资源禀赋和交换权利映射，当且仅当他无权得到 E_i 中的任何一个时，他才会因不利的权利关系而遭受饥饿。饥饿资源禀赋集 S_i 就是由这样的资源禀赋组合构成，对应于这些资源禀赋组合的交换权利集合不包括满足他对食物最低需要的商品组合。[①]

① 关于这方面的正式分析见附录 A。关于其应用，见第 6 章至第 10 章以及附录 B。也可参见阿马蒂亚·森(1976c、1977b、1979c)、格里芬(1978)、哈弋(Hay，1978b)、古什(1979)、佩恩尼(Penny，1979)、舒克拉(Shukla，1979)、希曼(Seaman)和赫尔特(1980)、海耶尔(Heyer，1980)。

5.2　饥饿与权利失败

如果第 i 个人的 E 资源禀赋落入饥饿集 S_i，那么，这个人就会陷入饥饿的困境。这种情况可以是由资源禀赋组合的下降所引起的，也可以是由交换权利映射的变化所引起的。我们可以借助于图 5.1 来对此进行说明。在这个只有纯交易的简单例子中，我们假设只有食物和非食物两种商品，交换权利映射被假设为简单的线性函数，即交换价格为常数。设价格比率为 p，对食物的最低需要为 OA，那么区域 OAB 就是饥饿集 S_i。如果资源禀赋向量为 x，这个人就处在能够避免饥饿的状态。一个人未能避免饥饿，要么是因为(1)资源禀赋向量降低，如 $\mathbf{x}^*$；要么是因为(2)更加不利的交换权利映射，比如价格比率变为 p^*，使饥饿集变为 OAC。

不难理解，当某一阶层的资源禀赋向量急剧下降时，饥饿就会发生。在发展中国家的贫穷农村，这种情况常常会因为出卖土地、出售牲畜等而发生。[例如，见格里芬，1976、1978；费德尔(Feder)，1977；格里芬和柯罕，1977。[①]]交换权利映射的变化则更难察觉，也更难捉摸，但是饥饿却可以在不改变财产所有权的情况下，通过交换权利映射的变化而发生。[②] 如果资源禀赋向量本身

---

① 失去财产不仅会影响用财产直接交换食物的能力，而且还会影响到根据自己将来获得收入的能力进行借贷的能力。根据资本市场的性质，如果没有有形资产作为担保，就不可能取得借款。资本市场的这一缺陷也常常是饥荒产生的一个重要条件。

② "E-映射"的变化可以产生于不同的原因，比如，失业的增加、相对价格和贸易条件的变化以及社会保险制度的变化(见第 1 章和附录 A)。关于对贸易条件在经济发展中作用的进一步分析，可见米特拉(Mitra，1977)。

48 含有足够的食物，即图 5.1 中资源禀赋组合处于 DAE 区域之内，那么，交换权利映射的变化就不可能引起饥饿。问题是，绝大部分人的资源禀赋组合中都没有包含有足够的食物。

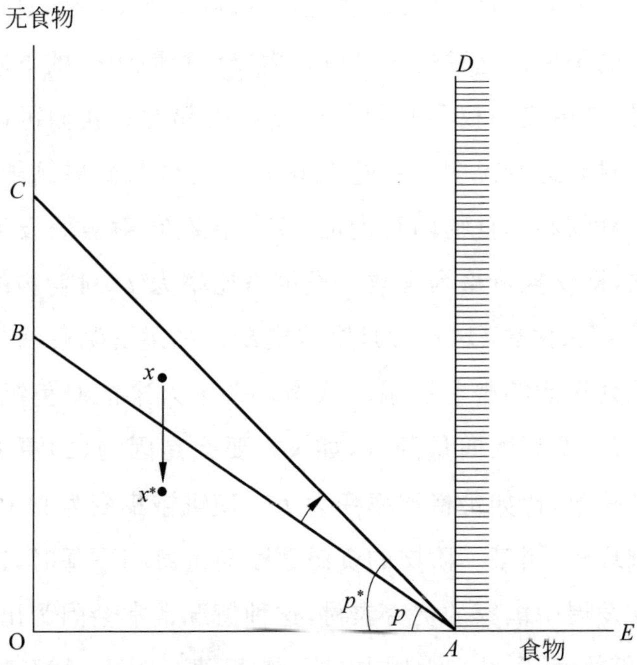

图 5.1　资源禀赋、交换权利映射的变化与饥饿

5.3　权利方法的缺陷

在进一步使用权利方法之前，我必须简要地说明权利方法的几个缺陷。第一，权利不容易被具体界定。甚至在资本主义市场经济中，在缺乏出清的市场均衡条件下，权利也很难被明确

界定。[1] 在资本主义生产方式形成之前，财产权以及有关事情则 49
更是模糊不清。[2] 在很多情况下，对权利的恰当描述本身就成为问题。[3] 有时，我们可以通过“模糊”集合及相关理论——正确认识到所涉及的模糊性——对权利进行很好的描述。[4] 对实际饥荒的经验性研究，其精确性还会受到有关数据影响。因此，我们的主要精力不应该用于一味追求对权利描述的精确，而应该用于研究权利内容的变化。即使权利关系中存在着某些“模糊性”，在权利失败发生时，权利内容的巨大变化也可以起到决定性作用。

第二，权利关系所重视的是一个社会既定法律框架中的权利，有些财产转移会涉及对这些权利的侵犯，比如掠夺或抢劫。当这种不合法的财产转移具有普遍性时，研究饥荒的权利方法就是有缺陷的。从另一方面来说，近期的绝大多数饥荒都发生在有“法律和秩序”的社会中，而饥饿的发展过程中并没有出现什么“不合法”的事情。事实上，法律力量所维护的是违背饥饿者需求的所有权。例如，在1943年的孟加拉饥荒中，人们之所以饿死在受到政府保

---

① 见希克斯(1939)、狄布利(Debreu，1959)、阿罗(Arrow)和哈恩(Hahn，1971)。

② 在一个公开的“黑市”中，也存在着法律和经济上的模糊性(见达斯哥普塔，1950)。

③ 罗纳尔德·德沃金(Ronald Dworkin，1977)就提出了对“法律实证主义”(legal positivist)的批判，拒绝把法律看作一组“规则”的观点，注重“原则、政策和其他标准”的作用(第22页)，当然，这些更具有潜在的模糊性。

④ 经济计划中的价值模糊会带来类似的问题，需要用“区间”——而不是“点”——来确定影子价格(shadow prices)进行部分排序(见阿马蒂亚·森，1975)。相应地，可能的资源禀赋集合可以被分成三个子集，即确定的饥饿集、确定的非饥饿集以及其他点构成的集合。

护的充足的粮食储备面前,[①]就是因为他们缺乏得到粮食的合法权利,而不是因为他们的权利遭到破坏。[②]

50 第三,人们的实际食物消费水平低于他们的权利所允许的水平可能还有其他原因,比如,无知、固定的饮食习惯或缺乏食欲等。[③] 在我们的分析方法中,我们主要重视的是权利,而忽略了其他一些因素。现在的问题在于,被忽略的因素有多大的重要性?对这些因素的忽略会造成多大的差异?

第四,权利方法着重分析的是饥饿,我们必须把饥饿与饥荒中的死亡区别开来。这是因为,饥荒中的很多死亡——在有些情况下,绝大多数死亡——是流行病所致,而流行病的发生和传播有其自身的原因,[④]饥饿只是引发流行疾病的部分原因,流行疾病也可以由饥荒的其他特征引起,比如人口流动和卫生设施遭到损坏等。

5.4 直接权利和贸易权利失败

假设职业组 j 只有商品 j 可以出售或直接消费,q_j 代表职业组 j 的每一成员可以出售或直接消费的商品 j 的数量。再假设,

---

① 见古什(1944)以及饥荒调查委员会(1945a)。

② 参阅"允许法律无效有别于法律受到不道德破坏的法律概念,能够使我们认识到这些不同问题的复杂性和多变性"[哈特(Hart),1961,第 207 页]。

③ 有时,人们可能宁愿挨饿而不愿意出卖他们的生产性资产[印度饥荒中的一些例证,见吉德赫(Jodha),1975]。在对饥饿进行长期分析时,这一问题就可以被纳入权利方法之中(考虑到未来的权利)。另外,在饥荒时期,资产市场还存在着一定程度的暴跌趋势,使得出卖资产的回报率非常低。

④ 见附录 D,关于孟加拉大饥荒中死亡人数的分析。也可参见麦考尔宾(McAlpin,1976)。

商品 j 的价格为 p_j，食品的价格是每单位 p_f。职业组 j 中每个人的最大食物权利是 F_j，$F_j=\frac{q_j p_j}{p_f}$，或 $F_j=q_j a_j$，其中，a_j 是职业组 j 的食物交换比率（p_j/p_f）。

商品 j 可能是生产出来的，也可能不是生产出来的。一个工人不得不出卖的商品是其劳动力，劳动力是其谋生手段，就像竹筐是竹筐编织者的谋生手段，黄麻是黄麻种植者的谋生手段一样。[①]

一种特殊情况是，一种职业由食物的生产者构成，如大米，食物是这一职业生产者的生活依靠。在这种情况下，$p_j=p_f$，$a_j=1$， 51
因此，$F_f=q_f$。[②]

需要强调的一点是，我们建立的这一模型是一个非常简单的模型，主要目的是说明与饥荒有关的一些重要参数。这一模型不能与我们在前面所讨论的一般模型（以及附录 A 中的公式化分析）相比，而且，从某种意义上说这些简化甚至是错误的。例如，在分析一个工业化经济中的权利时，对原材料、中间产品和财产等的占有就具有特别的重要性。把这样的分析结构应用于发展中国家的农村饥荒时，我们也必须非常小心，以避免发生扭曲。

如果职业组 j 因为权利失败而遭受饥饿，那么，F_j 必定下降，因为 F_j 代表着最大食物量的权利。F_j 的下降可能是因为可供自

① 一般地，与一种职业有关的商品会有许多种，但即使引入多种商品也不难重新定义 q_j 和 p_j。

② 洪水和干旱这样的自然灾害对不同粮食作物的影响程度是不同的，因此它们对种植不同粮食作物的人的影响程度也不同。所以，我们可以把粮食生产这一职业组 f 进一步分解为几个子组，记为（f，i）。第 i 个子组生产的粮食为 $q_{f,i}$，这样，我们就可以得到，我们有：$F_{f,i}=q_{f,i}$。

己消费的粮食产量减少了；也可能是因为一个人可以通过贸易获得的粮食减少了。前者称为“直接权利失败”(direct entitlement failure)；后者称为“贸易权利失败”(trade entitlement failure)。直接权利失败可能发生在粮食生产职业组，表现为 a_j 的下降；贸易权利失败则可能发生在其他职业组(即出售其商品来换取粮食的职业组)，表现为 q_j 的下降。q_j 的下降要么是因为自己的产量下降(例如，经济作物被干旱毁坏)；要么是因为需求下降(例如，一个工人处于非自愿失业状态，或者一个竹筐编织者因市场需求下降而不得不减少自己的产量)。

事实上，如果一个职业组的产品既要供自己直接消费，又要用于交换其他食物，这个职业组就有可能同时遭受“直接权利失败”和“贸易权利失败”。例如，埃塞俄比亚草原的放牧人就既能够直接食用自己的牲畜；又能够出卖其牲畜以购买他们习惯消费的粮食(从而获得卡路里的净增加)。[①] 与此相类似，在孟加拉国，鱼类是奢侈品，渔民常常用他们捕获的鱼类按照有利的交换比率来交换粮食，因为渔民主要是依靠粮食提供的卡路里来维持生命的，同时他们也消费一些自己捕获的鱼类。[②]

① 见第 7 章。

② 见第 6 章。

第 6 章　孟加拉[①]大饥荒 52

6.1　一个简短的概括

据官方的饥荒调查委员会(Famine Inquiry Commission)报告,在 1943 年的孟加拉饥荒中,死亡人数“大约为 150 万”。[②] 但是,当时负责该委员会统计工作的阿克罗易德(W. R. Aykroyd)最近指出:“现在我认为那是一个低估的数字,尤其是它低估了路边的死亡人数。”不过,从总体上说,低估的程度并不像一些批评者所认为的那样严重,即认为“死亡人数高达 300 万至 400 万人”(阿克罗易德,1974,第 77 页)。事实上,可以证明,该委员会利用自己的计算方法也可以得出大约 300 万人的死亡数字。关于死亡人数的统计问题,有兴趣的读者可以参阅附录 D。现在,我们的任务不是讨论我们应该接受什么样的死亡数字,而是孟加拉饥荒发生的原因,尤其是粮食供给和交换权利在饥荒形成中所起的作用。[③]

① 南亚一地区,现分属印度和孟加拉国。——译注

② 饥荒调查委员会,印度(1954a),第 109—110 页。

③ 本章的分析是在我早期的一篇文献的基础上做出的,即阿马蒂亚·森(1977b)。

第一,背景介绍。孟加拉有三季水稻:(1)*aman*,5 月份和 6 月份播种,11 月份和 12 月份收获(冬季作物);(2)*aus*,4 月份播种,9 月份收获(秋季作物);(3)*boro*,11 月份播种,2 月和 3 月份收获(春季作物)。冬季作物是孟加拉最重要的粮食作物,在 1939—1943 年,三季作物占总产量的比重分别为 73%、24%和 3%。1942 年,秋季作物的产量比正常年份略有减少(相当于前 4 年平均产量的 97%),冬季作物则出现了大幅度减产(相当于前 4 年平均产量的 83%)。这是因为,当年的 10 月份出现了暴风,而后出现了暴雨,接着又出现了真菌病。另外,1942 年日本人占领了缅甸——1942 年 3 月仰光失陷,切断了从这一地区向孟加拉出口粮食的通道,从而影响到孟加拉的粮食供给。由于饥荒是于 1943 年袭击孟加拉的,而此前发生了暴
53 风、洪水、真菌病、战争破坏以及失去缅甸粮食供给等,从而使人们很容易地认为这次饥荒的根本原因是"与正常年份相比,孟加拉可用于消费的大米总量严重短缺"(饥荒调查委员会,印度,1945a,第 77 页)。这一观点正是本章所要分析的问题。

1942 年 11 月 11 日大米的批发价格为每莫尔德(大约为 82.3
54 磅)13 至 14 卢比,1943 年 3 月 12 日该价格上升到 21 卢比,3 月 21 日上升到 30 卢比,8 月 20 日上升到 37 卢比(见表 6.1)。1943 年 11 月 9 日由于政府规定了大米的最高限价,这以后不再有大米的交易报价,不过仍有关于价格进一步上升的非官方报告,尤其在零售市场上,例如,10 月份,在孟加拉国东南部城市吉大港,大米
55 被卖到每莫尔德 80 卢比[见《政治家》(*The Stateman*),1943 年 11 月 5 日;布赫迪亚,1967,第 323 页];在达卡地区大米的价格为每莫尔德 105 卢比(见古什,1944,第 42 页)。

表 6.1　赤贫:在福里德布尔地区五个村庄中的抽样调查

日期	Ballam 1 号 价格(卢比)	指数	kalma 1 号 价格(卢比)	(净米) 指数
1941 年				
12 月 19 日	7.00—7.25	100	无报价	
1942 年				
1 月 16 日	6.25—6.50	90	无报价	
2 月 20 日	6.13—6.38	88	无报价	
3 月 20 日	6.13—6.38	88	无报价	
4 月 17 日	6.25	88	无报价	
5 月 15 日	6.25—6.38	89	无报价	
6 月 19 日	8.00	112	无报价	
7 月 31 日	7.75—8.00	111	无报价	
8 月 21 日	9.25	130	无报价	
9 月 18 日	9.88—10.38	142	无报价	
10 月 30 日	9.88—10.38	142	无报价	
11 月 13 日	9.25—9.75	133	无报价	
12 月 11 日	13.00—14.00	190	无报价	
1943 年				
1 月 15 日	14.00—15.00	204	无报价	
2 月 12 日	14.00—15.00	204	无报价	
3 月 12 日	21.00	295	无报价	
4 月 16 日	无报价		22.00—23.00	306
5 月 21 日	30.00—31.00	428	31.00	428
6 月 18 日	无报价		32.00—33.00	442
7 月 16 日	无报价		32.00—33.00	442
8 月 20 日	无报价		37.00	503

注:

1　这些报价分别来源于 1942 年和 1943 年的《印度贸易》周刊。

2　《印度贸易》只给出 Ballam 1 号大米或 Kalma 1 号大米的价格,很少见到这两种大米价格的同时报价。Ballam 1 号大米的指数是以 1941 年 12 月 19 日为 100 计算出来的。由于这时还没有 Kalma 1 号大米的报价,因而当 1943 年 5 月 21 日出现二者的同时报价时,令二者的指数相等,这样就提供了一个编制 Kalma 指数的基础。

孟加拉饥荒的发生和发展可以被分为以下三个阶段:

第一阶段:从 1942 年年初至 1943 年 3 月;

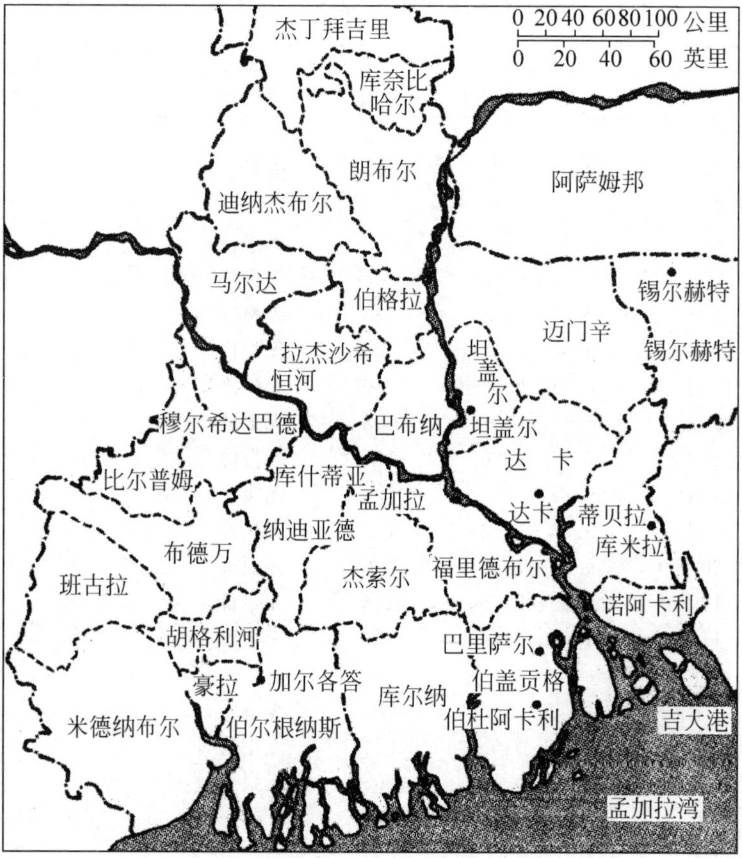

图 6.1　孟加拉,1943 年

第二阶段:从 1943 年 3 月至 1943 年 11 月;

第三阶段:从 1943 年 11 月至 1944 年末。

到第三阶段,死亡率才达到最高峰,这时饥荒的最严重时期已经过去,遭受饥荒破坏的地区流行病泛滥。第二阶段是因饥饿而死亡人数最多的时期。我所说的第一阶段通常被人们认为是饥荒还没有开始的阶段。从某种意义上讲,这一观点是正确的,因为在这一阶段由饥饿造成的死亡很少发生，不过为饥荒铺路的经济危机已经锁定了大部分人口。

1943 年年初，饥荒首先在远离加尔各答的地区出现。我们可以从该省在各地的特派员和地方官员的报告中看到这次饥荒的发生和发展情况。在一本报告集中，第一篇报告描述的是 1942 年 12 月 28 日“共产党组织的饥饿者游行”。其他报告是：“人民正陷入饥饿”（2 月 10 日）；“当地人们困苦的征兆”（2 月 27 日）；“赤贫蔓延”（3 月 26 日）；“财产犯罪增加和稻田抢劫案件频繁发生”（3 月 28 日）；“经济大灾难恐慌”（4 月 27 日）；“经济状况走向危机”（5 月 13 日）；“成群结队的人在寻找粮食”（6 月 12 日）；“暴尸街头”（6 月 12 日）；“数千饥饿的乞丐充斥城镇”（7 月 17 日）；“最艰难阶段正在过去”（8 月 10 日）；“死亡仍在发生”（9 月 9 日）；“清除死尸是……一个问题”（9 月 27 日）；“救灾物资到达但已经没有解救挨饿者的希望”（10 月 25 日）。[1] 1943 年 11 月死亡人数达到了最高峰并持续了相当长的时间。不过，这主要是由饥荒引发的流
行疾病所造成的，如霍乱、疟疾和天花。饥饿和饥饿腹泻直接导致 56
的死亡于 1943 年夏末和秋天结束。[2]

在加尔各答，情况则大不相同。官方政策基于这样一个坚定的立场，即“为了战争的需要，必须优先保证工业区的基本粮食供给”。早在 1942 年 8 月，孟加拉政府就曾向孟加拉商会（Bengl Chamber of Commerce）承诺，一旦加尔各答需要，他们将“尽其所

① 见饥荒调查委员会（1945a），附录Ⅵ。

② 见阿马蒂亚·森（1977b、1980b）。格里诺（Greenough，1979）从经济、社会和文化等方面深入、详细地分析了孟加拉饥荒。

能创造条件以使基本粮食供给在合理的价格水平得到充分满足”。[①] “孟加拉商会食品计划”（Bengl Chamber of Commerce Foodstuff Scheme）在政府的帮助下于 1942 年 8 月开始实施，这一计划保证向与该商会有联系的工业区的粮店供应基本食品，至这年的 11 月它保护了 62 万名雇员。其他商会也在政府的支持下效仿这一做法，建立了类似的机构，保护了 17 万名雇员。中央和省级政府、铁路、港口托拉斯和加尔各答公司的 30 万名雇员的食物供给由政府统一安排。这些计划总共保护了 100 万名以上雇员以及由他们所供养的人口免受饥饿。另外，在 1942 年 8 月和 9 月，加尔各答开始建立“受控制的商店”（controlled shop）。1943 年政府仓库还通过一些私人商店向社会公众提供食品，被称为“认可的市场”（approved markets）。1942 年 12 月至 1943 年 3 月，政府相继采取了三个计划来帮助加尔各答，不过，都没有取得很大成功。1943 年 3 月，在加尔各答的自由市场上仍然可以买到大米，只是大米的市场价格大幅度上涨。[②]

在加尔各答，这次饥荒主要表现为大批赤贫农民涌入城市，到
57 1943 年 7 月，这些人已经充满了加尔各答的大街小巷。开始，提供救济的人仅限于私人慈善者和慈善组织建立的食堂，到了 8 月份，在加尔各答，为难民提供救济成为一项官方政策。虽然救济机构十分吝啬——所有食堂同时开饭以防止一些难民领取双份食物[③]——但毫无疑问，进入加尔各答的难民比进入孟加拉其他任

① 饥荒调查委员会（1945a），第 30 页。

② 见这一时期的《加尔各答报》增刊；也可参阅饥荒调查委员会（1945a），第 40 页。

③ 饥荒调查委员会（1945a），第 71 页。

何地方都会获得更大的生存机会。由于救济物资非常不充分，在该城市到处都可以看到未被处理的死尸——仅在 10 月份救济组织清理的死尸就达 3363 具。[①]

在 10 月份的加尔各答，饥饿和生病的难民估计“至少有 10 万人”。该月底，政府决定把难民从这个城市转移出去。10 月 28 日通过的“孟加拉难民（遣返和救济）法”[The Bengal Destitute Persons(Repatriation and Relief) Ordinance]是一个相当有争议的法律文件，因为它声称在加尔各答的许多难民营中，执行“遣返”行动比“救济”更坚决。[②] 然而，对于加尔各答来说，这次饥荒的最艰难时期已经过去，死亡率也大幅度下降。[③] 这时，农村的情况也开始好转，一些救济物资直接送到了乡下，再加上较好的秋季收成以及极好的冬季收成。造成农村死亡率居高不下的主要原因是由饥荒引发的流行疾病（见附录 D）。

6.2　粮食供给危机 (A FOOD SUPPLY CRISIS)？

按照最一般的饥荒解释方法，发生饥荒的原因是食物供给下降(food availability decline，缩写为 FAD)。FAD 方法也被广泛地应用于对孟加拉饥荒的分析和解释上。饥荒调查委员会认为，这次饥荒的根本原因是“在孟加拉国，可用于消费的大米供给总量严

① 见古什(1944)，第 119—120 页。

② 见饥荒调查委员会(1945a)，第 71—72 页。

③ 见古什(1944)，第 121 页。

重短缺”。这一观点已经成为对这次饥荒的标准解释。难怪布里
58 恩(Blyn)在其权威著作《印度农业趋势》(*Agricultural Trends in India*)(1966)中论及饥荒调查委员会报告和《印度1951年统计》[①]时这样写道:“在1942—1943年,暴风和洪水使孟加拉国的大米产量减少了大约三分之一,加之日本控制下的缅甸减少了大米出口以及低效率的救济行动,造成了这次饥荒,流行疾病(霍乱、疟疾和天花)则因饥饿的蔓延而加剧”(第98页)。

但是,根据事实,即便按照饥荒调查委员会报告所提供的数字,这样的解释是否能够真正站得住脚呢?首先,让我们考察一下委员会所称某一年份的“当期供给”,它等于前一年的冬季作物(于12月份收割,在接下来的三个月中出售)加这一年的春季作物、秋季作物和净进口之和。根据饥荒调查委员会报告(1945a)中数字计算的结果见表[表6.2的(2)、(3)和(4)列],就作物收成来看,1943年不算是一个丰收的年份,但无论从任何意义上说,它也不是一个灾荒的年份。1943年的“当年供给”只比前5个年份的平均数低5%。事实上,它比1941年的供给还要高13%,而1941年却没有发生饥荒。

不过,要驳斥FAD观点,我们还需要做进一步的计算。

59 修正1:官方产量估计的调整

在印度,长期以来人们一直对官方估计的农业产量持有异议,如马哈拉诺比斯(P. C. Mahalanobis)。在最近的一些研究成果中,布里恩(1966)比较公正地估计了印度(南亚次大陆)的农业发

① 《印度统计》,1951年,第一卷,第291—292页。也可见《巴基斯坦统计》,1951年,第三卷;以及布赫第亚关于印度饥荒的名著(1967),第231—234页。

展趋势，虽然产量数据没有把孟加拉单列，只估计了“大孟加拉”的农业发展趋势，其中包括孟加拉、比哈尔邦和奥里萨邦，但是，与 1941 年相比，1943 年较好的粮食收成是肯定的（见布里恩 1966 年著作的附录 3A 和 4C）。即使从单列的孟加拉邦的每亩产量（附录表 7A）来看，1942—1943 年高于 1940—1941 年，而 1942—1943 年的平均产量高于 1940—1941 年更是众所周知的事实。

根据马哈拉诺比斯等人的建议，饥荒调查委员会自己也对官方估计的数字进行了修正。这些修正包括对贸易数字的修正，扩大了统计口径，使其把公路贸易和农村小船贸易也计算在内。表 6.2 的列（5）和列（6）就是来自饥荒调查委员会“调整”后的数字，来源于该委员会报告的表Ⅲ（第 215 页）。这再次说明，1943 年食物的“当年供给”并不算低，它高于 1941 年的粮食供给。

修正 2：小麦进口的变化

虽然孟加拉的主要食物是大米，但小麦的消费量也相当可观，因此，粮食供给量既应反映出大米的变化，也应反映出小麦的变化。在孟加拉地区，小麦的播种面积很小，大部分来自进口。1938—1943 年这一时期，通过铁路和水路进入孟加拉的小麦和面粉净进口量是根据《印度内陆贸易（铁路和水路）记录》计算出来的，当时它是印度商业信息和统计部的一份月刊。[①] 当然，这些数字中不包括公路贸易。在饥荒调查委员会报告中，关于 1943 年孟

① 在这份记录中，加尔各答和孟加拉的数字是分别列出的，净数字是这样计算出来的：孟加拉的进口加上加尔各答的进口，减去孟加拉的出口和加尔各答的出口。还必须注意，小麦和面粉是分开列出的，因此必须将其相加来得到每月数字。

加拉净进口的数字(第 54 页)比铁路和水路的净进口高 36%,并且,它声称的在“以 1941 年和 1942 年为结束的这 5 年中,孟加拉平均每月从外省进口 2.1 万吨小麦”(第 3 页),从而使得这一时期的总数字比铁路和水路净进口数字高出 33%。为了弥补来自铁路和水路的贸易统计缺口,孟加拉小麦净进口总量的数字应等于铁路和水路净进口总量的数字再加上 36%。这当然是一个高估的数字,不过这一偏差有利于我们所要反驳的 FAD 的观点。

在表 6.2 中,列(6)是大米和小麦的“当期供给”数字,列(8)是以 1941 年为基期编制的指数。从表中我们可以看到,1943 年的粮食供给比 1941 年高出 11 个百分点。

60

修正 3:人均粮食供给

在这一时期内,孟加拉的人口有所增加,因此,必须把粮食供给量换算为人均粮食供给量指数。在《印度统计(1951 年)》(卷Ⅵ,部 1B,第 2 页)中,西孟加拉 1941 年至 1950 年人口自然年增长率为 0.46%。这是一个被低估数字,因为这 10 年的人口平均数反映着饥荒自身的影响。还有,1941 年的数字是一个高估的数字,因为在印度与巴基斯坦分治之前,在印度的巴基斯坦人与穆斯林人为了夸大各自的力量,在人口登记中都有虚报的成分。1%肯定是一个高估的数字,不过选择这一数字有利于我们要驳斥的 FAD 观点。表 6.2 的最后一列是根据我们假定的 1%的人口增长率,选择 1941 年作为基期,并由此而编制的人均粮食供给指数。

表 6.2　1938—1943 年，孟加拉粮食供给

时期	大米产量（官方估计）	大米净出口量（官方估计）	当期大米价格（官方估计）	调整后的大米产量	调整后的大米产量	大米和小麦：调整后的当期供给量	粮食总供给指数	人均粮食供给指数
	(1)	(2)	(3)	(4)	(5)	(6)	(7)	(8)
Ⅰ年度数字								
1938	8.474	0.033	8.507	9.848	9.981	10.217	123	127
1939	7.922	0.382	8.304	9.114	9.596	9.787	118	120
1940	8.223	0.258	8.481	9.524	9.882	10.196	122	123
1941	6.768	0.223	6.991	7.631	7.954	8.332	100	100
1942	9.296	−0.102	9.194	10.776	10.774	10.947	131	130
1943	7.628	0.264	7.892	8.632	8.896	9.235	111	109
Ⅱ两年平均移动								
1938—1939			8.406		9.789	10.002	120	123
1939—1940			8.393		9.739	9.992	120	122
1940—1941			7.736		8.918	9.264	111	112
1941—1942			8.093		9.364	9.640	116	115
1942—1943			8.543		9.835	10.091	121	119
Ⅲ三年平均移动								
1938—1940			8.431		9.820	10.067	121	123
1939—1941			7.925		9.144	9.438	113	114
1940—1942			8.222		9.537	9.825	118	118
1941—1943			8.026		9.208	9.505	114	113

注：
单位＝(1)－(6)列为百万吨；(7)和(8)列取 1941 年的值为 100。

修正 4:1943 年后半年的粮食进口

下面的看法至今仍有争议:粮食供给特别糟糕的时期是 1943 年上半年,在这一时期,大米和小麦的进口都很少,而在 1943 年的最后一季度,进口则急剧增加。虽然,一般都认为到 1943 年 12 月死亡率才达到其最高峰,不过有证据表明,饥饿的高峰期是在 1943 年的第三季度。

在 1943 年的最后一个季度,孟加拉进口了 10 万吨大米(当年的头两个季度则平均每季度进口大米 5.5 万吨)以及 17.6 万吨小麦(此前的平均数是 5.4 万吨)。[①] 为了使 1943 年的数字尽可能小一些,我们把 1943 年最后一个季度大米和小麦进口中超过当年前三个季度平均数部分在 1943 年的总数中扣除出去。这样得到的 1943 年大米和小麦的"当期供给"是 90.68 万吨,食物供给指数是 109,人均粮食供给指数是 107。前者超出 1941 年 9 个百分点,后者则超出 1941 年近 7 个百分点,而对于 1941 年的数字则没有做任何扣除。

修正 5:所谓陈粮的"结转库存"

到目前为止,我们还没有考虑上一年 12 月收获以前的"结转
62 库存"问题。饥荒调查委员会(1954a)认为,饥荒的原因之一是"从 1942 年向 1943 年结转的陈粮库存短缺"(第 77 页)。饥荒调查委

① 见饥荒调查委员会,印度(1945a),第 54 页。

员会指出，该年度的“结转库存”与 1941 年向 1942 年的“结转库存”相比出现了大幅度的减少，这成为引发饥荒的重要因素（第 77 页）。但是，该委员会并没有给出具体数字来证明这一点。正如当时饥荒调查委员会的委员胡塞恩在其备忘录中所写的那样，“根本无法得到从一个月到另一个月、一年到另一年大米（或其他粮食）‘结转库存’的统计数据，在孟加拉或印度的其他地方也是这样”（第 179 页）。饥荒调查委员会关于“1943 年年初从上一年结转的粮食大约可以满足 6 个星期的需要”（第 15 页）的观点，与胡塞恩关于“消费结余意义上的‘结转库存’在很多年前就已经是零”的观点（第 182 页）一样，纯属猜测。[①]

在缺乏直接信息的情况下，正确处理“结转库存”的方法是考察其在两年或三年中的移动平均值。这可以说明我们所研究年份中的积累。表 6.2 给出了两年和三年的移动平均。如表所示，在以 1943 年为结束的两年移动平均中，所有指标都在 1943 年达到最大值，这很难说明饥荒的发展过程。三年移动平均值在 1943 年比上一年有所下降，与 1943 年的对应值很接近，只是略微高一些。就人均数字来说，即便我们有意提高假设的人口增长率，1941 年、1942 年和 1943 年的平均值仍然高出 1939 年、1940 年和 1941 年的平均值很多。

① 胡塞恩对“结转库存”的怀疑态度是针对饥荒调查委员会关于 1943 年的绝对短缺非常严重这一观点而做出的。然而，这一怀疑态度自然扩大到 1943 年与 1941 年的相对情况。

我们似乎可以肯定地说，灾难性的孟加拉饥荒并不是孟加拉粮食严重短缺的反映。①

① 阿拉姆基尔(1980)，第 81—83 页，对阿马蒂亚·森(1976)提出的这一一般性结论表示怀疑。其理由主要集中在以下三个方面：(1)区域分布："很多地区相对于其他地区受灾的程度更大"(第 81 页)；(2)时间分布："在 1943 年的 4 月和 10 月，孟加拉很多地区曾发生过极为严重的人均粮食短缺，这是阿马蒂亚·森所计算出来的每年潜在人均粮食供给指数所不能反映出来的"(第 82 页)；(3)重新定义粮食总供给："粮食供给"可以被定义得"更加宽泛"，使其包括"阿马蒂亚·森和其他一些人所给出的假设"(第 83 页)。这些问题都非常重要。但是，我并不认为这些问题会影响到我的一般性结论以及我对 FAD 的观点所持有的否定态度。第一，至于(1)，虽然存在地区差异，但这次饥荒的影响范围十分广泛，它影响到孟加拉的每一个地区。阿拉姆吉尔(1980)自己就曾写道："孟加拉各地都不同程度地受到了这次饥荒的影响"(第 92 页)，正如在附录 D 中表 D4 所表明的那样，孟加拉其他地区情况也是如此。当然，粮食从孟加拉的农村流向了城市，尤其是加尔各答，但这已不是粮食供给总量问题，而是市场和政治力量发挥作用并影响到"粮食权利"的问题。关于这一问题，阿马蒂亚·森(1977b)已经做了分析，在本书的后面我还将对这一问题进行更为详细的分析。第二，至于(2)，在 4 月至 10 月即饥荒时期，报告中说的食物短缺当然是部分地区的短缺，并非其他地区的短缺，而这正说明了"权利"如何发挥了作用。在这一时期，像加尔各答这样的地区如何用其比较强大的市场力量把粮食从其他地区吸引到了该地区来，应该是关于饥荒的经济分析的一个组成部分。从全年来看，粮食总供给当然发生了一些变化。阿马蒂亚·森(1977b)和我在这里所给出的数字都包括 1942 年 12 月至 1943 年 1 月的收获，并减去了 1943 年 12 月至 1944 年 1 月的收获(前面已经解释过)，因此，粮食的时间分布与生产无关。如果考虑到来自孟加拉之外的粮食进口，集中供给来得较迟这一问题确实是存在的，但我们已经在修正 4 中对此进行了调整，因此，这也不能改变我的一般结论。最后，我在这里所给出的一般结论(以及阿马蒂亚·森，1977b)所涉及的"粮食供给"是按传统方式定义的(就像马尔萨斯分析中所使用的那样)，即现存粮食总量，而不是现存粮食总量中上市的数量或可支配的量。阿拉姆基尔(1980)正确地描绘了在饥荒时期出现的"生产者、消费者和商人疯狂地囤积粮食"；"与孟加拉其他地区相比，加尔各答的优越待遇"；"短缺情况下管理的低效率；向农村分发粮食的低效率"；"由于坐等观望政策，行动迟缓"等现象(第 81—83 页)，但是，以某种方式把这些结合起来重新定义"粮食供给"并没有什么实际意义。FAD 是许多文献中引用的一种观点，现在需要研究的是这一观点自身是否正确，而不是用重新定义的办法来挽救它。就这一观点自身而言，它仍有待于进一步批判。

6.3　交换权利

孟加拉饥荒基本上是农村现象。由于实施了收入补贴的分配
计划(subsidized distribution schemes)，城市地区，尤其是加尔各 63
答地区避免了粮食价格的上涨。在加尔各答所看到的只是涌入城市的农村难民。农村难民的增加是否可以用交换权利(exchange entitlement)的变化来解释呢？下面，我们将把交换权利具体化为大米权利以说明这个问题——大米是孟加拉人卡路里的主要来源(实际是压倒一切的主要来源)。(可以说明，如果对其他谷物如小麦计算交换权利，其变化趋势与大米基本上相同。)

让我们首先考虑农业工人。关于这一时期比较全面的农业工
人工资数据很难得到，饥荒调查委员会的最后报告(1945b)也只给 64
出了该省的一些指数(第 484—485 页)。表 6.3 所给出的是农业工人工资与粮食的交换比率指数。工资指数是按财政年度(4 月至 3 月)编制的，而粮食价格指数则是按历年编制的。由于工资一般是在月末支付，因而工资支出的高峰期是在每年的 12 月份左右，工资与粮食的交换比率指数是根据与每个财政年度(4 月份结束)相联系的历年价格(12 月份结束)与工资计算出来的。一个例外情况是 1943—1944 年，该财政年度的前 6 个月(4 月至 9 月)的
工资被包括到相应历年的价格中。由于饥荒调查委员会没有给出 65
对应于这一时期的信息，这样做实属不得已。

从表 6.3 可以看出，农业工人的工资与粮食的交换比率呈现出明显的下降趋势。这清楚地表明，在孟加拉的战时经济中，与社

会其他部门相比，农业工人占有的粮食份额在通货膨胀过程中有所下降。不过，表 6.3 中的数据太笼统，其中涉及的总量水平以及所覆盖时期上的差异使得交换比率指数难以解释。我们希望得到每月工资和价格的时间序列，可惜饥荒调查委员会没有提供这方面的资料。

表 6.3　赤贫：在福里德布尔地区五个村庄中的抽样调查

年　份	工资指数	粮食价格指数	交换比率指数
1939—1940 (1940)	100	100	100
1940—1941 (1941)	110	109	101
1941—1942 (1942)	115	160	72
1942—1943 (1943)	125	385	32
1943—1944 年的一半 (1943)	130	385	34

1960 年，东印度农业经济研究中心（Agro-Economic Research Centre for East India）给出了 1939 年 1 月至 1941 年 12 月以及 1946 年以后比尔普姆地区的工资数据，唯独没有 1942—1945 年的数据。不过幸好，这一时期中部分时期的工资数据可以从斯里雷凯坦农场和斯里雷凯坦奶牛场的工作日志中得到，利用这些数字可能得到当地非技术男劳动力 1942 年 9 月至 1944 年 1 月的日工资。分别令 1941 年 12 月非技术男劳动力工资和大米（2 号质量）的价格为 100，即以 1941 年 12 月为基期，编制的价格指数和劳动力—大米交换比率指数见表 6.4。

表 6.4　非技术农业男性劳动力月工资

比尔普姆地区的博尔普尔：大米价格和交换比率指数

每月中旬	大米(2 号) 每锡尔/比索	大米： 价格指数	工资：每日比索	工资指数	劳动力—大米 交换比率指数
1941 年					
12 月	0.14	100	0.37	100	100
1942 年					
9 月	0.16	114	0.37	100	88
10 月	0.25	179	0.37	100	56
11 月	0.31	221	0.31	84	38
12 月	0.25	179	0.44	119	66
1943 年					
1 月	0.27	193	0.50	135	70
2 月	0.25	179	0.50	135	75
3 月	0.38	271	0.44	119	44
4 月	0.52	371	0.50	135	36
5 月	0.78	557	0.50	135	24
6 月	0.72	514	0.50	135	26
7 月	0.73	521	0.53	143	27
8 月	0.75	536	0.62	168	31
9 月	0.50	357	0.50	135	38
10 月	0.56	400	0.56	151	38
11 月	0.44	314	0.56	151	48
12 月	0.33	236	0.69	186	79
1944 年					
1 月	0.36	257	0.62	168	65

资料来源：(1) 斯里雷凯坦奶牛场和斯里雷凯坦农场当时的记录；
(2) 东印度农业经济研究中心保存的当时的零售价格记录；
(3) 东印度农业经济研究中心(1960)；用(2)列中的数字对 1943 年 8 月的大米价格进行了修正。也可参阅阿马蒂亚·森(1977b)。

如表 6.4 所示，从 1942 年 9 月到 1941 年 12 月，农业工人的工资水平基本保持不变，大米价格则略有上升；其后，大米价格疯狂上升，工资的增加则远远落于其后。事实上，至 11 月份，当大米价格指数上升到 221 时，与通常的季节趋势相反，工资绝对地下降了，工资与粮食的交换比率指数下降到 38。收割月份的局部反弹之后，工资与粮食的交换比率指数下降得更多，1943 年 5 月份下降到 24，一直到 7 月份，工资与粮食的交换比率指数连续 3 个月处于 30 以下。

在理解表 6.4 中关于工资价格的意义时，我们还应该记住，农
66 业工人的大部分收入是在主要作物的播种和收割季节挣得的，即使播种和收割高峰期的工资能够跟上大米价格的上涨速度，那么，高峰期之后，大米价格的上涨也会导致农业工人的贫困。在孟加拉，工资主要是按照以往几十年的稳定价格制定的，因此，1942 年 12 月至 1943 年 1 月这一收割期的工资水平并不能反映其后几个月的价格，即下一个高峰期 5 月和 6 月之前大米价格的三倍上升。

关于就业情况，我们几乎没有直接的信息。1942 年 11 月逆
67 季节性货币工资下降以及整个冬季收割期和收割后几个月的持续低工资水平，也许能够反映当时就业水平的下降。由于 1942 年的冬季作物受到暴风、洪水和真菌病的破坏，就业机会减少是很自然的。然而，由于缺乏有关就业的可靠数据，使得这一分析在很大程度上是一种推测，虽然有一些直接证据表明就业水平比正常年份有所下降[马哈拉诺比斯，穆克基(Mukherjea)和古什，1946，第 33—34 页；达斯(Das)，1949，第 65—66 页]。

现在，让我们从农业工人转向其他职业。在比尔普姆地区的博尔普尔，以当时的零售价格计算，大米与其他商品的交换比率如表 6.5 所示。从表中可以看出，在饥荒的第一阶段，有些商品，如面粉、布匹、芥末油的价格上涨速度有时快于大米，有时慢于大米；

鱼和竹雨伞的价格上涨速度则一直落后于大米；相对于大米来说，牛奶和理发的价格下降得更多。[①] 在第二阶段，这一下降趋势更为严重，例如，到夏季时，用大米衡量的理发价格已经下降到不及1941 年 12 月价值的五分之一。

表 6.5　比尔普姆地区的博尔普尔：交换比率指数和大米零售价格

每月中旬	面粉	芥末油	棉布	竹雨伞	牛奶	鱼类	理发
1941 年							
12 月	100	100	100	100	100	100	100
1942 年							
1 月	121	93	108	114	108	95	108
2 月	112	93	108	127	108	95	108
3 月	121	100	108	152	108	95	108
4 月	109	88	113	145	88	88	88
5 月	91	74	142	134	74	74	74
6 月	98	89	169	160	88	132	88
7 月	92	82	165	150	83	124	83
8 月	83	94	165	129	74	110	74
9 月	130	125	197	145	88	132	88
10 月	99	80	126	92	56	84	56
11 月	79	71	102	69	45	68	45
12 月	125	95	134	85	66	84	56
1943 年							
1 月	116	88	132	85	61	65	52
2 月	168	95	142	98	66	70	56
3 月	111	74	94	69	44	46	37
4 月	108	59	68	60	32	34	27
5 月	72	51	46	43	21	27	18
6 月	78	50	49	48	23	39	19

① 关于其他商品的相对价格，参见东印度农业经济研究中心(1960)，第 73—74 页。

续表

每月中旬	面粉	芥末油	棉布	竹雨伞	牛奶	鱼类	理发
7 月	77	49	49	47	23	38	19
8 月	75	64	47	44	22	37	19
9 月	112	95	76	66	33	56	28
10 月	100	85	68	57	30	50	25
11 月	95	118	86	73	47	80	32
12 月	75	145	118	90	62	106	42
1944 年							
1 月	64	127	111	91	57	97	58

资料来源：同表 6.4 的(2)、(3)列注，棉布的指数是根据农村手织布(gam cha)编制的，它是唯一可得到的棉纺织品。

至于鱼类，经历了早期的下降之后，在第一阶段中期(1942 年 6 月至 9 月)，它似乎有所回升，但紧接着再次下跌。这次鱼价回升的部分原因是捕鱼的季节性因素(见东印度农业经济研究中心，1960，第 49 页，关于其他年份鱼价的数据)。除此之外，还包含有这样的因素，即为了军事目的而执行"船只撤离政策"("boat-denial" policy)，它导致了孟加拉鱼价的普遍上升。按照 5 月份发布的命令，要求载重量 10 吨以上的船只从孟加拉的大部分河流区域撤离，以避免它们被可能到来的日本人使用。这一政策严重地打
68 击了运输和捕鱼业(见饥荒调查委员会，1945a，第 26—27 页)，①因此，渔民的贫困不能完全根据鱼类与大米的交换比率来判断，即使是这一交换比率后来也大幅度下降了。由于博尔普尔是一个相当

① 1942 年 5 月实施的"船只撤离政策"同时还配合有"大米撤离政策"("rice-denial" policy)，即大米仓库被从河岸地区(巴卡尔甘杰，库尔纳和米德纳布尔)转移走，其目的也是为了躲避日本人。虽然这次转移走的大米数量不算多——大约有 4 万吨——后来这些被卖走和转移走的大米几乎都是在孟加拉(主要是加尔各答)出售的，但它毕竟加剧了当地大米的稀缺程度。

小的鱼市，不具有代表性，因此，我们在表 6.6 中给出了加尔各答的鱼类与大米的交换比率。与博尔普尔相比，这一交换比率的下降发生得稍微晚一些，下降的程度也不那么严重。

表 6.6　赤贫：在福里德布尔地区五个村庄中的抽样调查

	大米价格指数（dnekichata）	鱼价格指数：rohi（鱼片）	整鱼价格指数	rohi 鱼—大米交换比率指数	整鱼—大米交换比率指数
1941 年					
12 月	100	100	100	100	100
1942 年					
1 月	100	100	100	100	100
2 月	100	100	100	100	100
3 月	100	100	100	100	100
4 月	100	100	100	100	100
5 月	100	110	140	110	140
6 月	119	110	140	92	118
7 月	130	130	180	100	138
8 月	137	150	160	109	117
9 月	133	150	180	113	135
10 月	147	140	180	95	122
11 月	154	170	180	110	117
12 月	170	170	180	100	106
1943 年					
1 月	228	150	180	66	79
2 月	218	150	180	69	83
3 月	219	150	180	68	82
4 月	330	n. a.	n. a.		
5 月	435	210	180	48	41
6 月	435	220	240	51	55
7 月	435	300	280	69	69
8 月	491	280	320	57	65

资料来源：根据 1941 年到 1943 年每周《加尔各答市政报告》计算而来。其中的数据是各月中旬的最后一次观察值。1943 年 9 月以后，“价格管制”使较高的市场报价变得不合法，因此，大米价格不再连续。

其大米交换权利没有遭到严重损失的一个阶层是大米生产
69 者，主要包括大农场主和农民，从某种意义上说，收益分成的佃农也可以包括在内，因为他们的分成是固定比例的产品，即大米。当然，收益分成佃农的就业机会可能减少，不过就交换比率而言，他们的处境不像工资劳动者那么脆弱，因为后者的绝大部分工资是用货币形式固定下来的。由此出发，按交换权利方法进行预测，农民和收益分成佃农所受饥荒的影响要比农业工人以及其他商品和
70 劳务出售者（渔民、工匠和理发师等）轻一些。

6.4 贫困阶层的基本成分

谁是饥荒的牺牲者？难民来自哪些职业？

有关饥荒的数据从来就不很丰富。然而，在孟加拉饥荒期间及其之后，关于饥荒死难者，却至少进行了三项重要的调查。第一，马哈拉诺比斯、穆克吉和古什（1946）公布了一次详细的抽样调查结果。这次调查是在 1944—1945 年他们与查托帕德亚（K. P. Chattopadhyaya）合作进行的，它覆盖了孟加拉农村 386 个村庄中 20％的家庭。[①] 这次调查首先根据饥荒的严重程度从总计 86 个区中选出 41 个，然后，再随机抽取每个地区的村庄和每个村庄中的 20％人口。每个家庭的职业情况按三个时点记录：1939 年 1 月（饥荒发生之前）；1943 年 1 月（饥荒发生前夕。按我们的阶段划分，就是饥荒的第一阶段末期）；1944 年 5 月（饥荒过后）。第二，

① 见查托帕德亚和穆克基（1946）。

穆克奇(K. Mukerji,1965)研究了福里德布尔(Faridpur)地区 1944 年饥荒刚结束时 5 个村庄的经济状况,这次调查结果对于受灾比较严重的西孟加拉地区也是有意义的。第三,这两项研究是在饥荒过后进行的,在饥荒时期的 1943 年 9 月,达斯(1949)在其他人的帮助下就曾对加尔各答难民进行了研究,他的调查覆盖了 820 个难民家庭。

马哈拉诺比斯、穆克基和古什(1946)所提供的数据可以被用于建立饥荒前夕包括饥荒第一阶段(1939 年 1 月—1943 年 1 月)的转变矩阵(transition matrix),以及饥荒最严重阶段(1943 年 1 月至 1944 年 5 月)的转变矩阵,即本章末的表 6.9 和表 6.10。从中我们不难看出,在“饥荒前夕”不同职业的贫困程 71
度排序与“饥荒时期”[①]不同职业的贫困程度排序密切相关[斯皮尔曼序相关系数(Spearman rank correlation)恰好为 0.75]。由此,我们可以说,发生在“饥荒时期”的赤贫与发生在“饥荒前夕”的赤贫是类似的。在饥荒时期,贫困化的程度迅速增加,每一类职业——不仅仅是贫困者——都经历了比饥荒前的四年中更为严重的贫困(见表 6.7,A 列),但是,按贫困比率对职业进行的排序却基本保持不变。

在饥荒时期,受灾最严重的职业组是渔民、运输工人、稻谷脱皮者(paddy husker)、农业工人、“其他生产性职业”中的就业者、工匠和城市工人。受灾最轻的是农民和收益分成佃农。在饥荒发生之前

① 正如前面已经指出的那样,这些术语很容易造成误解。“饥荒前夕”包括饥荒第一阶段的大部分时期。

72 他们所受影响就是最轻的(包括我们所称的饥荒第一阶段)。

表 6.7　不同职业组转变为(A)赤贫和(B)赤贫或稻谷脱皮者比率

	1939 年 1 月至 1943 年 1 月		1943 年 1 月至 1944 年 5 月	
	A	B	A	B
	%	%	%	%
自耕农和收益分成佃农	0.7	0.9	1.3	1.5
非全日农民,非全日工人	0.9	1.1	1.4	2.0
非自耕地主	0.7	1.3	1.6	2.4
职业人员和服务业人员	1.4	1.9	2.1	2.6
贸易	1.1	1.5	2.2	2.6
工匠	3.0	3.1	3.8	4.3
非农业工人	1.8	1.8	3.7	4.5
其他生产性职业	1.9	2.2	4.6	4.6
农业工人	1.7	2.5	4.6	6.1
运输	2.4	30.6	6.0	6.9
渔业	1.6	1.6	9.6	10.5
稻谷脱皮者	3.6	—	4.7	—

资料来源:根据马哈拉诺比斯、穆克基和古什(1946)抽样调查结果计算而来。

“稻谷脱皮”这一职业呈现出一定的特殊性,它恰好是很多农村家庭走向赤贫的边际职业。它是一个容易进入的职业,也是一个几乎全部由妇女从事的低报酬职业。① 虽然“稻谷脱皮”职业的赤贫率非常高,在饥荒前和饥荒后,这一比率分别达到 3.6% 和 4.7%,靠从事这一职业为生的农村家庭比率,无论在“饥荒前夕”,还是在“饥荒时期”都有明显的增加。根据前述调查所提供的有关

① 见查托帕第亚和穆克基(1946),第 7 页。注意,在大米短缺的时期,“稻谷脱皮”这一职业变得更加有利可图(相对而言),并接纳了被其他职业拒之门外的劳动力。“稻谷脱皮”可以在非常小的规模上维持经营,这也是该职业容易进入的原因之一。

性别、家庭状况和个人经历方面的详细信息，查托帕德亚和穆克基(1946)注意到，虽然“很多女性的稻谷脱皮者是未婚女子……为了养家糊口一直从事这一职业”，“主要靠这一职业养活子女的”妇女人数，“因为死亡和变成赤贫而减少”(第7页)。在1939—1943年和1943—1944年，虽然这一职业的赤贫率很高，但从1939年1月至1944年5月，靠从事这一职业为生的家庭数却净增了66%以上。

一般把登记的“稻谷脱皮”职业看作是贫困的典型特征，表6.7B所给出的是，在“饥荒前夕”和“饥荒时期”，每一职业组走向贫困或变得依赖于“稻谷脱皮”的比率。它表明这一精炼的贫困指标顺序排列，在“饥荒前夕”和“饥荒时期”十分接近(例如，这两个时间序列的斯皮尔曼的序相关系数达到0.78)。

就经济贫困(定义为赤贫或稻谷脱皮者)的增加而言，在所有职业中，“渔业”、“运输业”和“农业工人”具有最高的贫困比率。不 73
过，关于运输工人还很难得出肯定的结论，不仅因为样本较小，也因为河运“主要是由渔民从事的”(查托帕第亚和穆克基，1946，第7页)，而渔民的贫困与农村运输工人的贫困之间存在着一定的联系。毫无疑问，渔民和农业工人遭受饥荒的打击最为严重。受饥荒严重打击的其他职业是“其他生产性职业”、“非农业工人”和“工匠”。

就绝对人数来说，根据马哈拉诺比斯、穆克基和古什(1946)所给出的数据，难民人数最多的职业组是农业工人。与此相类似，1943年在达斯所主持的关于饥荒最严重时期流向加尔各答的难民所作的调查中，达斯(1949)发现，大约41%的难民来自农业工人家庭，是人数最多的。不过，根据达斯的数据仍无法计算各职业组的难民比率。

最后，在穆克奇对福里德布尔村庄所作的调查中，农业工人中的难民比率也是最高的（农业工人的难民比率为52%。总和平均难民比率为29%）。在农业工人中，1943年“被彻底毁灭”的家庭比率也是最高的（这一比率为40%，而总和平均比率为15%；因饥荒而成为赤贫者的劳动力中有77%被“毁灭”掉了）。表6.8说明了不同职业类别的相对比率，仅次于农业劳动力的一组是被称为“非生产者”组，在这一组中，包括了那些原先靠乞讨为生的人。在饥荒时期，这些人更容易沦为赤贫者。因此，这一组的赤贫率有一定的推测成分。接下来的一组是“工匠”（35%的赤贫率和10%的“被毁灭”率）。农民和收益分成佃农的饥荒受害率相对较低（18%的赤贫率和6%的“被毁灭”率），仅高于政府雇员和地主。

这些数据所描绘的情形与我们用权利方法分析的情况基本
75 一致。农业工人较高的受害率与农民和收益分成佃农较低的受害率都在预料之中。对于前者来说，食品权利的确受到了严重破坏，而对于后者来说则不那么严重。① 渔民、非农业工人和工匠等受到较大影响，也与我们所观察到的权利关系变化的情况基本一致。

---

① 农民种植稻谷，其生计依赖于用稻谷交换其他商品，因此，农民的交换权利相对于其他商品生产者而言有所改善。但是，食品零售价格较高并不意味着农民得到的报酬就高。另外，农民可能会在收割后以较高的价格过多地售出大米，而后来却不得不以更高的价格再买回一些大米。

表 6.8　赤贫：在福里德布尔地区五个村庄中的抽样调查

1943年1月1日的职业	1943年1月1日家庭总数	1943年1月1日各职业组赤贫家庭数	赤贫比率（%）	1943年各职业组中被“毁灭”家庭数	1943年被毁灭家庭比例（%）
农民					
佃农和收益分成佃农	266	49	18.4	17	6.4
农业工人	124	65	52.4	50	40.3
手工业工人	20	7	35.0	2	10.0
小商人	107	34	31.8	15	14.0
作物分成地主	16	1	6.3	0	0.0
牧师和低级职员	11	3	27.3	3	27.3
高级职员	20	2	10.0	0	0.0
地主	10	0	0.0	0	0.0
“非生产小麦职业”	18	8	44.4	3	16.7
合计	592	169	28.5	90	15.2

资料来源：穆克吉(1965)，表63，第178页。

6.5 交换权利急剧变化的原因

交换权利发生如此剧烈变化的原因是什么呢？虽然我们还缺少做出可靠分析所需要的数据，但进行一些探索性判断还是可能的。

首先，在饥荒第一阶段中，大米价格上涨基本上是由需求方面的因素造成的，1942 年大米的供给则非常充裕（见表 6.2）。虽然第一阶段中大米价格的上涨并不仅仅限于孟加拉，不过，与其他地区相比，孟加拉地区米价上涨的情况更为严重[见辛赫，1965，第 95—99 页；佩雷卡（Palekar），1962]。很大程度上，这是战争时期经济中存在通货膨胀压力的结果。在孟加拉境内，军事和民用建筑的建设规模是空前的，而战争支出在很大程度上依赖于印刷纸币。虽然印度战争支出的大部分——1941—1942 年达一半以上——可“恢复”（recovery）为英国的英镑，但这并不能直接减轻通货膨胀的压力，因为这一“恢复”是很久以后才进行的。按照印度的货币体系，这些英镑余额被作为资产，在此基础上，印度中央银行“有权印刷相当于其两倍半价值的纸币”，因此，可“恢复”成为英镑的战争支出比印度自己账户上的支出具有更强的通货膨胀压力[见加德吉尔（Gadgil）和索瓦尼（Sovani），1943，第 12—14 页]。1943 年的饥荒着实可以被视为一次“扩张型饥荒”（boom famine），它是与由公共支出膨胀所引起的强大的通货膨胀压力紧密相连。

第二，在饥荒的第二阶段，需求力量受到了冬季作物“收成不
76 好”、投机活动猖獗以及疯狂囤积等因素的影响。在当时的情况

下，即使基于“静态预期”(static expectation)，囤积也是有利可图的：在上一年，大米价格翻了一番还多，而加尔各答的“短期市场利率”却仍然保持在每年 7%(银行存款利率不足每年 2%)。[①] 农场主和商人所拥有的 1942 年 12 月至 1943 年 1 月期间收获的冬季大米库存非常多，收获的粮食没有被像正常年份那样投放市场。[②] 这时，不太严重的产量减少被放大为市场投放量的大幅度减少。因此，饥荒调查委员会的“当期供给”数字不能反映市场上的实际供给情况。

第三，政府管理的混乱[③]鼓励了投机性囤积行为，尤其是三项不适当的粮食征购计划(procurement scheme)经过不成功的努力之后，于 12 月到下一年 3 月之间仓促放弃，结果是 3 月 11 日批发市场上价格控制的突然解除。[④] 但是，在第一阶段末和第二阶段初，贫困与饥饿征兆已经暴露出来，极大地增强了人们对饥荒和价格将进一步上升的预期。[⑤] 在饥荒的第一阶段，大多数职业组的“交换权利”已经大幅度下降了(见表 6.3 至 6.5)，并且已经被写入特派员和地方政府官员的贫困报告(如前所述)。在饥荒的第二

① 加德吉尔和索瓦尼(1943)，第 24 页。

② 见古什(1944)，第 33—48 页；饥荒调查委员会，印度(1945a)，第 33—34，38—41，83—85 页。达斯(1949)，第 119 页。

③ 包括孟加拉政府的变化。菲兹鲁尔·哈克(Fazlul Haq)领导的旧孟加拉政府于 3 月 31 日倒台，克瓦萨·纳兹穆丁(Khwaza Nazimmuddin)领导的新政府于 4 月 23 日宣誓就职。

④ 见饥荒调查委员会(1945a)，第 36—50 页。与此相类似，几个月之前所进行的征用加尔各答商人粮食库存的计划收获也不大，并得出了没有太多库存可被征用的信念。

⑤ 见古什(1944)、达斯(1949)以及饥荒调查委员会，印度(1945a)，附录Ⅵ。

阶段，大米价格的投机性上涨进一步恶化了“交换权利”，影响到更多的职业组。孟加拉政府关于“食物的实际供给状况不会使目前的市场高价持续下去”的宣传完全失败。①

第四，1942 年，经印度政府批准，孟加拉全面禁止谷物出口，
77 尤其禁止从外省进口大米，以防止孟加拉的大米价格因进口而发生剧烈波动。② 用各种各样的“全印度食物分配计划”(all India schemes of food distribution)进行了大量探索之后，印度政府最终于 1943 年 5 月批准了该国东部地区的自由贸易。但是，到 7 月份，由于这些省的价格已经达到了这些省所规定的“最高”水平，自由贸易又被禁止了。1943 年秋季后期，一个统一的跨省谷物流动的“基本计划”开始实施，目的是改善 1943 年孟加拉最后一个季度的食物供给。

第五，饥荒的一个重要方面是它与收入和购买力之间不对称的膨胀关系。这些涉及军队和国防。在军队中、在受战争激励的工业和商业中，以及加尔各答的几乎所有人口都在政府的安排下享受了价格补贴(见第 6 章，第 1 节)，从而能够承受对食物需求的强大压力；而其他人则不得不承受食品价格大幅度上升的痛苦。

---

① 不适宜的宣传十分严重。5 月 18 日，财政部长哥斯瓦尼(T. C. Goswani)根据一个乐观的预期对当时情况做如下解释：“价格不久就会下降。投机者在做最后挣扎。目前，价格之所以没有下降是因为投机者为维持价格在做最后的、绝望的努力”(引自古什，1944，第 40—41 页)。也可参阅饥荒调查委员会，印度(1945a)，第 55 页。

② 至 1942 年年末，孟加拉与其邻近省的粮食价格已经有了显著差异。在阿萨姆邦，冬季稻谷的平均收获期价格是 8.81 比索，在比哈尔邦是 8.00 比索，在奥里萨邦是 6.19 比索，而孟加拉冬季稻谷的平均收获期价格是 14.00 比索，1942 年秋季的平均收获期价格也高达 13.88 比索(见《印度农业统计》，1939—1940 年至 1942—1943 年，印度政府，新德里，1950 年，卷Ⅰ，表Ⅶ)。

除了“军事或国防加强的部分地区外”，其他地区的农业工人并未分享战争带来的通货膨胀的任何好处……。[①] 农业部门的剩余劳动力（见马哈拉诺比斯、穆克基和古什，1946 年；查托帕德亚和穆克基，1946 年）使农业工人的经济状况进一步恶化，在死于饥荒的几百万人中，农业工人的死亡人数最多。而正是在农业工人大量 78
死亡的情况下，1943 年孟加拉获得了历史上的最高粮食产量。这一事实表明，按照舒尔茨（Schultz）的方法对劳动力剩余假设进行检验是不可靠的。根据 1918 年流行感冒之后农业产量下降这一事实，舒尔茨拒绝了农业劳动力剩余的假设。[②] 令人吃惊的是，在死亡、疾病使身体变得衰弱以及为寻找食品而大量移民等影响了农业劳动力投入的情况下，农业生产却在如此大的规模上运行。

第六，当我们关注到工艺品、服务以及“高档”食品（如鱼类和牛奶）时，第二阶段为其自身也制造了一些麻烦。当贫困在孟加拉农村地区蔓延时，对这些“奢侈”品的需求也大幅度地减少了——这是在其他饥荒中也能够观察到的现象。[③] 这种现象对更多的职业组走向贫困起到了推波助澜的作用。

最后，孟加拉饥荒恰好发生在两种历史价格体系的分界线上。在此之前的 20 年中，价格水平基本保持不变（1941 年的价格与 1914 年的价格基本一致），继 1942 年的价格上涨（尤其是粮食价

① 饥荒调查委员会，印度（1945b），第 485 页。

② 见舒尔茨（1964）。阿马蒂亚·森（1967b）对舒尔茨提出了批评，并附有舒尔茨的答复。

③ 例如，见赖格利（Wrigley，1969），第 68 页，关于 17 世纪发生在法国莫依的饥荒。

格)之后,涨价就成了生活中的经常现象。包括工资制度在内的制度安排开始了缓慢调整,以适应新的情况。

6.6 理论与政策的失败

在孟加拉饥荒中,不适当的政策已经受到广泛的注意和批评。饥荒调查委员会(1945a)对孟加拉邦政府和印度政府的政策进行了详细的分析(见第 10 章和第 11 章)。饥荒变成了民族主义者反对英帝国印度政策的导火索(关于这方面的经典著作,可见古什,1944 年),人们尤其对官方的消极态度表示不满。英国政府拒绝
79 把重新分配船只以增加印度粮食进口作为应对饥荒的紧急措施,这一做法受到了严厉批评。[①] 瓦维尔(Wavell)勋爵是孟加拉饥荒最后阶段的英帝国总督,他为增加印度的粮食进口进行了艰苦的努力。他公开表明了自己的如下观点:“印度的极为严重的问题被陛下政府忽视了,有时甚至受到了敌视和蔑视。”[②]

那种关于孟加拉饥荒的原因不是由于食物供给大幅度下降引起的观点能够否定这些批评吗?我认为是不能的。因为,无论饥荒是如何引起的,也无论政府采取了什么政策措施,要减轻饥荒,公共分配系统就必须掌握大量的食物。这既适用于有组织的食物配给和价格控制,也适用于就业计划的实施,还适用于增加那些

① 关于国际方面——尤其是美国——的反应,见本卡塔拉曼尼(Benkataramani,1973)的研究成果。

② 致温斯顿·丘吉尔(Winston Churchill)的信,1944 年 10 月 24 日。引自瓦维尔(1973),第 95 页。

"交换权利"遭受通货膨胀破坏的人们购买力的其他办法(在孟加拉饥荒中,最奇怪的一点是官方从未将其"宣布"为饥荒)。按照 1883 年的《饥荒法》(*Famine Code*),一旦发生饥荒,政府就有义务组织就业工程,实施特殊救济。孟加拉地方长官鲁塞福德(T. Rutherford)向总督解释:"由于我们没有足够的粮食按《饥荒法》规定的数量进行配给,所以《饥荒法》未能得到实施。"[1]大量粮食库存对于抑制饥荒第二阶段中价格的投机性上涨也是有利的,因此,没有理由来反驳人们对官方的批评,它确实未能从孟加拉之外的其他地区进口足够的粮食以启动公共分配系统;也没有理由来反驳饥荒委员会对孟加拉政府管理的批评,它的确混乱以至于没有能为印度拿出一个综合性的粮食政策来。

政府没有预测到饥荒,没有认识到饥荒的突然性还表现在另外一个方面。当印度国务大臣(Secretary of State for India)领导的国会在 1943 年 10 月的一项正式声明中终于承认了饥荒时,非常有影响的加尔各答报纸《政治家》曾惊叹:为什么"这一声明中不 80
直接承认政府的判断严重错误,甚至完全错误"?为什么只字不提"伦敦和新德里对形势的判断——在印度根本不存在粮食问题"?[2] 根据我们已经做出的分析(第 6 章,第 2 节),可以说,拉吉

---

① 158 号文件,曼塞弗(Mansergh,1973),第 363 页。

② 《政治家》社论,"来自远方的看法"(Seen from a distance),1943 年 10 月 14 日;也可参见 10 月 16 日的社论,"死亡名册"(the death-roll)。《政治家》是英国人所拥有的一家报纸。它向灾难发动了一场强有力的新闻报道、图片和社论战役——后来受到了饥荒调查委员会的称赞。这场战役中的社论以及有关这次饥荒的一些轶事趣闻,见斯第芬斯(Stephens)(1966,第 13 章和第 14 章)。从地方政府到加尔各答,再从新德里到英国怀特豪尔宫,对实际饥荒情况的认识是逐步递减的。

(Raj)对粮食供给总量的估计基本上是准确的，但其饥荒理论却存在严重错误。

政府企图根据“需求”和“供给”来估计“实际短缺”，这一企图似乎一直在影响着政府关于食物问题的认识。这种估计就像在一间漆黑的房子中寻找一只根本不存在的黑猫。这一方法并不能提醒人们，大规模饥荒发生的真正原因是“交换权利”的变化；这一方法甚至使一些人在饥荒实际出现后也不愿意承认灾难的严重程度。

印度政府定期进行粮食短缺测算。1942 年进行的“大米短缺测算”就充分考虑到了“缅甸大米的丧失、辛德(Sind)地区的洪水、孟加拉邦和奥里萨邦大米生产区的飓风以及孟加拉邦水稻作物的歉收”。[①] 在印度政府看来，这样的短缺是可以被消化的，因此，印度政府只把这一短缺当作其向伦敦请求调配船只的补充理由，即“增加船只用于进口 60 万吨小麦，以弥补当前的小麦短缺”。[②] 在其关于这一请求的“备忘录”中，印度国务大臣看到：

> 在这一请求中，没有考虑到 14 万吨大米的短缺和 65 万吨小米的短缺，而这正是印度政府不得不估量他们将面对的小麦困难的背景。从统计的角度看，这些看似严重的短缺与印度 6 000 万至 7 000 万吨的谷物总产量相比根本算不得

① 265 号文件，曼塞弗(1971)，第 358 页。注意，孟加拉邦水稻只被认为歉收，而不是严重减产(见第 6 章，第 2 节)。

② 见 265 号文件，曼塞弗(1971)，第 358 页。也可参见同一卷中的 282、297 和 332 号文件。

什么。[①]

按照 FAD 方法的基本假定，这位国务大臣详细的“备忘录”还 81
深入到一些“不利的因素”，尤其是城市人口问题。由于城市市民“依赖于进入市场的粮食数量，因而他们首先遭受短缺，并且……印度的军火工业和补给工业依赖于这些人的劳动”。[②] 农村人口，尤其是农业工人的贫困也是由“交换权利”的变化所导致的，正如我们在第 6 章，第 3 节中所说明的那样，当时农村人口的贫困已经相当严重，却没有受到应有的关注。“粮食分配”问题只是在“军事和其他货物造成铁路运力紧张”的意义上被提及。[③]（顺便提一下，把“粮食分配”问题看成是一个运输问题而不是一个购买力和交换问题，这是官方在这一问题上的一贯主张。）[④]

1 月 16 日，进口 60 万吨小麦的请求被伦敦驳回，只有一小部分得到了满足。[⑤] 由于印度政府低估了当时粮食总供给量的“短缺”程度，因而它顺从地接受了英帝国政府的裁决。立即解除了对小麦批发价格的管制，建立了一个政府购买机构（Purchasing Agency），禁止“超越省州边界的私人粮食流动”，发布公告允许

① 330 号文件，曼塞弗（1971），第 474 页。

② 出处同上。甚至当孟加拉农村饱受饥荒折磨以及农村难民涌入食品相对丰富的加尔各答地区时，印度政府所重视的却是“在非农村和工业地区似乎也出现了困难”。见战时内阁文件 WP(43)345，1943 年 7 月 30 日，66 号文件，曼塞弗（1973），第 134 页。

③ 330 号文件，曼塞弗（1971），第 476 页。

④ 见 102 号文件，曼塞弗（1973），也可参阅饥荒调查委员会，印度（1945a），第 59—62 页。

⑤ 见国务大臣 1943 年 1 月 16 日给总督的电报，350 号文件，曼塞弗（1971），也可参阅 59、71、72、74、98、139、157 和 219 号文件，曼塞弗（1973）以及瓦维尔（1973，第 2 章和第 3 章）。

“从国外进口粮食”，并表示“印度政府相信，粮食短缺的主要原因是囤积”。①

1月26日，总督在给印度国务大臣的信中写道：“考虑到我们
82 的粮食困难，我告诉他（孟加拉总理）即便孟加拉自身面临粮食短缺，也必须从孟加拉向斯里兰卡提供更多大米！如果他不是没有同情心的话，从那里挤出一些粮食是可能的。”②虽然，正如我们已经看到的那样，引发饥荒的力量已经一触即发，但基于产量（考虑到冬季作物歉收）所做出的“粮食短缺”的估计，没有使这一建议变成谬论。

到了春天，当饥荒即将全面爆发时，总督却于3月18日向国务大臣送去了“印度目前总的粮食状况有很大改善”的所谓好消息。虽然“孟加拉省目前的情况令人担忧”，但“考虑到印度总体情况的近期改善以及即将到来的 *rabi* 好收成”，我们仍可以“乐观地看待”孟加拉的粮食现状。③

当饥荒真正爆发时，其严重程度令官方大为震惊。总督得出的结论却是：“主要原因”是“道德”问题。④ 因此，并没有放弃对FAD观点的信奉，至下一个收获期到来，重新计算了孟加拉的粮食“短缺”情况。1943年10月2日，在一份由总督送往伦敦的报告中，孟加拉的执政者罗斯福德（Sir Rutherford）详细地说明了“目前的粮食情况”，并抱怨“所有能够得到的统计数字都十分令人

① 曼塞弗（1971），第541页。

② 362号文件，曼塞弗（1971），第544页。

③ 599号文件，曼塞弗（1971），第825—826页。

④ 瓦维尔引用了林利斯哥（Linlithgow）的话，瓦维尔（1973），第361页。

怀疑，由于缺乏准确的信息，难以判断实际短缺数字到底是多少”。[1] 他唯独没有表示出对 FAD 观点自身的怀疑。假若给每个 15 岁以上的人“每天 1 磅粮食”，15 岁以下的人“每天 0.5 磅”，并考虑到商人的库存以及从 1941 年至 1942 年“结转过来”的库存，根据这些信息计算，要维持到下一个收获季节到来，“粮食的短缺大约为 65.5 万吨”[2]，由于一位专家说“我估计的 65.5 万吨是一个过低的估计数字”，并建议将其改为 100 万吨，总督不得不在 8 天之内将数字上调。[3]

在政府关于粮食问题的解释中，FAD 观点之外的那些符合实际的看法，常常被视为另类。[4] 尤其是在饥荒爆发之后，FAD 的观 83
点继续在政府关于粮食危机理论中占据主导地位。到 1944 年 1 月，政府似乎提出了一个复杂的 FAD 假说，用以解释饥荒：“过去几年的经验使印度的权威们坚信，1942 年以来失去的粮食进口意味着陈粮的‘结转库存’被消费掉，这是造成粮食短缺的一个主要原因，虽然隐藏的储备粮是否已经枯竭还没有得到证实，但其影响却会继续存在。”[5]正如我在前面所指出的那样，粮食的“结转库存”并不十分重要，况且粮食供给的移动平均值已经考虑到了产量以及净进口等因素，因此没有必要再假设上年的“结转库存”突然

① 158 号文件，曼塞弗(1973)，第 361 页。

② 158 号文件，曼塞弗(1973)，第 362 页。

③ 174 号文件，曼塞弗(1973)，第 390 页。这里引用的是艾斯帕哈尼(A. M. A. H. Ispahani)的话，他是一位从事大米交易较多的商人。

④ 见曼塞弗(1971)，第 10 章；曼塞弗(1973)，第 4 章。

⑤ 国务大臣备忘录，战时内阁文件 WP(44)63，347 号文件，曼塞弗(1973)，第 680 页。

减少(见第 6 章,第 2 节)。

最后,到了写饥荒报告和评估业已发生的事情时,正如我们已经看到的那样,饥荒调查委员会也把 FAD 当作其主要论据,并借助神秘的——不可能被观察到的——“上年粮食的结转库存”突然减少的假设,把饥荒与生产和贸易等数字强行捏合在一起。然而,就像埃及神话中的不死鸟(Phoenix)一样,FAD 理论从灰烬中再生,在当今关于世界粮食危机的文献中,它仍在叽叽喳喳地叫着,偶尔论及孟加拉饥荒,“当洪水破坏了水稻作物时,有 200 万人至 400 万人丧生”。[①]

① 布鲁恩和艾克赫尔姆(Eckholm, 1974),第 27 页。也可参阅马塞菲尔德(1963),第 14 页。引文引自阿塞兹(1975),第 27 页。

表 6.9　饥荒前夕孟加拉农村职业转换矩阵：1939 年 1 月—1943 年 1 月

1939	自耕农和收益分成佃农	非全日农业劳动力	农业劳动力	非自耕地主	渔民	工匠	稻谷脱皮	运输业	贸易	技术人员和服务业	非农业工人	其他生产性职业	赤贫率
	%	%	%	%	%	%	%	%	%	%	%	%	%
自耕农和收益分成佃农	91.8	3.3	1.9	0.9	0.0	0.2	0.2	0.1	0.4	0.3	0.1	0.1	0.7
非全日农业劳动力	1.7	90.3	3.9	0.4	0.1	1.3	0.2	0.0	0.3	0.5	0.1	0.4	0.9
农业劳动力	2.6	4.3	87.1	1.0	0.0	0.5	0.8	0.0	0.3	1.0	0.2	0.6	1.7
非自耕地主	3.7	0.7	1.2	90.5	0.0	0.2	0.6	0.0	0.4	1.3	0.3	0.4	0.7
渔民	3.8	2.8	1.3	0.3	68.3	21.0	0.0	0.0	0.3	0.0	0.3	0.3	1.6
工匠	8.0	0.7	1.6	2.7	0.0	81.1	0.1	0.1	0.6	1.0	0.3	0.7	3.0
稻谷脱皮	8.8	1.0	2.6	4.1	0.0	1.6	73.7	0.5	0.5	1.0	1.6	1.0	3.6
运输业	5.3	2.9	2.4	4.9	0.0	0.0	28.2	51.0	1.9	0.0	0.5	0.5	2.4
贸易	11.9	1.8	1.9	2.5	0.0	0.7	0.4	0.1	77.1	1.6	0.7	0.3	1.1
技术人员和服务业	7.3	1.6	2.2	5.8	0.0	0.9	0.5	0.0	1.5	77.6	0.7	0.5	1.4
非农业工人	9.9	1.8	0.0	4.5	0.0	0.9	0.0	0.0	0.9	0.9	79.3	0.0	1.8
其他生产性职业	3.7	1.9	1.5	4.3	0.0	0.3	0.3	0.0	0.9	0.9	0.3	84.0	1.9
赤贫率	0.4	0.0	2.2	0.0	0.0	0.4	2.2	0.0	2.9	1.8	1.5	1.1	87.6

表 6.10　饥荒期间孟加拉农村职业转换矩阵:1943 年 1 月—1944 年 5 月

1939	自耕农和收益分成佃农	非全日农业劳动力	农业劳动力	非自耕地主	渔民	工匠	稻谷脱皮	运输业	贸易	技术人员和服务业	非农业工人	其他生产性职业	赤贫率
	%	%	%	%	%	%	%	%	%	%	%	%	%
自耕农和收益分成佃农	91.6	1.9	2.4	1.3	0.1	0.4	0.2	0.1	0.4	0.2	0.0	0.3	1.3
非全日农业劳动力	2.6	86.9	6.8	0.5	0.0	0.2	0.6	0.1	0.3	0.3	0.2	0.2	1.4
农业劳动力	0.9	1.5	88.2	0.0	0.1	0.5	1.5	0.2	0.3	1.2	0.2	0.8	4.6
非自耕地主	0.6	0.1	0.8	92.6	0.0	1.1	0.8	0.1	0.5	1.2	0.2	0.5	1.6
渔民	0.5	0.0	2.3	0.5	78.6	0.5	0.9	0.5	4.6	0.0	0.9	1.4	9.6
工匠	1.8	0.5	2.9	1.1	0.1	87.4	0.5	0.3	0.3	0.9	0.5	0.1	3.8
稻谷脱皮	0.0	0.4	0.8	0.0	0.4	0.8	90.6	0.4	0.8	0.0	0.4	0.8	4.7
运输业	0.9	1.7	7.8	0.0	0.0	3.5	0.9	78.5	0.0	0.9	0.0	0.0	6.0
贸易	1.8	0.6	2.8	1.1	0.1	0.6	0.4	17.5	69.6	2.0	0.5	0.8	2.2
技术人员和服务业	1.4	0.4	0.9	1.2	0.0	0.6	0.5	0.8	0.9	91.5	0.1	0.1	2.1
非农业工人	3.7	2.2	5.2	0.0	0.0	0.0	0.8	0.0	0.0	0.0	82.8	1.5	3.7
其他生产性职业	0.6	1.8	1.5	0.6	0.0	0.6	0.0	0.3	0.3	1.5	0.0	88.4	4.6
赤贫率	0.2	0.7	2.8	1.9	0.0	1.9	1.7	0.2	1.4	0.5	1.2	2.1	85.4

第 7 章　埃塞俄比亚饥荒 86

7.1　1972—1974 年的饥荒

在埃塞俄比亚，有记录的饥荒可追溯到 9 世纪。1540 年至 1742 年，至少发生了 10 次大饥荒。[1] 所谓“埃塞俄比亚大饥荒”(Great Ethiopian Famine)发生在 1888 年至 1892 年，它造成该国大约三分之一的人口死亡，[2]至今仍被人们纪念为 kifu qan(灾难的日子)。与“埃塞俄比亚大饥荒”相比，1972—1974 年埃塞俄比亚所经历的饥荒似乎要轻得多，这次饥荒的死亡人数估计在 4[3] 万到 20 万人之间，当时埃塞俄比亚的总人口约为 2 700 万人。[4]

---

① 泽沃第(Zewde,1976)，第 52 页。也可参阅潘克赫斯特(Pankhurst,1961)。

② 见潘克赫斯特(1966)。

③ 原文中这一数字为 5 万人，但下面的注释中说这一数字为 4 万人，疑原文有误。——译注

④ 两个极限中的下限，即 4 万人，来自米勒和霍尔特(1957)，第 171 页的估计：“饥荒中的总死亡人数为 4 万人到 8 万人”，但他们的估计基本上是针对饥荒的第一阶段进行的。两个极限中的上限，即 20 万人，是希菲尔德(Shepherd,1975)的死亡人数估计，而杰布里-迈德辛(Gebre-Medhin)和瓦尔奎斯特(1977)认为这一数字不会是一个高估的数字(第 197 页)。在 1972—1975 年这一时期，里沃尔斯(Rivers)、赫尔特、西曼和伯登(Bowden,1976)估计“饥饿以及与饥饿有关的疾病所造成的死亡人数至少为 10 万”(第 355 页)。

受饥荒打击最严重的省是位于埃塞俄比亚东北部的沃洛(Wollo)省,这次饥荒还影响到更北部的提格雷(Tigrai)省以及该国的其他地区,如哈勒尔盖(Harerghe)省。[①] 沃洛省的饥荒在1973年达到最高峰,而这年末就开始恢复了。泰格利省和更北面的其他省份(虽然受影响较轻)的情况基本与此类似。但是,在哈勒尔盖省,直到1974年饥荒才发生。从某种意义上说,这一时期埃塞俄比亚实际上发生了两次饥荒:第一次是1972—1973年,其中心在东北部,尤其是沃洛省;第二次是1973—1974年,主要影响
87 较南边的一些省,尤其是哈勒尔盖省。1973年的饥饿造成的死亡人数最多,主要发生在沃洛省。

1971—1972年的雨季相当反常,1972年年中的主要雨季(kremtrain)雨量过少,1973年春季的雨季几乎是滴雨未落。前者给埃塞俄比亚东北部,尤其是沃洛省造成了严重的干旱,对低地地区的影响更具灾难性;后者则给高地地区带来了灾难。沃洛省和东北部的干旱直到1973年的kremt雨季才结束,但较南部地区的旱情仍在进一步发展。[②] 由于埃塞俄比亚的农作物主要依赖雨季kremt,因而粮食产量的大幅度下降很早就在东北部发生了,其原因很明显,即1972年的主要雨季少雨和1972年12月的农作物减产。

---

① 据埃塞俄比亚救济和恢复委员会(1975)所提供的数字,在1973—1975年这一时期,各省"受影响"的人口比例分别为,沃洛省41%、提格雷省17%、哈勒尔盖省8%、施瓦(Shewa)省2.6%、格穆戈法(Gemu Gofa)省为0.8%,其他省忽略不计。见胡塞恩(1976),第45页。

② 见胡塞恩(1976),西曼、赫尔特和里沃尔斯(1974)以及杰布里迈德辛、哈弋、里克(Licke)和马菲(Maffi)(1977)。

毫无疑问，到 1972 年年末，危机的迹象开始显露出来。1972 年 12 月，埃塞俄比亚红十字会开始努力帮助来自沃洛省的 1 000 多名难民，此时，这些难民已经到达了埃塞俄比亚的首都亚的斯亚贝巴(Addis Ababa)附近。到 1973 年早期，东北高速公路位于沃洛省一段的两侧出现了大量拦车乞求食物的难民(赫尔特和西曼，1976 年)。1973 年 3 月，一个由 1 500 人组成的农民队伍被警察从其前往亚的斯亚贝巴的途中拦回(威斯伯格，1976 年)。1972 年 11 月，农业部的研究报告提出了严厉警告，但官方却认为正在发展中的饥荒不会那么早到来。事实上，政府本来可以在早期阶段减轻饥荒的严重程度。虽然当地的联合国儿童基金会(UNICEF)和瑞典资助的埃塞俄比亚营养机构在反饥荒行动的早期阶段发挥了重要作用，但总的来说，国际组织也没能认识到形势的严峻性——一次严重的饥荒——没有及时采取救援措施。

当地的援救行动只是建立了一些难民营。这主要是由地方城市委员会组织的，并主要依赖于地方发展委员会官员和公共卫生工作者的无私努力。关于难民营过分拥挤、卫生条件恶劣和不重视疾病防治的报告令人震惊，但在问题众多、资源十分有限的情况下，这些是无法避免的。1973 年 8 月饥饿危机达到高峰时，“6 万 88
多人挤在本来只能容纳 2 万人的难民营中，同时还有更多的人涌入城市”。[①] 两个月之后，当国际援助大规模抵达时，饥饿危机的高峰期已经过去，难民营中的人数已经减少到 1.5 万人。

一项大规模的国际救援行动最终开始实施。虽然当时沃洛和

① 赫尔特和西曼(1976)，第 4 页。

泰格利省的饥荒已经减轻，但仍有大批穷人在寻求救济。由于干旱不断向南、向东发展，在这个国家的其他地区，如哈勒尔盖省的奥加登(Ogaden)，新的难民不断涌现。救济和恢复委员会估计，“受影响”人口一直**增加**到1975年，不过其困难程度从来也没有像1973年那样严重，这一点是毫无疑问的。事实上，饥荒的最严重时期还没有被国际社会注意到就过去了，埃塞俄比亚政府也只有认识到它的一半，而大规模的救援行动更是在饥荒高峰过去之后才开始。[①]

更为严重的是，在食品援助的地区分配中也存在严重混乱：

> 受灾程度与食品援助数量之间的反差令人吃惊。政府统计……表明，至1973年11月，政府向各地总共分发出1.2万吨粮食……。沃洛省只得到了6 500吨……。相反，从1973年11月至1974年埃塞俄比亚却收到国外援助的粮食12万吨，另外还有1.1万吨“捐赠食品”。沃洛省和泰格利省得到了其中的70%，尽管它们的问题已基本上解决。而正处于饥荒高峰的哈勒尔盖省却只得到了其中的8%。[②]

89 7.2 粮食供给量(FOOD AVAILABILITY)

很明显，埃塞俄比亚饥荒是由干旱引起的，也很明显的是干旱造成了农作物减产(实际情况也的确如此)，因此，人们更容易接受

---

① 见威斯伯格(1976)。

② 里沃尔斯、赫尔特、西曼和伯登(1976)，第352页。

作为这次饥荒的理论解释的 FAD 观点。但是，由于旱所造成的农业和畜牧业危机不仅会造成食物供给减少，而且还会造成农民和牧民的收入减少，从而影响到他们支配食物的能力。而第一个问题所关注的只是粮食的产量问题。

那些支持用 FAD 理论来解释饥荒的人，常常引用 1972 年 9 月主要雨季后农业部的调查，不少人声称，这是一次本来应该预测到的食品短缺的饥荒。农业部的调查的确非常详细，而且是在饥荒爆发之前完成的，理应受到重视。但是，粮食供给的急剧下降真 90
的是在这次调查之后才出现的吗？

农业部的调查报告中没有提供关于粮食产量的具体测算数字，而是按照产量是否“高于正常年份”、“大约等于正常年份”，以及“低于正常年份”或“大幅度低于正常年份”的标准，对地区进行了分类。不仅就各地区主要农作物的产量进行了这种分类，而且还对各地区的总产量进行了这种分类。根据 1972—1973 年“总产量”进行的分类情况可见表 7.1。从表 7.1 中，我们可以看到，65％的地区有正常的产量，21％的地区的产量低于正常年份，14％的地区的产量高于正常年份。“产量低于正常年份的地区”被进一步分为“产量大幅度低于正常年份的地区”和“产量低于正常年份不太多的地区”。“产量高于正常年份的地区”则没有被进一步分为“产量大幅度高于正常年份的地区”和“产量略微高于正常年份的地区”。

为使我们关于粮食供给的分析不至于高估，我们假设“产量高于正常年份地区”的产量都仅稍稍高于正常年份，即没有大幅度高于正常年份。我们给予所有地区以同样的重视程度，那么，“产量

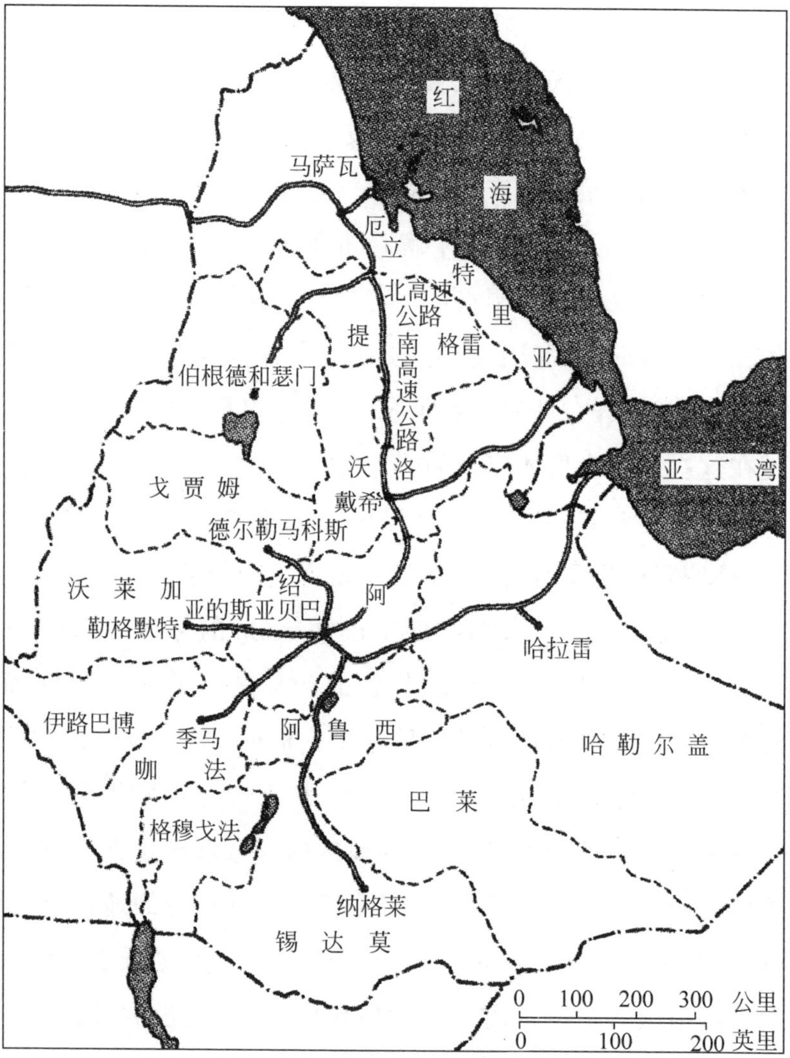

图 7.1 埃塞俄比亚地图

低于正常年份的地区”中有 14%可以被“产量高于正常年份的地区”抵消。这样,留给我们的是 65%的地区有正常年份产量,7%的地区有大幅度低于正常年份的产量。即使我们再假设那 7%的大幅

表 7.1 1972—1973 年埃塞俄比亚粮食产量:各省估计数字

地区	报告产量的地区数	产量正常地区数	各类地区比例 产量超过正常水平地区比例	产量低于正常水平地区比例	产量低于正常水平地区净比例	产量大幅度低于正常水平地区比例
	(1)	(2)	(3)	(4)	(5)=(4)-(3)	(6),包括在(4)中
1. 沃洛	21	10	0	90	90	52
2. 阿鲁西	20	70	5	25	20	10
3. 哈勒尔盖	22	39	23	39	16	9
4. 厄立特里亚	23	78	4	18	14	9
5. 绍阿	72	54	17	29	12	8
6. 提格雷	42	84	6	10	4	8
7. 沃莱加	35	86	0	14	14	0
8. 格穆戈法	17	82	6	12	6	0
9. 伊路巴博	14	64	22	14	−8	0
10. 戈贾姆	22	82	14	4	−10	0
11. 咖法	9	45	33	22	−11	0
12. 伯根德和瑟门	29	72	21	7	−14	0
13. 锡达莫	23	78	22	0	−22	0
14. 巴莱	11	9	82	9	−73	0
合计	360	65	14	21	7	7

资料来源:埃塞俄比亚农业部(1973)和胡塞恩(1976),表10中的数字。

度低于正常年份的地区的产量为零，那么，1972—1973 年的产量也只比正常年份低 7%。粮食产量减少 7%很难被说成是粮食供给的灾难性下降（对于一个靠天吃饭的农业经济来说更是如此）。

用同一报告所提供的其他数字，我们也可以得到粮食产量减
92 少的估计。该报告分别给出了“产量低于正常年份”和“产量高于正常年份”地区各种作物的总产量。这些数字见表 7.2。每种作物的权重是根据饥荒的前一年，即 1971—1972 年它们各自产量的重要性计算出来的（使用了胡塞恩，1976，附录 5 中的数字）。

表 7.2　1972—1973 年埃塞俄比亚农作物生产情况：作物评估

	各类地区比例				
作物	超过正常	低于正常	净低于正常	相对权重	加权净低于正常地区数
	(1)	(2)	(3)=(2)−(1)	(4)	(5)=(4)×(3)
大麦	21	15	−6	0.259	−1.55
画眉草	18	25	7	0.228	1.60
芦黍	16	33	17	0.182	3.09
玉米	17	28	11	0.160	1.76
小麦	18	22	4	0.145	0.58
其他	14	24	10	0.026	0.26
合计				1.000	5.74

资料来源：埃塞俄比亚农业部（1973）和胡塞恩（1976）。

根据表中的折算，净剩下 5.74%的地区粮食产量低于正常年份。为了使这一数字不至于高估，从而有利于 FAD 观点，我们假设这 5.74%的地区的粮食产量为零。这意味着，这一年的粮食产量最多低于正常年份的 6%。

没有证据能够表明，埃塞俄比亚饥荒是与食物供给急剧下降同时发生。事实上，根据埃塞俄比亚国民银行（National Bank of

Ethiopia,1976)的记载,与饥荒前的年份相比,该年度埃塞俄比亚的农业产量还略有增加(表 21,第 79 页)。联合国粮农组织(Food and Agriculture Organization of the United Nation)所估计的粮食产量虽然与此有所不同(请将这一数字与联合国粮农组织 1974 年、1975 年和 1976 年的《年度生产报告》作一比较),但其测算的卡路里摄入量并没有明显下降,比上一年还略有增加。表 7.3给出了 1973—1974 年与 1961—1965 年、1964—1966 年、1967—1969 年、1970 年以及 1972 年的卡路里摄入量的比较。其中的数字均取自联合国粮农组织 1971 年和 1976 年的《年度生产报告》(报告中没有 1971 年的数字)。虽然 1973 年的粮食供给比 1972 年略低,但它绝不会比 93
1961—1965 年的平均数更低,而且还远远高于 1964—1966 年、1967—1969 年以及 1970 年的平均数。因此,这些数字也不能说明,1973 年的人均食物消费量出现了大幅度下降。倒是有更多的证据表明人均食物消费量的减少发生在下一年,即 1974 年。

表 7.3　埃塞俄比亚的粮食供给:人均大卡数,1961—1974 年

时期	大卡数	人均大卡数指数	
		1973 年	1974 年
1961—1965 年	2 092	99	91
1964—1966 年	1 910	109	100
1967—1969 年	1 950	107	98
1970 年	1 980	105	97
1972 年	2 152	97	89
1973 年	2 081	100	92
1974 年	1 912	109	100

资料来源:1961—1965,1972,1973 和 1974 年数字均来自《联合国粮农组织年度生产报告:1971 年》,第 25 卷。业已出版的联合国粮农组织的《1972—1975 年度生产报告》并不连续,无法得到有关 1971 年的信息。在 1971 年出版的《年度报告》与 1976 年出版的《年度报告》中,60 年代早期的数字有一些出入,因为在 1971 年《年度报告》中,1961—1963 年的平均数和 1964—1966 年平均数都低于 1976 年《年度报告》中 1961—1965 年的平均数。由于 1966 年的数字并没有参与后一平均数的计算,因此,没有明显和必然的不一致性。

7.3 沃洛：运输约束还是权利约束？

1973年，虽然从整体上说，埃塞俄比亚的粮食供给没有明显减少，但在沃洛省，食物短缺却是十分明显的。关于这一短缺，至少存在两种不同解释：一种解释是采取“权利方法”，认为沃洛省的粮食产量下降，不仅导致了沃洛省农民的**直接权利失败**，而且还导致了该省其他阶层如服务业人员的**贸易权利失败**；结果不仅出现了粮食产量下降，而且还出现了收入水平和购买力下降，以及沃洛省吸引埃塞俄比亚其他地方粮食能力下降。另外一种解释是，把
94 沃洛省的粮食短缺归因于运输不便，无法把埃塞俄比亚其他地区的粮食运送到沃洛省。根据这种观点，埃塞俄比亚虽然不存在粮食总量短缺，但由于运输瓶颈的约束，粮食无法被运到沃洛省。因此，在对沃洛省粮食短缺的解释中，运输约束的确受到了很多关注。

固然，沃洛省**内部**的公路系统很不发达，向沃洛的偏远地区运送粮食十分困难。但是，我要说明的是，运输约束并不能真正解释沃洛省的饥荒，其原因只能在“权利失败”中寻找。

第一，虽然沃洛省省内的公路很少，且路况很糟，但有两条高速公路通过该省，连接亚的斯亚贝巴的埃塞俄比亚主要高速公路就恰好通过受饥荒影响最严重的地区。[①] 事实上，有关这次饥荒的大部分早期信息就来自高速公路上被难民拦截乞讨的旅客（见

① 见赫尔特和西曼（1976）以及贝雷蒂（Belete）等（1977）。

赫尔特和西曼,1976)。几乎所有的难民营都建立在离高速公路不远的地方,这样做不仅是因为运送补给品方便,更是因为那里的灾情严重。[1] 因此,用公路系统不发达并不能解释这些受饥荒影响的地区所发生的饥饿。

第二,根据饥荒时期有关粮食从沃洛省运出的报告,粮食从沃洛被运送到亚的斯亚贝巴和阿斯马拉。[2] 运出的数量可能不大,但它毕竟提供了对市场权利观点的支持;而不是对粮食短缺的运输约束观点的支持。

第三,尽管沃洛的粮食产量减少是灾难性的,不过沃洛省的粮食价格并没有出现大幅度上涨,持续的时间也不是很长。1973 年 10 月,赫尔特和西曼在受饥荒打击最严重的拉亚(Raya)和库布(Kobo)(在 1974 年 5 月到 6 月之间,这两个地区的十分之一人口 95
住进了难民营[3])收集有关价格数据时,他们发现粮食价格水平仍然保持在饥荒前水平的 15%之内。[4]

表 7.4 所给出的是沃洛的主要粮食市场戴希(Dessie)的粮食价格。[5] 如果把 1970—1972 年的平均价格当作“饥荒前夕”的价格,那么,1973 年的粮食价格基本上接近于“饥荒前夕”的价格水

① 见贝雷蒂等(1977)。

② 见赫尔特和西曼(1976),第 5 页。

③ 见贝雷蒂等人(1977),表Ⅰ和表Ⅱ。

④ 赫尔特和西曼(1976)。但是,关于此前的短期价格上涨报告,见西曼和赫尔特(1980)。

⑤ 这些价格是埃塞俄比亚粮食处根据埃塞俄比亚历法年收集的。1973 年对应于 1972 年 9 月至 1973 年 9 月。但是,这一调查开始得稍早了一些,它避开了 1973 年的最后几个月,在这几个月中部分救济物资已经开始进入沃洛。另外,主要作物的减产发生在 1972 年的 9 月,这时 kremt 雨季已经到来。

平：有些地区的略高一些，有些地区的略低一些。在粮食价格没有大幅度上升的情况下，人们却在因饥饿而死亡。利用“权利方法”
96 进行分析，这一现象就不难解释：农民的粮食权利是直接权利（不需要经过市场），这种权利被破坏与粮食的市场价格的上升无关；另一方面，运输约束观点则会得出粮食的价格水平大幅度上升的结论，因为当时存在着对粮食的有限供给和过度需求。

表 7.4　沃洛省戴希地区的粮食批发价格：1970—1973 年

粮食种类	1970	1971	1972	1973	1973 年价格超过 1979—1972 年平均价格的百分比
白小麦	36	34	27	28	−13
磨粉小麦	22	30	23	25	0
白芦黍	27	28	23	26	0
其他玉米和 zengad	23	24	19	21	−5
白画眉草	37	35	33	36	+3
seregenga 画眉草	33	31	29	34	+10
	31	29	27	30	+3
白大麦	28	27	19	24	−3
其他大麦	24	23	15	20	−3
玉米	21	20	23	21	−2
小米	20	21	24	22	+2
豌豆	21	24	17	21	+2
黑芝麻	37	32	24	25	−19
油菜籽	26	31	22	26	−1
亚麻籽	40	42	25	30	−16

资料来源：埃塞俄比亚国民银行（1970 年和 1971 年数字）和埃塞俄比亚粮食处（1972 年和 1973 年数字）。我十分感谢朱利斯向我提供这些未公开的数字。

所以，运输约束观点有很多破绽，假如沃洛人有市场力量（market power）推动食物进入沃洛地区，那么，他们就能够把埃塞俄比亚其他地区的食物吸引到沃洛来。在 FAD 观点看来，正确的分析单位必须是整个埃塞俄比亚，而不是沃洛省。没有足够的粮食流向沃洛(反而从沃洛流出),不是因为运输约束了这一流动,而是因为沃洛居民缺乏市场控制力量。[①]

7.4　贫困的经济背景

谁是这次饥荒的受害者?他们来自什么样的经济背景?虽然没有对这次饥荒受害者职业的情况进行系统调查[②],但这方面的信息来源还是有的。把这些信息结合起来可以得到受害者大致的职业情况,不过,定量地描述每一职业组的情况还存在一定的困难。

比较清楚的是,受饥荒影响较重的一个职业组是阿法尔地区(Afar community)的游牧牧民。1972 年,在亚的斯亚贝巴寻求帮助的难民队伍中就有他们;1973 年早期在通过沃洛高速公路上拦车乞讨食物的也是他们。有大量证据表明"阿法尔牧民是 1972 年大干旱后生活最困难的人"。[③]

1974 年对沃洛省 13 个难民营所进行的一项研究表明,在沃洛省的不同地区,难民营的情况有很大不同。表 7.5 所给出的是来自沃洛不同地区的家庭数,从表 7.5 中可以清楚地看出,拉亚(Raya)和库布、耶居(Yeju)、阿姆巴塞尔(Ambassel)三个地区的

① 根据埃塞俄比亚粮食处(Ethiopian Grain Agency)的数字,虽然 1973 年沃洛省发生了饥荒,但此时沃洛省的粮食价格却与亚的斯亚贝巴所管辖的沃洛附近地区基本一致或略高一些。

② 这与 1943 年的孟加拉饥荒有很大不同,主要原因是马哈诺比斯、穆克基和古什(1946)对孟加拉饥荒进行了内容广泛的抽样调查。

③ 赫尔特和西曼(1976),第 3 页。

97 难民人数显著地高于其他地区。他们占了难民营中总难民人数的四分之三以上。事实上，这三个地区都处于沃洛东部的低地地区，这正是游牧牧民的主要栖息地。虽然具体死亡率很难从这些数字中计算出来，但很明显，游牧牧民受灾的情况非常严重，而“在1973年的沃洛省饥荒中，受灾最重的牧民是阿法尔游牧牧民”。①

表 7.5　沃洛省各分区寻求救济人口的分布

分区	人口（千人）	难民营中来自各分区的家庭数	难民营中每千人来自各区的人数	相对贫困指数
(1)	(2)	(3)	(4)	(5)
1. 拉亚和库布	54	1 350	112.5	100
2. 耶居	159	1 994	56.4	50
3. 阿姆巴塞尔	261	1 639	28.3	25
4. 卡卢	126	515	18.4	16
5. 阿萨	73	184	11.3	10
6. 威格	142	169	5.4	5
7. 拉斯特	292	182	2.8	2
8. 戴希齐瑞阿	179	110	2.8	2
9. 伍德拉戴恩特	147	18	0.6	0.5
10. 沃尔希门努	225	22	0.4	0.4
11. 博雷纳	265	15	0.3	0.3
12. 维劳艾卢	137	0	0.0	0.0

资料来源：列(1)、(2)和(3)中数字取自贝莱特等(1977)中的表Ⅰ和表Ⅱ。列(4)中的数字是根据前3列的数字计算出来的，计算中设家庭规模为每个家庭4.5个人，除了略去关于威格分区计算中的一个误差之外基本上采纳了贝莱特等(1977)表Ⅱ中的数字列(5)把列(4)中的数字转换成了百分比指数。

虽然牧民受灾相对来说最为严重，但是，从绝对数上看，贫困人数最多的却是农民，因为后者是一个更大的职业组，“救济中心的人口主要是由低地地区的农民构成，这一地区的人口密度远远

① 胡塞恩(1976)，第19页。

高于阿法尔地区”。[①] 事实上，即使在拉亚和库布、耶居、阿姆巴塞 98
尔地区，贫困者也主要来自农业社会。

农民很早就陷入了困境。据报道，1973 年，向亚的斯亚贝巴进发乞求帮助的 1 500 个沃洛人就是“农民”。[②] 虽然根据参加抗议运动的人员构成来判断其贫困程度是不准确的，因为这里面还包含着较严密的组织以及好斗的性格等因素，但毫无疑问，在 1973 年的饥荒之前，沃洛农民就已经处于赤贫状态。[③]

在难民营的人口构成中，如下几组似乎是最主要的：

(1) “从农业耕作撤离出来”的妇女和儿童，他们占难民营人口中的大多数；

(2) “为了找工作，从较北部的地区”向南部，尤其是向戴希和柯姆波尔察(Kombolcha)，迁移的男性劳动力；

(3) 来自沿路城市的市民及其附属者。这些人变成了“职业乞丐”，“男性临时工不再能找到全日工作”；同时，“在经济困难时期，也缺乏对服务业女性的需求：不健康的家庭服务者、工作被内部家庭成员取代的运水工、啤酒销售者和妓女”。[④]

关于难民营人员构成的考察，还加深了我们对定居的农牧业赤贫的理解。[⑤] 随着灾情的发展，农作物和草地不断减少，农场主的仆人和附属人员被驱逐，他们成为第一批四处流浪寻找工作的

① 赫尔特和西曼(1976)，第 3 页。

② 见威斯伯格(1976)，第 108 页，关于饥荒早期的时事记载。

③ 见胡塞恩(1976)和杰布里迈德辛和瓦尔奎斯特(1977)。

④ 赫尔特和西曼(1976)，第 3—5 页。

⑤ 见杰布里迈德辛等(1974)，赫尔特和西曼(1976)，贝雷蒂、杰布里迈德辛、海勒马亚姆(Hailemariam)、马菲、瓦尔奎斯特和沃尔德-加布利尔(Wolde-Gabriel，1977)。

人。后来又有大量佃农被驱逐出土地,也加入了寻找工作的队伍。除了因干旱所导致的重大直接损失之外,佃农和小农还被迫出卖
99 牲畜,当下一个播种季节到来时,很多人甚至连种子都没有。在埃塞俄比亚的这一地区,人们四处流浪寻找工作成了常见的事情,出现了大规模寻找临时工作或收割工作的劳动力队伍。他们的主要去处是沃洛省内的一些城市,如靠近苏丹边界的塞第特-哈姆拉(Setet-Humera)的经济作物种植区以及该省南部沿阿瓦什河(Awash River)的棉花种植区。当男人外出打工时,其妻子和孩子要么待在亲戚家里,要么到城市去乞讨或到难民营中寻求保护。

关于人口的流动还有其他信息来源,比如对 92 个穆斯林家庭的研究,他们来自靠近沃洛与格吉木地-西米恩(Gegemdir-Simien)交界的两个村庄克利布(Koreb)和吉因特(Gayint)(A. P. 沃德,1976)。在这种情况下,大多数移民依赖耕作维持生计。其他谋生的手段是编织、家务劳动和酒精饮料销售。就流动倾向来说,似乎大地主和极穷的人都不便于迁移,"迁移者是较富的佃农和小地主"(第 71 页)。对此,艾德里安(Adrian)给出了如下解释:

> 由于连续七年的干旱,比较贫穷的佃农用尽了他们本来就十分贫乏的资源,要么离开这个地方,要么深深陷入债务之中而依附于他们的债主,或者饿死。较富的佃农,拥有较多表现为牲畜和耕作中的土地等资源,到了这一阶段,虽然仍然可以独立生存,却也面临越来越大的困难。对于整个干旱时期已经收缴完地租的地主来说,他们受减产的影响较小。但是,七年干旱过后,许多地主也只有少量的土地被耕种,而且那些

存活下来的数量很少的牲畜也已经耗尽了他们的粮食储备。[①]

综合这些信息可知，在 1973—1974 年的沃洛饥荒中，贫民至 100
少包括如下几类(包括附属于他们的人)：

(1) 牧民，尤其是来自阿法尔地区的牧民；

(2) 被驱逐的农场服务人员和农场主的附属人员，以及农业工人；

(3) 佃农，有些被驱逐，但通常因经济环境恶化而陷入困境；

(4) 小农；

(5) 城市中的男性临时工；

(6) 服务业中的妇女；

(7) 编织者和其他工匠；

(8) 职业乞丐。

与沃洛和埃塞俄比亚东北部的饥荒相比，后来发生在南部的饥荒，无论在死亡人数方面，还是在经济贫困方面，相对都要轻得多。它主要影响到该国的最大省份哈勒尔盖省，以及轻微地影响到巴莱(Bale)省和锡达莫(Sidamo)省。在哈勒尔盖有很多人死亡，[②]似乎受打击最严重的是索马里奥加登和索马里伊萨地区的牧民。虽然哈勒尔盖省死亡人数最多的是农民，但饥荒难民却主要是来自这些游牧部落的牧民。这是因为，不同社会的正常营养

① 沃德(A. P. Wood，1976)，第 71 页。

② 见西曼、赫尔特和里沃尔斯(1974、1978)以及杰布里迈德辛、哈弋、里克和马菲(1977)。

水平是不同的，这种差别很难用标准的人体测量方法来检验。对饥荒的定性分析以及对难民营难民的调查表明，这种差别是比较大的。[①] 在对死亡的统计中，这种差别也比较显著。5岁以下的儿
101 童死亡数字尤为明显。[②] 根据1974年的调查，“在前一年中，农业人口中5岁以下儿童的死亡率基本保持不变，而牧民中这一数字却增加了三倍”。[③] 因此，要理解发生在哈勒尔盖的“南部饥荒”，就必须重视牧民以及他们生活的地区，即奥加登地区和伊萨沙漠的北部和南部地区。

7.5 农业的贫困和权利

正如前面已经讨论过的那样，沃洛饥荒中的最大贫困组来自于农业背景，他们确实是农民——佃农和拥有小块土地的小农。在这里，权利下降表现为**直接**权利失败（见第5章），而不直接涉及市场。主要粮食作物的产量大幅度下降，以直接的方式导致饥饿。即便埃塞俄比亚农民（佃农和小农）完全以家庭生产的粮食为生，根本不从市场上购买粮食，那么，造成饥饿的直接原因是**个别家庭**粮食产量的减少和家庭拥有粮食数量的减少，而不是**整个地区**的

① 见西曼、赫尔特和里沃尔斯（1974、1978），杰布里迈德辛和瓦尔奎斯特（1977），第198页，杰布里迈德辛、哈弋、里克和马菲（1977），第29—34页。

② 在埃塞俄比亚饥荒中，5岁以下儿童的高死亡率似乎很普遍。在“东北部饥荒”中，5岁以下儿童受到的影响也很大。见贝雷特、杰布里迈德辛、海勒马亚姆、马菲、瓦尔奎斯特和沃尔德-加布利尔（1977），第18—19页。

③ 里沃尔斯、赫尔特、西曼和伯登（1976），第352页。

粮食总产量减少。[①] 由于 FAD 方法关注的是后者，所以这一区别尤为重要。沃洛农民的饥饿则有着更直接的原因。

实际上，一旦粮食收成不好，沃洛农民就不得不通过市场购买粮食。但是，农作物歉收也意味着他们市场支配力的根本（也就是他们收入）下降，这样，他们无法通过市场购买来弥补他们的粮食不足。正如我在第 7 章第 3 节所阐述的那样，沃洛农民并没有能够扩大市场对粮食的有效需求，他们是在戴希和其他地方粮食价格只是轻微上升的情况下普遍挨饿的。

农民对粮食的有效需求还受到另外三个因素的制约：(1)土地价格下降，[②](2)失去牲畜，[③]以及(3)牲畜市场价格下降。[④] 在影响农业的饥荒中，土地和牲畜价格的下降是一个十分普遍的现象。102
土地和牲畜是农民在获得粮食的其他手段都失败的情况下不得不出卖的资产。[⑤] 这些资产供给的突然增加必然会导致其价格下跌。大干旱的结果是牲畜数量的大量减少，令人吃惊的是，虽然数量减少了，但牲畜的价格却仍在下降。在牧区的饥荒中，这也是一种十分普遍的现象。在下一节中，我们将对此进行更为详细的讨论。

---

① 佃农还受到地租和封建税赋的影响，这些没有被减轻[见克里弗(Cliffe)，1974，胡塞恩，1976]。另外，还存在着不利于佃农的地租制度变化[见胡塞恩，1976，以及克恩(Cohen)和温特罗伯(Weintraub)，1975]。

② 见沃德(1976)和贝雷蒂等人(1977)。

③ 见米勒和赫尔特(1975)和胡塞恩(1976)。

④ 1973 年 3 月埃塞俄比亚农业部的报告指出：1972 年 11 月的农作物损失调查表明，“在大部分受灾地区，牲畜价格的下降”给“正在出卖牲畜以补充粮食不足的农民造成了巨大损失”，第 8—9 页。也可参阅沃德(1976)，第 72—73 页。

⑤ 农民的资产主要包括土地和牲畜。——译注

现在，让我们转向农业工人。在饥荒期间，农场工人被驱逐的现象十分普遍。这是农场主在经济困境中会自动使用的经济手
103 段，这种“派生贫穷”(derived destitution)在其他场合也能被观察到(见第6章和附录B)。一般来讲，农场工人所拥有的资源仅限于他们的劳动力，随着就业状况恶化，这一职业组的“交换权利”迅速下降。很多人被迫外出寻找工作，对于那些找不到工作的人来说，其归宿就只有死亡或难民营。由于寻找新的工作需要长途跋涉，而挣到足够的钱又需要较长的时间，所以，当一些人找到工作并挣到钱时，他们的妻子和孩子可能已经饿死，或者进了难民营，依靠他们赡养的其他人口可能也已经饿死了，尤其是5岁以下的儿童。[①] 另外，很多家庭因长期分离而彻底破裂了。

农场主的附属人员被逐出只不过部分地反映了那一时期的经济困境，很多附属人员与农场工人本来就没有什么两样——“用劳动力换取衣食和住处”。[②] 当他们由于同样的理由被逐出时，其命运也与农业工人一样悲惨。

其他职业组，如编织工、工匠、劳务提供者、城市工人和乞丐也都直接承受着“派生贫穷”。在一个社会中，一个大的经济部门萎缩必然导致对其他职业产品的需求减少，如纺织品、工艺品、劳务甚至一般的劳动力。另外，靠他人施舍度日也将变得更加困难。通过乘数效应(multiplier effect)，一个部门的衰落必将导致另一

① 见贝雷蒂、杰布里迈德辛、海勒马亚姆、马菲、瓦尔奎斯特和沃尔德-加布利尔(1977)，第18—19页。

② 见赫尔特和西曼(1976)，第4页。

个部门衰落，如此等等。由于农村男性和女性劳动力进入城市后，为了生存而不顾一切地寻找工作，使许多职业的竞争更加激烈(见胡塞恩，1976)。这些“贸易权利失败”是沃洛农业衰落的间接后果。

这里，我们可以提出两个问题。第一，沃洛省的农民被认为遭受了“**直接权利**”失败，而“直接权利”是根据其全部产品用于家庭内部消费这一假设计算的(见第 5 章)，那么，农民会减少他们对其他产品的需求这一假设是否能成立呢？我的回答是否定的。粮食权利所反映的是一个人或一个家庭可支配的**最大**粮食数量，实际消费量可能小于这一数量，因此，它与一个农民(他的权利按照其总产量计算)出卖一部分粮食换取其他产品和劳务这一假设并不矛盾。在饥荒时期，假设全部粮食权利都被消费掉似乎是很自然的事情，但在非饥荒时期却不是这样。因此，我们可以假设农民在饥荒时期将**减少**其非食物商品的消费，更多地——也许全部——消费其粮食权利。

第二，对非食物商品需求减少以及与之相联系的市场粮食供给的减少是否会增加粮食价格上升的压力呢？我的回答还是否定的。人们在戴希和其他地方所观察到的情况是，粮食价格基本上没有上升。这是因为，在市场粮食供给减少的同时，人们对非粮食
产品的需求也会减少，从而会减少非粮食产品生产者和出售者对 104
粮食的需求。也就是说，他们对粮食的需求会因粮食供给的减少而减少。但目前还不清楚的是，如果沃洛省的这些地区被切断了来自埃塞俄比亚其他地区的粮食供给的话，其粮食价格是否会大幅度上升？当然，这些市场供给并没有被切断，因此，戴希粮食价

格的大幅度上升必然导致粮食向戴希地区流动。

到目前为止，我们还没有分析牧民的贫困。这正是下一节的内容。

7.6 牧民的权利和游牧牧民

如前所述，在“东北部饥荒”中，尤其在沃洛省，牧民——主要是阿法尔地区——遭受了极为严重的灾难。在后来的“南部饥荒”中，在哈勒尔盖省受灾最为严重的是来自索马里奥加登和伊萨尔地区的牧民。从表面上看，对这一灾难的解释十分简单：干旱造成了动物和牲畜的大量死亡，进而造成牧民因缺少食物饥饿而死。但是，实际情况远比这一描述复杂得多。

首先，牧民，尤其是阿法尔牧民不仅遭受了埃塞俄比亚干旱的影响，而且还因农业的商业化发展失去了草地。1970—1971 年，在阿瓦什山谷(Awash Valley)，大约有 5 万公顷草地被少数几家外国公司“开发”，[①]用于种植经济作物，主要是棉花和甘蔗。农业的商业化发展持续了整个 70 年代，在被开发的土地中就包括从当年 9 月到第二年 5 月这一长期干季中阿法尔牧民最好的草地。土地减少给阿法尔牧民带来了严重的经济困难。[②] 正如弗拉德

---

① 比较一般的看法是，这种发展是国际资本主义扩张的负面影响。关于这类较一般性的问题，见巴兰(Baran,1962)、弗塔多(Furtado,1964)、巴兰和斯威奇(Sweezy,1966)、马格多弗(Magdoff,1968)、富兰克(Frank,1969)、阿姆因(Amin,1974)等。

② 伯恩戴斯塔姆(Bondestam,1974)、杰布里迈德辛(1974)、弗拉德(Flood,1975)和胡塞恩(1976)。

(1975)所指出的那样，“如果他们要想利用只有湿季时才能使用的广大地区，阿法尔牧民就必须充分保有临近河流的干季草地”，而 105
“当一小部分临河的土地不再作为干季草地时，远离河流的大片地区也会变成荒漠，无法利用”(第 65 页)。对于阿法尔牧民来说，那些已经被“开发”的土地非常重要，绝大部分是“容易进水，不易干枯”的土地——“每一年中 2—6 月，这一最炎热和最干旱的季节最适合放牧的土地”(第 64 页)。

1972—1973 年，埃塞俄比亚的北部发生了干旱，湿季来得晚且短，尤其是不够湿，而干季中的救命草地已经因农业商业化开发而大量减少。因此，干旱所造成的影响被阿瓦什山谷地区的经济结构变化放大了。①

第二，在埃塞俄比亚饥荒时期，牧民的贫困并非仅仅限于失去牲畜，无论是因为干旱或传统草地被占用而失去牲畜。牲畜相对于粮食的“交换权利”也大幅度下降了。人们常常忽略这样一个事实，即牧民并不仅仅靠消费肉或牛奶之类的牲畜产品来维持生命，他们还要用牲畜交换以粮食为主的其他生活必需品。事实上，在埃塞俄比亚“正常的”价格水平上，牲畜卡路里的成本相当于粮食卡路里成本的两倍，②因此，如果一个牧民家庭能够通过出卖其牲畜换取粮食，那么，这个家庭就能够在保有更小牲

① 阿法尔牧民主要使用阿瓦什山谷的中部和下部。然而，农业商业化的发展并非仅仅限于这些部分。在阿瓦什山谷上部，农业商业化的开发不仅导致了奥罗莫克莱格(Kerega Oromo)寻找新的牧场，而且导致一些农民开垦土地。见伯恩德斯塔姆(1974)，第 480 页，胡塞恩(1976)，第 19—20 页。

② 见西曼、赫尔特和里沃尔斯(1978)，第 38—39 页，以及哈弋(1975)。

畜量的情况下生存下去。事实上,这一地区典型牧民的一半卡路里来自农产品。[①]

在沃洛北部以及其他地区的饥荒中,牲畜与粮食的交换比率的确有所下降;在哈勒尔盖的南部饥荒中,这些交换比率则有大幅度下降。1974 年 5—6 月,在西曼、赫尔特和里沃尔斯的指导下进
106 行了一项包括哈勒尔盖省不同地区的详细价格调查。根据这一调查,我们可以得到当时的价格、回忆前一年价格以及"正常"价格。虽然回忆方法有一定的虚假成分,尤其是在价格方面,[②]但是,根据这些数字计算出来的交换比率还是有意义的。这一交换比率见表 7.6。[③]

显然,牲畜对粮食交换比率的下降幅度很大,尤其在牧区(而不是在农业地区)。然而,由于调查时牲畜价格已经开始回升,因而这些数字事实上低估了牧民们"交换权利"的不利状况。指导这次调查的人注意到,"接受调查的人声称,牲畜价格,尤其是牲口价格,在过去的一年中出现了大幅度波动。在这次调查的 6 至 9 个月之前,也就是当干旱最为严重的时候,许多地方的价格比现在要低得多"(西曼、赫尔特和里沃尔斯,1978,第 39 页)。

在这次干旱中,牧民"交换权利"下降与牲畜损失是同时发生的。二者的相互影响见表 7.7。给予不同类型牲畜的权重是这样

① 见里沃尔斯、赫尔特、西曼和伯登(1976),第 354 页。

② "正常"价格概念尤其有问题,早期报告所给出的是不同的数字[见西曼、赫尔特和里沃尔斯(1974),第 66—73 页]。他们所依据的是埃塞俄比亚政府水利资源部和农业部的两份未公开的报告所给出的价格水平。然而,从这些数字中同样也可以得出牲畜与粮食交换比率大幅度下降的结论。

③ 也可参阅杰布利迈德辛、哈弋、里克和马菲(1977)。

表 7.6　哈勒尔盖省不同地区的牲畜—谷物交换比率

	南奥加登(牧区)			北奥加登(牧区)			伊萨(牧区)			哈勒尔盖的农业地区		
	"正常"	1973	1974	"正常"	1973	1974	"正常"	1973	1974	"正常"	1973	1974
A 价格												
每英担埃塞俄比亚元												
高粱	16	37	51	17	27	42	16	24	32	15	25	31
玉米	14	34	48	14	24	36	15	21	27	14	20	27
牛	86	83	77	87	85	61	132	74	101	87	109	125
羊	18	16	19	21	18	18	24	14	18	15	19	25
骆驼	222	216	223	238	219	193	234	151	166	158	147	159
B 交换比率												
(指数)												
高粱—牛	100	42	28	100	62	28	100	37	38	100	75	70
玉米—牛	100	40	26	100	57	27	100	40	43	100	88	74
高粱—羊	100	38	33	100	54	35	100	39	38	100	76	81
玉米—羊	100	37	31	100	50	33	100	42	42	100	89	86
高粱—骆驼	100	42	32	100	58	33	100	43	35	100	56	49
玉米—骆驼	100	40	29	100	54	32	100	46	39	100	65	52

资料来源:根据西曼、赫尔特和里沃斯(1974)表 XVI 和表 XVII 计算。

表 7.7 牲畜损失和交换比率变化所导致的谷物权利损失 %

	南奥加登				北奥加登				伊萨			
	牛	羊	骆驼	平均存栏数	牛	羊	骆驼	平均存栏数	牛	羊	骆驼	平均存栏数
干旱前每种牲畜占总牲畜数的比重	0.571	0.157	0.271	1.000	0.295	0.276	0.429	1.000	0.396	0.425	0.179	1.000
因死亡损失的牲畜比例(q)	47	45	52	48	56	61	55	57	88	74	69	79
交换比率变导致的谷物权利损失比例(p)	72	67	68	70	72	65	67	68	62	62	65	62
谷物权利总损失($p+q-pq$)	85	82	85	84	88	86	85	86	95	90	89	92
交换权利损失与牲畜所有权损失的比率(p/q)	1.53	1.49	1.31	1.46	1.29	1.07	1.22	1.19	0.70	0.84	0.94	0.78

资料来源：见正文。

计算的：先计算干旱前的“正常”年份各地区典型家庭所拥有的平均牲畜数的市场价值，然后计算各种牲畜占家庭牲畜市场价值的份额。干旱前的“正常”价格取自西曼、赫尔特和里沃尔斯(1974)，第62页，表XVII，与表7.6中的数字相同。干旱前家庭拥有牲畜的数量是根据1974年的调查平均数计算出来的(西曼、赫尔特和里沃尔斯，1974，第45页，表X)，而这次观察的牲畜数与“上一年的牲畜数”之间的关系是这些研究者根据牲畜的出售和死亡比率估计出来(1974，表XII和表XIII，第46—47页)。表7.7的第二行所给出的因死亡而失去的牲畜数也来自西曼、赫尔特和里沃尔斯(1974)，表XII。与饥荒前的“正常”年份相比，交换比率变化所导致的粮食权利损失是根据表7.6计算出来的，为了计算方便，用高粱代表粮食。牲畜损失与交换比率恶化 109
所造成的粮食权利损失比率见表7.7的第3行。对于所有牧区来说，这一比率都非常高，即南奥加登84%，北奥加登86%，伊萨沙漠甚至高达92%。

这些结果的另一个突出特点是牲畜损失与交换比率恶化对牧民总平均粮食交换权利损失的相对影响。在南奥加登和北奥加登地区，交换比率损失的影响比牲畜损失的影响大得多。只有伊萨沙漠不是这样，据估计这一地区占奥加登人口不足三分之一。[①]

事实上，如果考虑到如下因素，交换比率下降的相对影响就会

① 杰布利迈德辛、哈弋、里克和马菲(1977)给出了更为严重的数字，但他们也注意到了牲畜拥有量数字的一些可疑之处(第32页)。也可参阅哈弋(1975)。

更大:(1)用玉米代替高粱作为编制指标的粮食将会大大改变交换比率;(2)由于牲畜死亡率在非干旱时期也很高,因而在这一计算中,牲畜损失的影响有一定程度的夸大;[①]如果考虑到对这些数字进行修正,那么,在粮食“交换权利”的损失中,交换比率恶化相对于牲畜死亡的贡献在所有的地区都会更大。但是,由于南北奥加登地区记录的牲畜死亡的一半以上会被按出生数归因于正常死亡,总的粮食“交换权利”损失则会减少。[②]

粮食“交换权利”是值得计算的,不仅因为牧民们有卖掉所有牲畜以换取粮食的倾向,还因为——如前所述——牧民通常可以
110 通过用牲畜换取粮食的办法获得更便宜的卡路里。在正常情况下,牧民并不依赖这一方法,但在牲畜大量死亡的困难情况下他们将不得不这样做。因为干旱同时减少了牲畜存量和粮食产量,从而常常造成牲畜相对于粮食价格的大幅度下降。[③] 这时,向市场提供牲畜减少的比例远远小于家庭拥有牲畜数量减少的比例,更小于市场粮食供给减少的比例。

这里有三个需要注意区别的特征:第一,在*正常价格水平*上,粮食是比较便宜的营养来源,经济衰退时,市场需求会转向粮食,

① 见西曼、赫尔特和里沃尔斯(1978),第48、56、57页。

② 基于同样的理由,我们可以指责西曼、赫尔特和里沃尔斯(1974)所使用的“上年牲畜数”的估计方法,它是表7.7中权重的计算基础。“观察到的牲畜数加上有记录的牲畜死亡数再加上上一年出售的牲畜数”(第46页)就忽略了新生的牲畜数并高估了上一年的实际牲畜数。使用这一数字计算权重时,我们必须假设这些相对权重不会因新生牲畜被忽略而有很大变化。

③ 1973年6月至1974年6月,在哈勒尔盖的不同地区,牲畜存量平均下降20%至50%,而在1972—1973年(包括用于来年供给的12月份收获),哈勒尔盖的粮食产量减少了大约30%(见埃塞俄比亚农业部,1974,第321页)。

增加对粮食的需求。牲畜是“奢侈”品，收入减少时，对牲畜的需求量也会减少，其价格就会下跌。当牲畜价格相对于粮食价格下降时，这种情况就会发生变化。但是，在干旱时期，牲畜的瘦弱状况会降低临界交换比率(break-even exchange rate)。

第二，存活下来的牲畜成为牧民的储蓄，在经济困难时期，他们不得不通过出卖牲畜的形式来“取出储蓄”，而农民的储蓄一部分是牲畜；另一部分是土地。在经济困难时期，土地市场上供给增加也是十分普遍的现象，它经常导致土地相对价格下降。以存粮作为储蓄并不常见，不仅因为粮食的保存成本较高并容易变质，还因为存粮不像牲口那样可以随时使用。对于牧民来说，牲畜既是生产产品(像农民的粮食那样)，又是储蓄手段(像农民的土地和牲畜那样)。这就加重了在经济困难时期牧民用牲畜到市场上换取粮食和其他生活必需品的负担。

最后，存粮消费比牲畜消费更容易调整和控制。存粮具有可 111
分性，而牲畜则没有。另外，对于粮食来说，随时可以取用，而且想取多少就取多少，但像牛奶这样的畜产品却无法做到这一点。因此，就食物供给在时间上的随意来说，牲畜不如粮食。在价格极不稳定的情况下，保留牲畜还会有较大的风险。相对于牲畜来说，粮食可以得到风险溢价(premium)，所以根据总卡路里数来计算临界交换比率是不可靠的。这就是在牲畜价格大幅度下降、粮食价格变得比灾前更加昂贵的情况下，对粮食需求仍然稳定增加的一个重要原因。

7.7 总结性评论

1972—1974 年的埃塞俄比亚饥荒是分两次发生的：1972—1973 年的那一次影响了东北部——尤其是沃洛省；1973—1974 年的那一次发生在东南部，尤其是哈勒尔盖省。东北部饥荒造成的死亡人数远远大于东南部饥荒，因为在东南部地区未能及时建立难民营。在东南部的饥荒中，牧民的饥饿程度也许是最严重的，但在绝对数上，饥荒难民仍主要是农民。而在南部饥荒中——尤其是哈勒尔盖——牧民遭受饥荒的打击最为严重。

埃塞俄比亚发生饥荒时，其粮食产量并没有明显减少，就整个埃塞俄比亚来说，即使在 1973 年饥荒的最高峰期，其人均粮食消费量也基本处于正常水平。但是，1973 年沃洛省的粮食产量的确大幅度减少了，由于其购买能力低下，沃洛省没有能力吸引其他地区的粮食流入。沃洛饥荒的一个重要特点是粮食价格没有明显上涨，人们是在粮食价格基本上与灾前相同的情况下饿死的。这一现象可以用沃洛各阶层人民的“权利失败”(entitlement failure)来解释。

牧民——在东北部饥荒和东南部饥荒中都受到严重影响——
112 属于游牧和半游牧牧民。他们不仅受到干旱的影响，还受到了农业的商业化发展的影响。农业的商业化发展夺去了他们干旱季节赖以生存的草地，从而加重了这次干旱对他们的影响。牲畜存量损失加上牲畜对粮食交换比率的恶化，切断了牧民通常用于获取粮食的途径。畜牧经济与农业经济之间交换关系的特殊性，更使得牲畜的相对价格下降、存量减少，从而加重了牧民的灾难。受干旱打击的牧民是被市场机制扼杀的。

第 8 章　萨赫勒地区的干旱与饥荒 113

8.1　萨赫勒、干旱和饥荒

“萨赫勒”(Sahel)一词来自阿拉伯语，意思是“沿岸”或“边界”。萨赫勒是特指世界上最大的热带沙漠——撒哈拉沙漠的边缘。确切地说，它是撒哈拉沙漠与非洲热带雨林之间的撒哈拉沙漠边缘地区。在地理学家和气象学家的大量文献中，萨赫勒是一个十分笼统的概念。为了避免在对萨赫勒干旱分析中可能出现的混乱，我们列出这些不同定义。

(1) **生态学定义**　萨赫勒可以被定义为“干燥地带”(dry zone)，包括位于撒哈拉沙漠以南，平均年降雨量不足 100 毫米的干旱地带，以及平均年降雨量在 100—400 毫米的半干旱地带，与“热带草原植被地带”重叠[①]，它包括从大西洋到红海的广大非洲地区。有时萨赫勒仅被定义为只包括撒哈拉以南的半干旱地带。虽然这一定义没有把这一地区的所有干旱地区都包括进去，但它

---

① 哈里森·丘奇(Harrison Church，1973)，第 62 页；也可参阅哈里森·丘奇(1961)。

仍然是从大西洋到红海横穿了整个非洲大陆。[①]

(2) **政治—生态学定义**　按这种观点,萨赫勒被定义为西非六个国家中的"半干旱植被地带",这六个国家分别是毛里塔尼亚、塞内加尔、马里、布基纳法索(旧称上沃尔特)、尼日尔和乍得。[②]从广义上说,萨赫勒也可以指这六个国家中的"干旱地带"。

114 (3) **政治定义**　我们也可以用国际新闻媒体的语言来定义"萨赫勒"一词,简单指最近受到干旱影响的西非六国(毛里塔尼亚、塞内加尔、马里、布基纳法索、尼日尔和乍得)。

没有理由拒绝人们有选择地使用上述定义,但我们必须小心地区别有关文献中使用"萨赫勒"一词的不同意义,由多种定义带来的含糊性已经导致了很多混乱——有时定义明确,有时定义则是隐蔽的。

在本书中,纯政治意义上的萨赫勒被称为"萨赫勒国家"(Sahel countries),包括毛里塔尼亚、塞内加尔、马里、布基纳法索、尼日尔和乍得。我们将这样使用政治生态学定义:把撒赫勒国家的干旱地区称为"干旱萨赫勒地区"(the Sahel region)。然后,把适用于整个非洲(不考虑政治划分)生态学定义的地区称为"非洲的萨赫勒地带"(the Sahel belt of Africa)。

现在,被普遍关注的干旱是指 1968—1973 年这一少雨时期。关于 1968 年甚或 1969 年是否出现过干旱至今仍存有争议。有人

① 见温斯坦利(Winstanley,1976),第 189 页。温斯坦利对半干旱地区降雨量的规定也较高,为"200 毫米至 600 毫米",这样一来,哈里森·丘奇所定义的萨赫勒中的干旱地带以及半干旱地带的最北部地区都被温斯坦利排除在外了。

② 见马特洛克(Matlock)和考克鲁姆(Cockrum,1976),斯威福特(Swift,1977b)。有时,冈比亚和佛得角也被列入。

认为，“1968—1969 年的雨量基本上是正常的，只不过与 60 年代较大的雨量相比稍小一些，60 年代的多雨现象使人们忘记了这一地区降雨的周期性”。[①] “1956—1965 年，萨赫勒和苏丹地区的降雨量比本世纪的任何时候都多。”在人们看来，“降雨量少于平均数”似乎就是“干旱”。[②] 不过，毫无疑问，干旱时期等降雨量线大幅度南移，半干旱地区变成干旱地区，非干旱地区变成半干旱地区。并且，这不是相对于刚刚过去的多雨年份而言的，而是与早期记载相比而言的。[③] 虽然“萨赫勒从未有过这样一次干旱”的说法肯定是错误的，[④]但这一次等降雨量线的确向南移动了很多，与 60 年代相比，这一次等降雨量线的移动幅度就显得更大。 115

这并非仅仅涉及萨赫勒国家中的“干旱萨赫勒地区”，而且还涉及非洲的整个萨赫勒地带，包括苏丹和埃塞俄比亚的一些地区。事实上，引发埃塞俄比亚饥荒的干旱与影响萨赫勒国家的干旱之间有着明显的联系。

还值得注意的是，与正常年份相比，萨赫勒地区较北部地区的旱情更为严重，即平常少雨地区的降雨量相对更少。[⑤] 这是很自然的，因为当我们的视线向这一地区的北部移动时，我们可以发

① 威斯伯格(1976)，第 122 页，引用麻省理工学院气象学家们的观点。

② 马特洛克和考克鲁姆(1976)，第 238 页。

③ 见温斯坦利(1976)、布拉德利(Bradley，1977)和斯克弗(Schove，1977)。

④ 布鲁恩和安德森(Anderson，1976)，第 162 页。就这次干旱的影响来说，的确非同寻常。关于来自较早时期的可比证据，见前面提到技术文献，以及达尔贝(Dalby)和哈里森(1973)，第 13—16，29—45 页。

⑤ 见布拉德利(1977)，第 50 页，图 2。

现，不仅平均降雨量减少了，而且降雨量的变差系数[①](coefficient of variation)也大幅度增加了。[②]

干旱严重影响了萨赫勒地区的农业和畜牧业。[③] 正如我们将会看到的那样，虽然还有其他因素影响了产量，但干旱的确是最具破坏性的。情况最严重的年份似乎是在 1973 年，1974 年较大的降雨量使旱情得到了缓和。据估计，牲畜总损失达“40% 至 60%”。[④] 虽然，这些数字是有争议的，而且不同地区的情况有很大差异。不过，干旱的确造成了非常严重的经济困难，并为饥荒的爆发创造了条件。在萨赫勒六国中，毛里塔尼亚、马里和尼日尔的情况似乎比其他国家更严重一些。

1969 年就已经有了“西非持续大面积干旱”的报道。[⑤] 随着旱情的发展，情况变得越来越严重。到 1972 年春季，联合国世界粮
116 食计划署注意到，萨赫勒国家的旱情已经发展到了极为严重的地步，需要提供紧急粮食援助。到这年的 9 月，联合国粮农组织也认识到了“灾难”即将降临，“萨赫勒地区粮食收成几乎颗粒无收，这将给大部分地区带来极为严重的灾难”。而这时饥饿程度已经远远超过干旱前的四年，“儿童和老人已经开始死于饥饿”。[⑥]

① 统计术语，用于描述变量取值的分散程度。——译注

② 见温斯坦利(1976)，第 197 页，图 8.6。

③ 见西尔和斯塔西(Stacy，1976)，温斯坦利(1976)，马特洛克和考克鲁姆(1976)。在本章的第 2 节我们将介绍产量情况。

④ 埃尔-克瓦斯(El-khawas，1976)，第 77 页。也可参阅温斯坦利(1976)，马特洛克和考克鲁姆(1976)。

⑤ 见希茨(Sheetc)和默利斯(Morris，1976)，第 36 页。

⑥ 希茨和默利斯(1976)，第 38 页。作者详细记述了国际上对萨赫勒灾难的认识，并强烈指责了有关国际组织对这一灾难的反应过于迟钝。

1973年，萨赫勒国家的饥荒达到最高峰，这时，赤贫和贫穷的积累过程形成了一股强大的势力，使饥饿在这一时期集中爆发了。[1] 据估计，在这一年中，饥荒死亡人数大约为10万人。[2] 不过，关于这一死亡数字，仍存在很多争议，[3]而且很难找到建立可靠测算模型的依据。关于萨赫勒饥荒中疾病的流行情况，也存在很多争议。流行病的威胁受到了广泛关注，有许多关于麻疹一类疾病流行的报道。但是，也有人认为，流行病不太严重，而且主要发生在疾病易于传播的难民营中。[4] 可以肯定的是，就严重程度而言，这次流行病的严重程度是无法与以往的饥荒相提并论的，比如1943年的孟加拉饥荒(见附录D)。

虽然救援行动开始得较晚，但规模相当大，而且食品、医疗用品和帐篷的提供得到了很多国际组织的帮助。不过，关于救援行动的效率问题也留下了很多争议。通过这次救援行动，一方面人们认识到了“如何避免灾难”的途径，[5]增加了大家对国际合作以及国内自救的信心；另一方面，人们也看到了救援行动迟缓、混乱以及各个团体之间缺乏配合等现象，这反映了受灾国家内部管理的严重失控。[6] 117

① 见纽曼(Newman，1975)。

② 疾病防治中心(Center for Disease Control，1973)，克劳斯(Kloth，1974)。也可参阅艾姆佩雷托(Imperato，1976)。

③ 见西曼、赫尔特、里沃尔斯和默利斯(Murlis，1973)，以及卡尔德沃尔(Caldwell，1977)，第94—95页。

④ 见艾姆佩雷托(1976)，第295—297页，希茨和默利斯(1976)，第61—63页，西曼、赫尔特、里沃尔斯和默利斯(1973)，第7页。

⑤ 见艾姆佩雷托(1976)和卡尔德沃尔(1977)。

⑥ 见希茨和默利斯(1976)、埃尔克瓦斯(1976)以及威斯伯格(1976)。

8.2 粮食供给下降与权利

萨赫勒饥荒是由粮食供给下降引起的吗？当时人均粮食产量的确大幅度下降了。根据联合国粮农组织的统计，六个萨赫勒国家的人均粮食供给数字见表 8.1。但是，如表 8.2 所示，按照联合国粮农组织所提供的人均卡路里和营养数字来判断，人均粮食消费减少的程度要轻得多。不过，除了塞内加尔之外，其余国家的人均粮食消费量毕竟都减少了。根据这些数字，FAD 假说是不能被推翻的。

表 8.1 人均粮食产量(指数)

	1961—1965	1968	1969	1970	1971	1972	1973	1974	1975
乍得	100	90	87	84	84	69	63	69	71
马里	100	93	99	97	90	73	61	65	80
毛里求斯	100	98	100	98	92	80	67	68	68
尼日尔	100	92	99	88	88	81	57	65	60
塞内加尔	100	81	87	66	89	56	67	88	107
上沃尔特	100	106	103	102	93	85	76	84	90

资料来源:《联合国粮农组织年度生产报告》,1976 年,表 6。

表 8.2 萨赫勒国家人均卡路里消费

	1961—1965	1972	1973	1974
乍得	100	76	73	76
马里	100	86	86	88
毛里求斯	100	91	94	95
尼日尔	100	86	89	85
塞内加尔	100	93	104	107
上沃尔特	100	86	85	96

资料来源:根据 1976 年《联合国粮农组织年度生产报告》表 97 中数字计算。

需要强调的是，即使根据如下重要事实，FAD 假说也不能被推翻：假若平均分配粮食，几乎所有的萨赫勒国家都有充足的粮 118
食——足以防止饥饿，而且“从 1968—1972 年的每一年中，整个萨赫勒地区（萨赫勒国家）的人均（谷物）供给量都高于联合国粮农组织（FAO）或世界卫生组织（WHO）所建议的粮食摄入量”。[①] 联合国粮农组织的调查显示，“即使是在干旱最严重的年份，除了矿藏丰富的毛里塔尼亚之外，每个萨赫勒国家实际生产的粮食都足以养活其全部国民”。[②] 当我们强调不平等在饥饿中的重要性时，这一结论显然是有意义的；并且，在理解饥荒时，它还能帮助我们理解联合国粮农组织调查的有关信息的意义；但是，它丝毫也不能说明 FAD 假说的正确性。因为，FAD 假说所关注的不是粮食供给总量是否充足，而是与以往年份相比食物供给总量是否**下降**。尤其是 FAD 观点强调，并不是只要人均食物平均供给量不足以满足一定的营养标准，饥荒就会发生；而是只要人均食物供给大幅度**下降**，饥荒就会发生。在 1969—1973 年的旱灾中，这样的下降的确在萨赫勒国家发生了。如果 FAD 假说要在精神上为其寻找“避难所”（refuge）的话，那么，在现代世界上怕再也没有比萨赫勒饥荒更好的选择：粮食供给的确下降了，饥荒也的确发生了！

尽管如此，我仍然要说，即使是就萨赫勒饥荒来说，FAD 假说

① 马恩哈姆（Marnham，1977），第 17 页。也可参阅拉配（Lappe）和克林斯（Collins，1977、1978），以及罗弗奇（Lofchie，1975）。

② 拉配和克林斯（1977），第 2 页，以及马特洛克和考克鲁姆（1976），第 238 页，引用甘辛（M. Ganzin）博士的一封信。甘辛是设在罗马的联合国粮农组织粮食政策和营养部的部长，萨赫勒经济方面的权威。

所能提供的解释力也是十分有限的。首先，在饥荒的高峰即1973年，与雨量充足的60年代相比，马里、毛里塔尼亚、尼日尔和布基纳法索等国家的人均粮食供给下降的幅度并不大（人均卡路里供给下降不足15%），而塞内加尔的人均粮食供给则根本没有下降。虽然乍得的人均粮食供给下降得最多（27%），但乍得却是这些国家中饥荒程度最轻的国家。毛里塔尼亚、马里和尼日尔（可能还包括布基纳法索）的饥荒程度最严重。[①] 而后面
119 的这几个国家的人均粮食供给都没有出现大幅度下降（表8.2）。就人均粮食**产量**而言（表8.1），1973年尼日尔和马里下降的幅度最大，指数分别为57%和61%，而受影响较轻的塞内加尔1972年的指数却是56%，无论就任何国家和任何年份来讲都是最低的。当我们对笼统的数字加以具体的分析时，FAD解释就显得软弱无力了。

第二，FAD方法所注重的是总供给，而忽视了分配方面的变化。但是，有证据表明，在干旱年份，萨赫勒国家的购买力分配曾发生了重大变化，这里所说的分配是指这些国家的“干旱萨赫勒地区”与其他地区之间的分配。受干旱影响的是萨赫勒地区而不是热带地区，萨赫勒国家的绝大部分人口生活在这里，甚至设在南部的难民营中也充满了来自萨赫勒北部的难民。饥荒难民几乎毫无例外的是来自萨赫勒地区的游牧人口（包括游牧民、半游牧民和季节性游牧民）以及生活在萨赫勒地区的定居人口（包括农民和渔

---

① 见疾病防治中心（1973）和克劳斯（Kloth，1974）。

民等），[1]因此，只分析人均粮食供给等总量统计数字是不够的，要理解萨赫勒饥荒，我们还必须分析这些人的经济状况。

第三，有直接证据表明，生活在萨赫勒地区的牧民和农民的收入水平和购买力确实下降了。在萨赫勒国家的这些地区，农作物遭到破坏的程度和牲畜死亡的情况都极为严重。[2] 受影响的作物常常是粮食作物。牲畜的确提供了可食用的畜产品，但是，这一地区的绝大部分人口却是依赖那些通过贸易而交换到的粮食来维持生计的。[3] 因此，在这些特殊地区，农牧业产量的下降意味着，人们支配粮食能力的下降，具体表现为自己的产量下降或自己的"交换权利"的下降。这种情况与我们前面分析过的埃塞俄比亚干旱和饥荒非常相似（见第 7 章）。埃塞俄比亚干旱和饥荒可以被视为一个发生在非洲萨赫勒地区另一部分的、与萨赫勒地区的干旱和饥荒有联系的现象。

这里，需要说明的是，从单个农民所遭受的苦难来看，是直接 120
消费的粮食作物被破坏，还是用于购买粮食的经济作物被破坏并不重要。无论哪一种情况发生，都意味着个人的"粮食权利"被破坏了。实际上，与个人（或家庭）的饥饿直接相联系的是其"粮食权利"，而不是关于人均粮食供给量等一些遥远的总量统计数据。上

① 见希茨和默利斯（1976）、克劳斯（1974）、克潘斯（Copans）等人（1975）、罗弗奇（1975）、艾姆佩雷托（1976）。

② 见温斯坦利（1976）、马特洛克和考克鲁姆（1976）。

③ 萨赫勒经济信息委员会（1974）着重分析了农业的商业化如何加剧了干旱对萨赫勒经济的影响。也可参阅梅拉索斯（Meillassoux，1974）、雷诺特（Raynaut，1977）、贝雷（Berry）、坎普贝尔（Campbell）和艾马克（Emker，1977）以及艾姆佩雷托（1976），第 285—286 页。

述分析也同样适用于以出卖牲畜和牲畜产品为生的牧民，比如，阿法尔牧民或埃塞俄比亚境内的索马里牧民。这些萨赫勒牧民的生活都依赖于用牲畜和牲畜产品换取包括粮食在内的其他物品，因为粮食一类的食品能提供更廉价的卡路里。①

所以，尽管FAD方法有着表面上的正确性，但实际上它对萨赫勒饥荒的解释力是十分有限的。我无意说FAD方法总是给出错误的预测。(如果真是那样的话反倒好了，将其反过来使用，倒能提供正确预测的基础了！)使用FAD方法所做出的预测在有些情况下的确是正确的(如关于萨赫勒饥荒的概括性描述)；而在有些情况下则是错误的(如关于孟加拉饥荒或埃塞俄比亚饥荒的分析)。关键在于，FAD方法不能提供一个很可靠的预测基础。更重要的是，即使在有些情况下FAD方法对一个较大地区的预测恰好是正确的，它也很难把握饥荒的如下特征：什么人在死亡？在哪里死亡？为什么死亡？

8.3　贫困与权利

1974年，萨赫勒国家大约有2 500万人，其中游牧牧民大约占10%。② 这一定义包括纯游牧牧民、半游牧牧民和季节性游牧牧
121 民。当干旱袭来时，在这些国家的干旱萨赫勒地区大约有500

① 见西曼、赫尔特、里沃尔斯和默利斯(1973)、哈兰德(Haaland，1977)。

② 见卡尔德沃尔(1975)。

万—600 万人。[①] 所以,游牧民占干旱萨赫勒地区的总人口还不足一半,仅是萨赫勒国家总人口的一小部分。但是,在饥荒造成的死亡人数以及营养不良者人数中,游牧民所占的比例却高得令人吃惊。[②] 有证据表明,在饥荒难民中,"定居人口中难民的营养状况与游牧民的极度饥饿形成鲜明对照"。[③]

这些游牧民贫困的形成过程似乎不同于埃塞俄比亚的阿法尔牧民或索马里牧民的悲惨遭遇。在干旱萨赫勒地区,各地的牲畜损失在 20%—100%之间。[④] 与埃塞俄比亚的情况相似,"萨赫勒牲畜存量的迅速下降"也伴随着"牲畜价格的急剧下跌"。[⑤] 牲畜价格下降的理由似乎与我们关于埃塞俄比亚饥荒的分析非常相似(见第 7 章),牧民依赖谷物消费以取得廉价的卡路里,[⑥]在牲畜遭受严重损失的情况下,他们更加依赖于用牲畜来换取谷物为生。[⑦] 当牲畜的相对价格下降时,以货币形式固定下来的赋税等义务迫使他们出售更多牲畜。[⑧] 再者,牲畜的瘦弱也是价格下降的一个

① 见艾姆佩雷托(1976),第 285 页,马恩哈姆(Marnham,1977),第 7 页。

② 见克劳斯(1974)、希茨和默利斯(1976)以及艾姆佩雷托(1976)。

③ 希茨和默利斯(1976),第 53 页。

④ 见格兰兹(1976),第 77—78 页,联合国粮农组织《年度生产报告》(1974),表 107—110。

⑤ 《萨赫勒俱乐部》(1977),第 55 页。

⑥ 见第 7 章以及西曼、赫尔特、里沃尔特和默利斯(1973),哈兰德(1977)等。

⑦ 出售"他们的牲畜的很大比例"成了"牧民们不得不采取的一个手段"(卡尔德沃尔,1977,第 96 页)。

⑧ 这一分析可能会使人想到向后弯曲的供给曲线。但是,这只是导致供给曲线向后弯曲的众多因素之一,供给曲线实际上并不会向后弯曲,更何况供给曲线的位置还取决于牧民所面对的具体环境(哈兰德,1977)。另外,实际证据也表明,向后弯曲的供给曲线并没有发生[克利法(Khalifa)和西姆逊(Simpson),1972]。

更直接原因。无论原因是什么，关于牲畜损失的统计数字都低估了牧民们遭受经济损失的严重程度。

在萨赫勒饥荒中，大批牧民向南迁移。人口和牲畜的这一移
122 动是减轻饥荒影响的途径之一——有一种观点认为，这是牧民的“主要防护措施”。① 南部地区更好的放牧条件和更好的就业机会使一些人得以休养生息，建立在南部地区的难民营也收留了很多来自北方的牧民。但是，有证据表明，游牧民在难民营中受到了不平等的待遇，萨赫勒政府更偏向占人口多数的定居社会（对他们的要求反应更为积极）。②

受饥荒严重影响的另一类人是定居在干旱萨赫勒地区的农民。如果说干旱萨赫勒地区牧民的状况与埃塞俄比亚饥荒中的阿法尔和索马里牧民十分相似的话，那么，干旱萨赫勒地区农民的状况则与沃洛种植者的困境更为相似。粮食产量减少了，无论他们直接消费自己的产品还是在市场上出售其产品，他们的“粮食权利”都大幅度下降了。许多经济作物如落花生受干旱影响的程度并不比粮食作物轻（见表 8.3）。一个牧民所在国的粮食总产量也许只是轻微减少，但他的“粮食权利”却可以大幅度下降。由于各地的旱情不同，权利下降的程度也就不同，但干旱萨赫勒地区农民的“粮食权利”确实被严重破坏了。尽管干旱，货币赋税还必须交纳，③这些“派生贫困”减少了就业机会，使萨赫勒农民的处境雪上

① 卡尔德沃尔（1977），第 96 页。

② 见希茨和默利斯（1976）。

③ 据说，用货币履行纳税义务是萨赫勒农民从粮食作物转向经济作物的一个重要理由［贝雷、坎普贝尔和艾姆克（Emker，1977），第 86 页］。也可参阅萨赫勒经济委员会（1974）。

加霜。①

表 8.3　粮食产量与落花生产量的比较

	1966—1968	1969	1970	1971	1972	1973	1974
塞内加尔							
食物	100	101	78	108	70	84	94
落花生	100	88	65	110	65	85	95
尼日尔							
食物	100	99	97	89	88	64	80
落花生	100	92	79	82	93	29	64
马里							
食物	100	107	101	108	86	68	88
落花生	100	97	125	121	119	79	151
乍得							
食物	100	104	103	102	80	72	76
落花生	100	119	119	78	47	52	52

资料来源：根据《1975 年联合国粮农组织年度生产报告》表 7 和表 43 计算，把基期指数修改为 1966 年、1967 年和 1968 年的平均值，权重不变。

8.4　若干政策问题 123

干旱也许是难以避免的，但干旱的影响却可以避免。“自 1900 年开始，包括撒哈拉、环绕撒哈拉的西非和中非地区的气象和气候改造计划”（The weather and climate modification shemes）②就是

① 见第 1、6、7 章。在干旱年份，萨赫勒地区的劳动力外出做工的人数大幅度增加。福尔金哈姆(Faulkingham，1977)，表 17.7 和表 17.8 说明，尼日尔的豪萨村庄外出做工的人数大量增加，而且他们要去的地方都远离豪萨，如卡努，360 公里；阿格斯，910 公里；阿贝让，1 420 公里。

② 格兰兹和帕顿(Parton，1976)。也可参阅富兰克(Franke)和查辛(Chasin，1979)。

一项具有历史意义的试验。我真希望有一天人类能够在撒哈拉种植大米或捕鱼。但是,科学进步太慢了,现在我们需要做的是把萨赫勒地区的人民从干旱和饥荒的威胁中解救出来。我把对这一问题的简短评述作为本章的结束。

有一种观点认为,问题并不总像最近的干旱所表现出来的那么严重,干旱并非持续不断。在这一世纪中,萨赫勒国家共经历了三次严重的干旱:1910—1914 年、1941—1942 年和 1969—1973 年。真的需要采取特别的措施吗?体面的生活固然令人向往,但生活在萨赫勒地区的人却不能有这种奢望。周期性的饥荒不见得比持久的饥饿更糟糕,但却更令人难以忍受。

124 另一种观点认为,人口是可以迁移的,根本没有必要过于重视发展萨赫勒地区的经济。有限的资源应该更有效地用于干旱萨赫勒地区以南潮湿地区的发展,政府应该考虑从少雨和雨量不稳定的地区撤离人口。① 在这次饥荒时期及饥荒刚过之后,通过对逃到南部地区的游牧民的一项调查,其结果也支持这一观点:他们都愿意留在南部。

把人口撤离当作解决萨赫勒问题的一个途径,会造成对一些重要因素的忽视:第一,饥荒时期从萨赫勒北部逃到南部的大部分人都已经回到了北部,即使有人留在南部,萨赫勒国家也仍然存在干旱萨赫勒地区的人口问题。改变一个社会的生活方式绝非轻而易举的事情,也没有理由使北部人相信南部的就业机会就一定比

---

① 达尔贝(Dalby)和哈里森(1973),第 21 页,达尔贝把这一观点归功于亚洲和非洲研究所的霍德尔(Hodder)教授。

北部的正常年份好。问题源自多雨与干旱年份经济环境的变化的不确定性，而不是北部地区缺乏经济发展的潜力。

第二，放弃北方地区那些适用于农业、畜牧业和渔业的资源是最大的浪费，而且还会使本来就人口拥挤的南部更加拥挤。再说，居住在南部地区的人们并不欢迎北方难民的定居，因为他们有充分理由认为，大规模移民会破坏南方的经济条件。

最后，萨赫勒国家确实从北部地区的生产活动中得到了很多好处，既有畜牧产品，又有经济作物，因此，萨赫勒北部并不是一个完全无用的“空架子”（basket case），只不过严重的干旱造成了北方人为了生存而不得不依赖于南方人。在正常年份，南方人不仅可以从北方地区获得各种产品，而且还可以用北方的产品换取大量外汇。

所以，必须放弃从萨赫勒地区撤离人口的简单思路，而另外寻找解决问题的答案。由于问题的根源是不确定性，而不是暂时的粮食供给下降，这很容易使我们想到社会保险的制度安排。但是， 125
接下来的一个问题是，为什么保险？如果 FAD 假说是一个可靠的饥荒理论，粮食总供给是一个可靠的饥饿指标，那么，应该投保的就是这些国家的粮食供给总量。这样一来，某些国际保险系统就可以得到运用：当国内粮食产量下降时或当外汇收入减少而难以用当期外汇收入进口粮食时，就可以通过保险体系从国外进口粮食。在过去十年中，萨赫勒国家经历了一个人均粮食产量减少的过程，减少的比率主要受到了干旱周期的影响。另外，从种植粮食作物转向种植经济作物的也大大减少了人均粮食产量，不过，却不一定减少这些国家购买粮食的能力。在 FAD 方法看来，问题很简单:人均粮食供给量的减少只是偶然的,通过国际保险体系完全可以得到解决,这些国家可以获得足够的粮食。

可惜 FAD 并不是一个可靠的指标。虽然它对萨赫勒饥荒的解释看似准确,但正如我们在上一节所分析的那样,即使在当时特殊的情况下,它所提供的解释力也是十分有限的。因为关键问题不是如何把粮食弄到这些国家来,而是受灾者如何获得这些粮食。我们必须设计出一个经济机制,使遭受干旱和其他灾难的人们能够得到足够的粮食。在经济作物面积不断增加的情况下,这一机制尤为重要。其原因在于,虽然经济作物增加了这些国家的总的购买力水平,但也造成了一部分人的粮食交换权利下降。

因此,保险制度所要解决的是家庭层面的食物控制,而不仅仅是国家层面的食物控制。对于游牧民家庭和其他干旱萨赫勒
126 地区的家庭来说,个人粮食保险并不是一件容易的事情,事实上,在贫穷和落后的经济中,这样的保险几乎是不存在的。所以,在建立对那些容易遭受灾害影响的人口的粮食保险中,政府必须发挥重要的作用。当然,从某种意义上说,饥荒救济也是保险体系的组成部分,不过,要为这一问题找到一个长期解决方案,就必须建立一个可持续的保险体系。在这里,可供选择的方案很多,从收入补贴之类的社会福利计划到失业保障都是可以考虑的方案。

但是,社会保险并不是解决这一问题的唯一途径。关键是要认识到在萨赫勒经济中存在的使干旱萨赫勒地区容易遭受灾害影

响的长期因素。业已受到重视的一个因素是萨赫勒经济日益商业化。[①] 由于萨赫勒人越来越依赖于经济作物，他们对粮食的需求也就越来越依赖于市场，这无疑会增加气候变化对其生活的影响程度。[②] 虽然本书比较重视权利关系的变化（第 1、5、6、7 章），但我们也的确需要用这种理论分析问题。种植粮食的农民以及放养牲畜主要供自己食用的牧民只会因为自己的产量下降（因为气候或其他影响）而陷入困境；而经济作物的种植者和大量出售牲畜产品的牧民则不仅会因为产量的下降而遭灾，还会因为商品的市场交换能力及交换比率的变化而受损。[③] 由于气候变化或其他因素如“派生贫困”会导致就业环境的急剧恶化，农场或其他职业中领取货币工资的工人当然更容易遭受灾难的打击。也就是说，虽然商业化提供了新的经济机会，但它也使萨赫勒人更难避免自然灾害的影响。

农业的商业化发展还产生了另外一些令人担忧的影响。由于
收获期不同的经济作物（如棉花要比传统粮食作物的收获期晚）的 127
增加，破坏了“牲畜与农作物之间的传统关系”。[④] 因为牲畜可以
食用收割后农田中的残根，其粪便又可以肥沃农田。在传统农业

① 见萨赫勒经济信息委员会（1974）。

② 见梅尔拉索克斯（1974），萨赫勒经济信息委员会（1974）。也可参阅鲍尔（Ball，1976），贝雷、坎姆贝尔和艾姆克尔（1977）。

③ 在通常情况下，数量和价格变化的方向相反。价格的上升可以抵消数量减少的损失，数量的增加可以抵消价格下降的损失。但是，正如我们在上一章和本章第 3 节所指出的那样，牧民常常会遭受数量减少和价格下降的双重打击。与此相类似，农业产量的下降会导致工资的下降，从而导致劳动力的“有效价格”（effective price）下降。

④ 见诺顿（Norton，1976），第 260—261 页。还可参阅斯威弗特（1977b），第 171—173 页。

中，这二者被很好地结合起来，形成了一个良性循环。但对于经济作物来说，情况却常常不是这样。另外，当传统牧场被用于商业化农业时，牧民则会直接遭受资源破坏的损失。

另外一个十分重要的长期因素是，传统的保险方法遭到了部分破坏。[1] 干旱萨赫勒地区的政治辖区划分，人为地限制了牧民的迁移，降低了他们抵御旱灾的能力。赋税使得牧民把牲畜作为保险工具的成本越来越高。由于这一地区野生动物的减少，把打猎作为应急的谋生手段也变得几乎不可能了。[2] 近年来，干旱萨赫勒地区更易受到干旱的影响，一个重要的原因就是那些解决周期性干旱的传统方法遭到了破坏。基于这些理由，一些纠正性政策值得考虑，不过这一趋势在很大程度上是无法逆转的。

干旱萨赫勒地区容易受灾的另外一个原因是过度放牧和牲畜数量的不断增加。从某种意义上说，过度放牧是这次干旱之前的60年代雨量充足的结果。[3] 干旱过去在相当长的一段时间之后，情况会发生各种不同的变化。但是，畜牧业经济的特性中已经被“嵌入”(built-in)了导致过度放牧的机制。由于牧场是公
128 共的，而牲畜是私有的，于是就必然会产生经济理性的冲突。当草地供给越来越少时，这种冲突会表现得越来越激烈。增加一头牲畜会增加单个家庭的收入，但当每个家庭都这样做时，牧场

[1] 见斯威弗特(1977a,1977b)。还可参阅克潘斯等人的合著(1975)、哈兰德(1977)、卡尔德沃尔(1977)。

[2] 另一长期性的不利因素是，由于法国的干预以及拥有现代交通手段的商人的竞争，传统的图阿雷格(Tuareg)商队消失了，跨越撒哈拉交易的可能性减少了[拜尔(Baier,1974)；贝雷、坎姆贝尔和艾姆克尔(1977)，第87—88页]。

[3] 见诺顿(1976)，第261页。

就会遭到破坏，草地枯竭，沙化，从而减少整个畜牧业的生产力。不过就单个家庭来说，这种损失比其增加一头牲畜所得到的收益要小得多。这种情况与所谓"囚徒的困境"（prisoners' dilemma）[①]十分相似。

当牲畜被当作保险手段而不仅仅是增加当期收入的手段时，情况会变得更糟。由于草地是不确定的，每个家庭都在努力扩大自己的牧群，结果造成过度放牧；反过来，过度放牧造成草地面积减少和沙化，从而进一步增加草地的不确定性。

与一些看法相反，牧民们扩大牧群这一自私、愚蠢和目光短浅的行为并不能给他们带来利益，不认识到这一重要事实，就无法制定出正确的政策。

> 最近，一位来自主要捐赠国的官员指出了这一问题的复杂性。1973 年春天，这位官员访问了布基纳法索的一位富拉尼族（Fulani）牧民。他在报告中说，当这位牧民被问及最近的干旱对他有何影响时，他说，他本来有 100 头牲畜，损失了 50 头。这位放牧人继续说，下一次他将会放养 200 头牲畜。这意味着，为了保有 100 头牲畜，他将在下次干旱到来之前放养 200 头牲畜。然而，土地的负荷能力实际上只允许他放养 50 头牲畜，增加放养将会使他的损失更大。[②]

这种经济推理当然是没有意义的。除非迷失于对该"主要捐

① 关于"囚徒的困境"的基本模型，见鲁斯（Luce）和莱法（Raiffa，1958），在很多经济环境中这种情况都可以被观察到（见阿马蒂亚·森，1967a）。

② 格兰兹（1976），第 7 页。

赠国”的尊敬，否则这位富拉尼族牧民也能够认识到，即便他在干旱前夕有 200 头牲畜而不是 100 头牲畜，他最终也未必能够保有 50 头牲畜。只有在一个很大的放牧区中，他才可能有机会保持
129 50％这一损失比例，并最终保有 100 头牲畜。因为在给定草地负荷能力的条件下，牲畜损失比例固然依赖于牲畜总量，但单个牧民的牧群大小对牲畜总量的影响非常小。这位牧民以 200 头而不以 100 头牲畜为放养起点不仅会使他自己遭受损失，而且会使整个地区牲畜的生存条件恶化。后一点更为重要，因为，当很多牧民都这样做时，牲畜的生存比率就会明显下降。但是，仅仅靠个别牧民单方面自觉控制其牧群规模并不能真正解决这一问题。单个牧民所关心的只是自己的利益或自己控制范围之内的事情，而个人行为的加总却可以导致社会灾难。

关于这一问题，有很多种可供选择的解决方案，从诸如税收和补贴之类的激励措施，或政府管制牧群的规模，到建立牧民之间的合作。[①] 关键是要建立一个每个人都会对自己的牲畜所有权做出积极反应，而对他人的牲畜所有权做出消极反应的私人权利，以使每个牧民能够直接控制自己的牲畜数量。制度变革的目的就是要消除这类冲突。

干旱萨赫勒地区的食物问题，主要取决于影响食物权利的制度因素，这一影响是通过生产和交换实现的。因此，需要针对

---

① 近些年，各种制度改革已经得到讨论。见萨赫勒经济信息委员会（1974）、克潘斯等人的合著（1975）、达赫尔和赫觉特（Hjort，1976、1979）、格兰兹（1976）、诺顿（1976）、拉普（Rapp）、李·豪尔罗（Le Houerou）和鲁恩德赫尔姆（Lundholm，1976）、斯威弗特（1977a、1977b）、图配特（Toupet，1977）等。

这些因素采取措施。正如我在前面已经讨论过的那样，对于直接解决食物问题的脆弱性来说，需要建立一个机制，即通过公共机构确保每一个人的食物权利。这一权利不仅包括灾难期间的粮食分配，而且还包括通过社会保险和就业保障来实现的较长远的权利安排。我们要做的事情不是*保证*“食物供给”，而是*保护*“食物权利”。

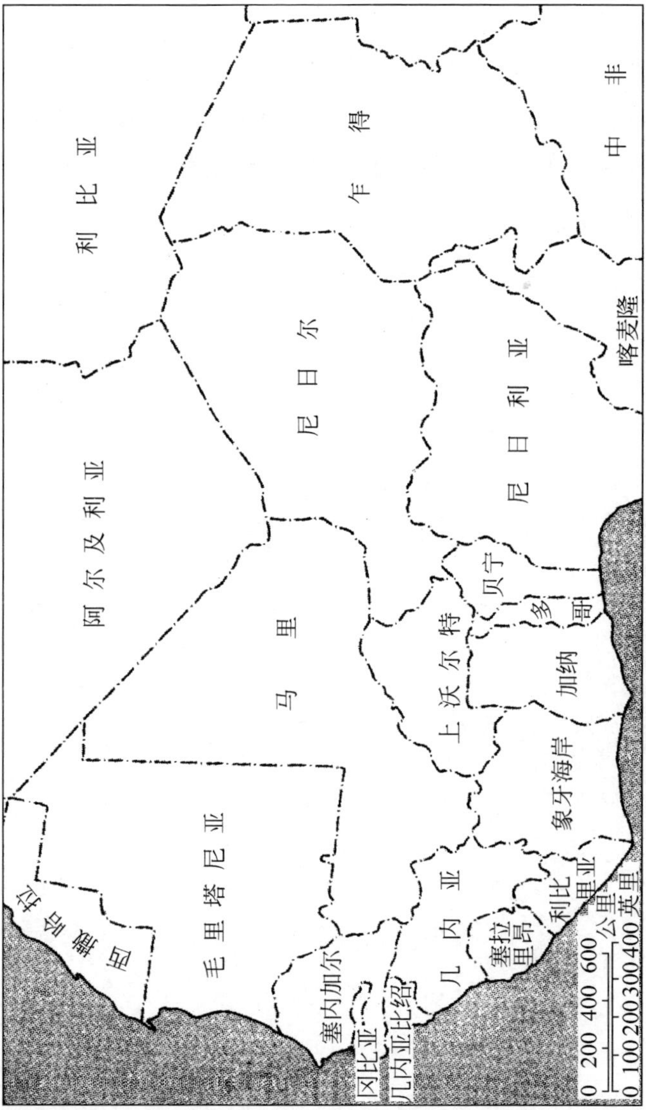
利比亚
乍得
中非
阿尔及利亚
尼日尔
尼日利亚
喀麦隆
马里
贝宁
多哥
上沃尔特
加纳
毛里塔尼亚
象牙海岸
西撒哈拉
几内亚
塞拉里昂
利比里亚
塞内加尔
冈比亚
几内亚比绍
0 200 400 600 公里
0 100 200 300 400 英里

图 8.1 萨赫勒国家地图

第 9 章　孟加拉国饥荒 131

9.1　洪水与饥荒

洪水之后，饥荒接踵而来，这是对 1974 年孟加拉国饥荒的描述。对 1974 年的洪水，吉尔伯特·艾第恩(Gilbert Etienne)做了如下说明：

> 1974 年的洪水在北部地区造成了严重破坏。正常年份中，布拉马普特拉河(Brahmaputra)在洪水高峰期只侵蚀西岸 30—60 米。1974 年，在人口密度达每平方公里 800 人的地区出现了一个宽 300 米的决口，洪水冲出 100 多公里，给 24 000 人造成了惨重损失。另外，一些地区的冲积土比较肥沃，而另一些地区的冲积土则有很高的含沙量，以至于造成土地贫瘠。……严重的水灾恰好发生在 7 月末，冲走了部分 *aus*(7 月至 8 月之间收割的水稻)。两星期后，时值 *aus* 收割时期，布拉马普特拉河再次超过警戒水位。四个星期后，水位又一次上升并威胁到 *aman*(7 月至 9 月栽种，11 月至来年 1 月收割的水稻)秧苗。到 8 月中，洪水达到这一年中的最高峰，严重影响到即将栽种的 *aman*。然而，事情并未就此结束，9 月初，

> 布拉马普特拉河河水又一次超过警戒水位，更严重地袭击了上次洪水过后农民栽种的水稻。①

洪水期间以及洪水刚过，大米价格飞涨，如表 9.1 所示。在受灾最严重的一些地区中，大米价格在 7 月至 10 月份的三个月中就翻了一番。洪水过后就出现了关于饥饿的报告，而且情况迅速恶化。但是，孟加拉国政府在 9 月下旬才声明出现了饥荒。9 月初，私人赞助的一些 *langarkhanas* 向灾民提供了少量的免费熟食。10 月初，官方赞助的 *langarkhanas* 完全投入运作。一度有将近 6 000个 *langarkhanas* 向 435 万人提供熟食——占这个国家 6%
132 以上的人口。到了 11 月份，大米价格开始下降，救济的必要性似乎也开始变小。到这个月末，*langarkhanas* 被关闭。

表 9.1　1974 年洪水之后孟加拉国大米价格的上升

	粗米零售价格			
1974 年月份	孟加拉国平均值	迈门辛	朗布尔	锡尔赫特
7 月	100	100	100	100
8 月	121	130	116	129
9 月	150	169	184	166
10 月	178	202	183	204
11 月	151	162	113	167
12 月	133	132	85	155

资料来源：根据阿拉姆基尔等(1977)表 3.3 计算，第 58 页。

不过，各地饥荒的严重程度并不相同。表 9.2 是各地区从
133 *langarkhanas* 接受救济的人口比例，吉大港山区地区为 0，朗布尔地区为 17%。按这一标准判断，受灾最严重的五个地区分别是朗布尔、迈门辛、迪纳杰布尔、锡尔赫特和巴里萨尔。在 1974 年 11 月孟

① 艾第恩(1977a)，第 113—114 页。

加拉国发展研究所(Bangladesh Institute of Development)[①]进行 134
的饥荒调查中,迈门辛、朗布尔和锡尔赫特被选作“饥荒区”(famine district)。这一选择的标准是:“淹没最大深度至少为 6 英尺,淹没时期至少为 3 个月”,“接受 *langarkhanas* 救济的人口比例至少为 5%。”[②]虽然迪纳杰布尔地区比锡尔赫特地区有更高人口比例要求救济,却由于它距离布拉马普特拉河和其他河流较远而没有被列入(见图 9.1,孟加拉国地图),但似乎“这一地区 *langarkhanas* 收容的难民中有相当大比例来自迪纳杰布尔与朗布尔的交界地区。”

表 9.2　各地在 Langarkhana 中获得粮食救济的人数:1974 年孟加拉饥荒

地区	每日人数(千人)	占总人口比例(%)
朗布尔	935.6	17.18
迈门辛	899.0	11.88
迪纳杰布尔	221.0	8.60
锡尔赫特	362.7	7.62
巴里萨尔	281.0	7.15
库尔纳	245.7	6.97
博格拉	123.0	5.51
诺阿卡利	178.4	5.50
博杜阿卡利	65.8	4.39
杰索尔	128.5	3.86
福利德布尔	148.2	3.65
库米拉	205.1	3.52
拉杰沙希	147.5	3.46
库什蒂亚	64.9	3.45

① 也可参阅阿拉姆基尔等人的合著(1977)和阿拉姆基尔(1980)。从中我们将会看到,本章的分析将主要依赖于这些调查所提供的数据以及阿拉姆基尔(1978a、1980)所给出的数字、分析和见解。

② 阿拉姆基尔(1980)。

续表

地区	每日人数(千人)	占总人口比例(%)
坦盖尔	70.5	3.39
巴布纳	57.9	2.06
达卡	155.7	2.05
吉大港	54.7	1.27
吉大港山区地区	0	0

资料来源:阿拉姆基尔(1979)提供了上述资料。

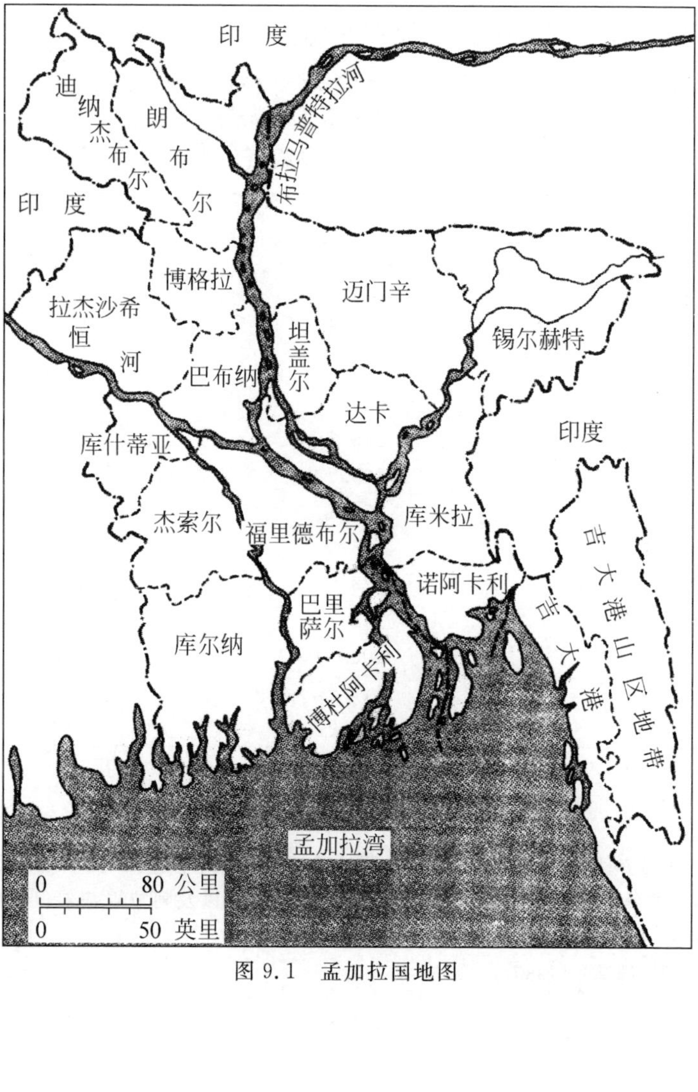

图 9.1　孟加拉国地图

对于死亡人数的估计也很不一致。官方估计的死亡人数为 26 000 人，[1]其他的估计大都高于这一数字。据估计，仅朗布尔地区“死于饥饿和两至三个月内处于营养不良的人数就高达 8—10 万人”。[2] 毫无疑问，要不是采取了大规模的救济行动（尽管效率不高），死亡数字会更高。除了官方救济行动之外，自愿性组织也发挥了重要作用，他们在贫穷的村庄之外提供救济，并在很多村庄之内开展自救活动。[3]

9.2　粮食进口和政府库存

毫无疑问，孟加拉国政府发现，它受到了缺乏足够粮食库存的严重制约，影响了其在饥荒高峰时期采取大规模的救济行动。[4]到 1974 年，孟加拉国对进口粮食的依赖程度达到了前所未有的水
平，但是，尽管存在着严重的饥荒，1974 年孟加拉国进口的粮食却 135
少于 1973 年（见表 9.3）。事实上，在灾情严重的 1974 年 9—10 月粮食进口却大幅度减少了，这两个月的粮食进口量还不到上一年同期的五分之一。粮食库存短缺给孟加拉国政府的救济行动造成了极为不利的影响。

---

① 阿拉姆基尔（1980a，第 2 页）。

② 哈克（Haque）、麦赫塔（Mehta）和威格纳拉亚（Wignaraja，1975），第 43 页。阿拉姆基尔（1980）给出了一个超级死亡数字，1974 年 8 月至 1975 年 1 月的死亡人数大约为 100 万人，接下来的一年这一数字为 50 万人（第 142—143 页）。

③ 见拉赫曼（Rahman，1974a、1974b）。

④ 见埃斯拉姆（N. Islam，1977）。

表 9.3　1973 年和 1974 年孟加拉国的粮食进口

月份	1973	1974
1 月	228	38
2 月	194	90
3 月	467	99
4 月	212	147
5 月	179	224
6 月	126	135
7 月	83	291
8 月	159	225
9 月	263	29
10 月	287	76
11 月	59	190
12 月	83	149
合计	2 340	1 693

资料来源：阿拉姆基尔(1980)表 6.18。
注：单位＝1 000 吨

需要说明的一点是，像世界上其他国家一样，孟加拉国也接受了美国的粮食援助。但此时此刻，美国的粮食援助却附带有威胁性的条件，美国政府企图阻止孟加拉国与古巴的贸易。不久，因缺少美元，孟加拉国政府不得不取消对美国粮食公司的订单，这一订单原计划于秋天到达，美国政府进行敲诈的时机成熟了。

1974 年 9 月，美国威胁终止粮食援助。正是在这个时候，受国务院指示，美国大使召见孟加拉国计划委员会主席奴鲁尔·埃斯拉姆(Nurul Islam)先生，正式要求孟加拉国取消
136 对古巴的黄麻出口。在 PL480 条款下，接受援助的国家不能与像古巴这样被美国列入黑名单的国家进行贸易。埃斯拉姆

对美国政府竟然坚持要求正处于困境中的孟加拉国取消其出口表示震惊和愤怒。在印度市场黄麻竞争激烈和国际黄麻市场价格走低，从而使其外汇收入状况严重恶化的情况下，孟加拉国不得不进一步削减了对古巴的黄麻出口。[①]

直到孟加拉国牺牲了它与古巴的贸易之后，美国的粮食才被获准进入孟加拉国。但是，这时秋季饥荒已经基本过去了。[②]

进口计划问题还因国际市场上粮食价格的上涨以及信贷资金短缺而进一步恶化。孟加拉国政府关于1974年世界会有更多粮食出口的期望也破灭了。从表9.3中可以看出，在1974年的前几个月中，粮食进口量与上一年同期相比相差很远。另外，国内的自救运动也不像在计划中所设想得那样成功。1974年的粮食总产量是1 800万吨，这一年政府的库存在13万吨—34.7万吨之间波动。[③] 这些对救济活动规模的影响不仅表现为接受救济的人数减少，而且还表现为为每个灾民提供的粮食数量减少。[④]

粮食供给量制约了政府的救济行动是一个无可争议的事实。但是，这并不能说明饥荒的成因。饥荒的成因是由洪水所造成的粮食供给下降吗？粮食的普遍性短缺真的存在吗？FAD解释是

① 麦克亨利(McHenry)和伯德(Bird,1977)，第82页。

② 关于这一事件的详情可参见麦克亨利和伯德(1977)，也可参阅索布罕(Sobhan,1979)。关于粮食援助的负面影响的较一般讨论可参见乔治(George,1976)和拉配、克林斯(1977、1978)。

③ 见阿拉姆基尔(1980)表6.2。不过，阿拉姆基尔认为，纵然有进口方面的问题，政府的救济活动也过于保守，在饥荒最严重的月份，分发出去的粮食只是政府粮食库存的一小部分。关于对政府救济活动规模的批评，还可参阅拉赫曼(1974a、1974b)。

④ 见阿拉姆基尔(1979)表5.15。

否能够成立？接下来，我将回答这些问题。

137 9.3 粮食供给下降？

正如我在第6章关于1943年孟加拉饥荒的分析中所指出的那样，孟加拉有三种主要水稻：*aman*、*aus* 和 *boro*。但是，在这一特殊时期，这几种水稻在孟加拉国的相对重要性与1943年的孟加拉相比已经有很大不同。因为，孟加拉国并不包括整个孟加拉地区，并且自1943年以来种子和种植方法也发生了很大的变化。以下是从1971年到1976年这几种水稻占孟加拉国水稻总产量的比例：*aman*(11月到1月收割)为56%；*aus*(7月到8月收割)为25%；*boro*(4月到6月收割)为19%。

与1943年的孟加拉饥荒一样，1974年孟加拉国的饥荒高峰恰好也发生在 *aus* 的收割期和 *aman* 收割前夕。以产量为基础，1974年的粮食供给能力可以被定义为1973—1974年的 *aman*(11月到1月)产量与1974年的 *boro*、*aus* 产量之和。在本书第6章中，我们也是这样定义年产量的，即包括上一年的11月到这一年的1月期间收割的 *aman* 产量。表9.4所给出的就是1971—1975年期间每年的水稻产量，同时还给出了**人均**水稻产量指数。从表9.4我们不难看出，1974年的总产量和**人均**产量指数都是最高的。①

---

① 需要说明的是，就人均产量而言，这是一个局部高峰值，并没有达到60年代曾实现过的高峰值。到1974年，两年或三年的移动平均值也呈现出上升趋势(用第6章使用过的方法)。因此，不可否认，当饥荒于1974年到来时，生产情况是得到了改善而不是恶化。

表 9.4　1971—1975 年孟加拉国大米产量

年份	大米产量(千吨)	大米产量指数	人均产量(吨)	人均产量指数
1971	10 445	100	0.133	100
1972	9 706	93	0.120	90
1973	10 459	100	0.126	95
1974	11 778	113	0.139	105
1975	11 480	110	0.132	99

资料来源:阿拉姆基尔(1980)表 6.4。

要从稻米产量上推算出得到粮食供给,我们还必须加上小麦产量(尽管不多),并把国际贸易也考虑进去,见表 9.5。从该表中我们可以看出,1974 年仍然是局部高峰。① 如果我们按照粮食总供给判断,与其他任何年份相比,1974 年都不应该发生饥荒。可是饥荒就恰好发生在 1974 年。 138

表 9.5　1971—1975 年孟加拉国的粮食供给

年份	可消费的粮食总供给(百万吨)	人口(百万)	人均食物供给(盎司/天)	人均食物供给指数
1971	10.740	70.679	14.9	100
1972	11.271	72.535	15.3	103
1973	11.572	74.441	15.3	103
1974	12.355	76.398	15.9	107
1975	12.022	78.405	14.9	100

资料来源:阿拉姆基尔(1980)表 6.23。

必须考虑到,粮食供给下降的可能性也许只是地区性的。这可能是由孟加拉国政府所设置的地区间贸易障碍(主要是为了便

① 从孟加拉国走私到印度粮食的数量难以确定。有人认为这一数量很小[见赖德威(Reddaway)和拉赫曼,1975],也有人认为这一数量可能很大。无论这些数据是否可靠,我们都没有理由认为,饥荒时期从孟加拉国向印度的粮食走私会增加很多,因为这时孟加拉国的大米价格与印度的大米价格相比突然有了大幅度上升。

于政府采购)所造成的。那么,受饥荒影响最严重的地区是否真的出现了粮食供给的显著下降呢?

表 9.6 所给出的是不同地区的大米产量,以及从 1973—1974 年大米产量的变化情况。从表 9.6 中我们可以看出,虽然只有两个地区出现了产量下降,但饥荒范围却大得多。从该表中我们还可以看出,在受饥荒影响最严重的地区,如迈门辛、朗布尔、锡尔赫特,大米
139 产量却增加了(分别增加了 22%、17%和 10%)。产量增长率最低的三个地区分别是博杜阿卡利、巴里萨尔和库米拉,但它们加起来也只占接受 *langarkhanas* 救济的难民总数的 12.7%。总的来说,饥荒严重程度指数的排序(表 9.2)与产量增长率从低到高的排序(表 9.6)几乎没有什么联系,两者的相关系数为−0.5。

表 9.6　1973 年和 1974 年孟加拉国各地大米生产情况

地区	1973	1974	从 1973 年到 1974 年的变化(%)
库尔纳	325	462	+42.2
吉大港山区地带	67	93	+38.8
迪纳杰布尔	504	666	+32.1
博格拉	380	478	+25.8
杰索尔	426	531	+24.6
库什蒂亚	180	221	+22.8
迈门辛	871	1 065	+22.3
坦盖尔	264	322	+22.0
福里德布尔	403	484	+20.1
朗布尔	958	1 122	+17.1
吉大港	644	725	+12.6
巴布纳	251	282	+12.4
锡尔赫特	968	1 068	+10.3
达卡	625	675	+8.0
诺阿卡利	505	538	+6.5
拉杰沙希	638	679	+6.4

续表

地区	1973	1974	从1973年到1974年的变化(%)
库米拉	805	836	+3.9
巴里萨尔	664	600	−9.6
博杜阿卡利	342	229	−33.0

资料来源:阿拉姆基尔(1980)表6.28,对迪纳杰布尔地区的百分比数字进行了修正。
注:单位=1 000吨

根据表9.6测算出的人均粮食供给量见表9.7。三个所谓具有代表性的饥荒区人均粮食供给量均出现了令人欣慰的增长:其中锡尔赫特为3%;朗布尔为10%;迈门辛为11%。人均粮食供给量下降得最多的三个地区(博杜阿卡利、巴里萨尔和库米拉)的难民数却只占*langarkhanas*难民数的13%左右。各地区的饥荒程度排序与人均粮食供给从低到高的排序之间的相关系数是−0.33,这也很难说明两者之间的相关性。

表9.7　1973—1974年孟加拉地区的人均粮食供给量(盎司/天)

地区	1973	1974	变化(%)
迪纳杰布尔	20.4	25.1	+23.0
迈门辛	20.6	22.8	+10.7
锡尔赫特	21.4	22.1	+3.3
博格拉	19.3	20.8	+7.8
朗布尔	18.3	20.1	+9.8
吉大港	18.4	19.7	+7.1
诺阿卡利	17.8	16.7	−6.2
杰索尔	14.6	16.3	+11.6
库尔纳	13.8	16.2	+17.4
巴里萨尔	18.6	16.0	−14.0
拉杰沙希	15.6	15.8	+1.3
博杜阿卡利	24.1	15.7	−34.9
坦盖尔	14.7	15.3	+4.1
库米拉	16.1	14.9	−7.5

续表

地区	1973	1974	变化(%)
吉大港山区地带	14.8	14.4	−2.7
达卡	14.5	13.8	−4.6
福里德布尔	12.0	13.5	+12.5
库尔纳	12.0	12.8	+6.7
巴布纳	10.4	10.8	+3.8

资料来源:阿拉姆基尔(1980),表6.29,表中数字来自孟加拉国政府分配与配给理事会。

140 即便我们所关注的不是**人均**粮食供给的**变化**,而是**人均**粮食供给的**绝对值**,我们仍无法解释饥荒的严重程度。在人均粮食供给量从低到高的排序中,所谓的饥荒区反而落在了高平均值的一端——在19个地区的排序中,朗布尔、锡尔赫特和迈门辛的序号分别是15、17和18——它们都有着较高的人均粮食供给量。[①] 人均粮食供给量最低的三个地区(巴布纳、库什蒂亚和福里德布尔),其难民人数仅占*langarkhana*难民数的6%。最后,饥荒严重程度与人均粮食供给量之间的相关系数为−0.73,也不能支持FAD假说。

毫无疑问,政府在分配粮食时,会优待遭受饥荒袭击较严重的地区,这会影响到上述的负相关系数,不过,这些优惠政策并不能
141 变短缺为富裕。事实上,正如我们已经证明的那样,粮食产量数字也对FAD假说提供了不利的证据。分配的救济粮只是粮食消费总量中的一小部分,更何况,在前面我们已经指出过,受灾越严重的地区,分给每个难民的救济粮越少。[②]

① 这三个地区7月到10月期间人均粮食供给量的估计值也比较高,见阿拉姆基尔(1980)表6.37。

② 见阿拉姆吉尔(1980)表5.15。1974年10月,不同地区的*langarkhanas*每日配给的小麦的卡路里值有很大差异,迈门辛和朗布尔的饥荒区为452卡路里,而巴布纳的非饥荒区为2 069卡路里。

FAD 方法不能令人信服地解释 1974 年的孟加拉国饥荒。孟加拉国的当年粮食总产量和当年粮食总供给量都不支持 FAD 假说，地区产量数字比较以及粮食供给量比较也是如此。无论 1974 年的孟加拉国饥荒的真正原因是什么，它都肯定不是一次 FAD 饥荒。

9.4 职业分布和贫困程度

谁是饥荒的受害者？我们应当感谢 1974 年孟加拉国发展研究所对 *langarkhana* 难民的调查，正是这次调查使我们有可能对这一问题做出回答（尽管样本的选择有很大的随机性）。表 9.8 所给出的是按主要收入来源划分的各职业组的情况。*langarkhana* 贫民最多的职业组是工人（占 45%），紧跟其后的是农民（占 39%）。如果工人再被分为农业工人和非农业工人，那么，农业工人的比例更大。在对其他饥荒的分析中，我们已经指出过这种现象。另一方面，我们绝不要忘记，在这次调查中所界定的农民还是农村人口最大的职业组。

表 9.8　1974 年孟加拉国难民的职业分布

职业	居住者地区数量	占总居住者的比例%
工人	351	44.5
其中		
(1) 农业工人	190	24.1
(2) 其他工人	161	20.4
农民	305	38.7
其他	132	16.8
合计	788	100.0

资料来源：阿拉姆基尔(1980)表 5.3。

143

表 9.9　赤贫:在福里德布尔地区五个村庄中的抽样调查

职业	住进 langarkhana 的总百分比	农村家庭人数比例	按主要收入来源划分，农村家庭的百分比	程度指数 Ⅰ	程度指数 Ⅱ
	(1)	(2)	(3)	(4)=(1)/(2)	(5)=(1)/(3)
工人	44.5	27.9	23.4	1.59	1.90
农民	38.7	41.8	59.7	0.93	0.65
其他	16.8	30.3	17.0	0.55	0.99
合计	100.0	100.0	100.0	1.00	1.00

资料来源:第 1 列来自表 9.8;第 2 列来自米奥(1976)和阿拉姆基尔(1978a),表Ⅻ;第 3 列来自阿拉姆基尔(1980)。

要想知道贫困者的相对贫困程度，我们只需将贫困者的职业分布与人口的职业分布进行比较即可。不过，这并不是一件容易 142
做得到的事情，因为还没有进行过能够覆盖所有贫困人口的地区的人口调查。1976 年，麦阿关于农村家庭家长的职业分布研究，以及孟加拉国发展研究所关于农村家庭按主要收入来源划分的职业分布研究可以为此提供一些信息。在表 9.9 中，这些数字被用于两个贫穷指标的计算。

无论按照哪一个指标来判断，工人都是受灾最严重的职业组。我们没有必要过分苛求这些数字的准确性，关键是要说明工人与包括农民在内的其他职业组的排序。

孟加拉国发展研究所通过对一些村庄的调查，估计了饥荒期间各职业组的死亡率，也得出了大致相同的结论，见表 9.10。运输业这一个小职业组的死亡率最高，一般工资工人的死亡率与运输业非常接近，两者都大大高于包括农民在内的其他职业组。

表 9.10　1974 年 8—10 月被抽查的一些孟加拉村庄中各职业的死亡率

职业	每 100 人死亡率	10 岁以下儿童每 1 000 人死亡率
运输	100	286
货币工资工人	88	128
贸易	53	80
农业	38	64
其他	29	n. a.
服务业	16	12
合计	47	74

资料来源：阿拉姆基尔(1980)表 5.5。

langarkhana 难民的土地拥有情况也值得注意。表 9.11 所给出的数字来自孟加拉国发展研究所对 *langarkhana* 难民的调

查。这些难民家庭中,32%的家庭拥有不足半英亩土地。更为重
144 要的是,81%的家庭拥有不足 5 英亩土地。这与孟加拉国发展研究所所做的村庄调查的结果是一致的,在这一调查中,33%的家庭拥有不足半英亩土地。依赖 *langarkhana* 为生的人主要是没有土
145 地或土地较少的人。平均来说,土地不足半英亩的家庭依赖 *langarkhana* 的比率是土地在半英亩到 1 英亩家庭的 4.5 倍,是拥有 5 英亩或更多土地的家庭的 165 倍。这证实了根据职业统计数字得到的结论,也说明在 *langarkhana* 难民中的农民确实是拥有很少土地。

表 9.11　埃塞俄比亚粮食供给量:人均大卡数,1961—1974 年

土地拥有量分组	难民家庭数	难民家庭比率	农村家庭比率	贫困发生率
	(1)	(2)	(3)	(4)=(2)/(3)
0.5 英亩以下	639	81.09	32.69	2.481
0.5 英亩至 1 英亩	57	7.23	13.13	0.551
1 英亩至 2.5 英亩	81	10.28	28.20	0.357
2.5 英亩至 5 英亩	10	1.27	16.74	0.076
5 英亩以上	1	0.13	8.62	0.015
合计	788	100.0	100.0	1.000

资料来源:根据阿拉姆基尔(1980)表 5.2 和阿拉姆基尔等合著(1977)表 6.11 计算得来,“农村人口”指后来被抽查的 8 个村庄的居民。

9.5　劳动力的交换权利

由于典型的贫困者所拥有的只是劳动力,即使有土地,数量也非常少,因而其权利关系中的绝大部分是与其劳动力有关的权利。表 9.12 以两种方式给出了 1974 年各月份中农村劳动力

的大米交换权利：(a)以 1973 年为 100；(b)以 1973 年同月为 100。交换比率 e_j 的下降正好发生在饥荒前的月份，而且在饥荒期间这一比率迅速下降。与上年同期相比，交换比率的下降则不那么严重。因为这一比较消除了季节性因素的影响。不过，即使这样，下降的幅度也是相当大的。在饥荒最严重的时期，与 146
上年同期相比，交换比率下降的幅度达到 35%—45%，一部分人已经无法维持生存。

表 9.12　1974 年孟加拉国饥荒期间农村劳动力—大米交换比率指数

基期：(a)1973 年 12 月的值；(b)1973 年同月的值

	农村工资率		大米价格		1974 年月大米交换比率指数	
月份	1973	1974	1973	1974	(a)	(b)
1 月	4.78	6.22	72.37	92.11	86	102
2 月	4.91	6.36	76.68	98.93	82	100
3 月	5.14	7.17	83.84	117.33	78	100
4 月	5.35	8.22	96.49	136.98	77	108
5 月	5.47	8.72	96.29	135.68	82	113
6 月	5.83	8.26	91.11	139.04	76	93
7 月	6.02	8.61	87.06	141.78	78	88
8 月	5.81	8.82	85.92	171.25	66	76
9 月	5.72	8.80	89.47	212.80	53	65
10 月	5.85	8.64	94.11	251.78	44	55
11 月	6.00	8.39	89.65	213.73	50	59
12 月	6.32	8.70	80.90	188.98	59	59

资料来源：根据孟加拉国发展研究所提供的数字计算，见阿拉姆基尔(1977)，表 3.3 和表 4.3。

交换比率的最迅速下降是紧跟在洪水之后出现的。表 9.13 所给出的是 1974 年 6—10 月农村劳动力—大米交换比率的下降情况。饥荒的前一年中并没有出现这种现象(见表 9.12)，更早年份的数字也没有显示出这种季节性下降。

现在，让我们看一看地区之间的比较。三个“饥荒区”也正好

147 是工资的大米权利下降得最多的地区(见表 9.13)。朗布尔地区的下降率为 58%;锡尔赫特的下降率为 70%;迈门辛的下降率为 70%。大米权利下降得如此之多,劳动者怎能不被推向饥饿和死亡呢?总体情形似乎不完全明确,饥荒严重程度与权利下降的严重程度之间的序相关系数是 0.32。这一相关系数虽然不算高,但却是非常明显的,而且与 FAD 方法中显著的负相关系数形成了鲜明的对照。交换权利方法——在只考虑工资的大米权利的情况下——就已经对贫困做出了较好的解释,更何况它还有把其他因素考虑进去的余地。①

表 9.13　工资比率的大米权利:1974 年 10 月与 6 月的指数取值 1974 年为 100

	工资率指数	大米价格指数	孟加拉国农村工资劳动与大米交换比率的下降率
孟加拉国	104.6	181.1	42.2
迈门辛	69.0	225.9	69.5
朗布尔	80.0	190.3	58.0
锡尔赫特	100.0	236.0	57.6
诺阿卡利	100.0	209.8	52.3
巴里萨尔	87.0	177.3	50.9
吉大港山区地带	100.0	201.3	50.3
坦盖尔	106.3	211.4	49.7

① 黄麻与大米的交易条件的恶化就是这类因素之一,其主要影响是降低了黄麻生产者的积极性(见法兰德和帕金森,1976,第 59—61,135—136 页)。就权利而非就生产中的价格激励而言,这意味着黄麻生产者的大米交换权利下降,从而加重了黄麻生产者的贫困。同时发生在临近孟加拉国的印度拉萨姆邦饥荒中,黄麻相对价格的下降明显起到了推波助澜作用[见普莱布哈卡(Prabhakar),1974,第 1767 页]。1974 年,黄麻种植面积下降还造成了许多人失业(见阿拉姆基尔,1980,第 304 页,原文脚注 9)。

续表

	工资率指数	大米价格指数	孟加拉国农村工资劳动与大米交换比率的下降率
巴布纳	100.0	172.3	42.0
吉大港	100.0	170.5	41.3
博杜阿卡利	100.0	167.9	40.4
达卡	118.9	192.6	38.3
库尔纳	96.2	153.9	37.5
博格拉	100.0	158.2	36.8
迪纳杰布尔	114.3	179.1	36.2
库米拉	135.7	205.0	33.8
杰索尔	108.3	155.0	30.1
库什蒂亚	112.0	151.4	26.0
拉杰沙希	123.1	156.4	21.3
福里德布尔	158.3	164.5	3.8

资料来源：阿拉姆基尔等(1977)表 3.3 和表 4.3 计算，第 57、58 和 92 页。

最后，在 *langarkhana* 难民数位居前三名的州中，有 50％以上的难民是由大米权利下降所造成的。根据 9.3 节中所做的粮食供给分析，这一比例为 6％—13％。造成这种差别的部分原因是地区的大小不同，但也有地区认识方面的问题。在大米权利方法中，饥荒最严重的三个地区难民的比例分别是 18％、12％、8％，而在 FAD 方法的不同版本中，这一比例分别是 7％、4％、4％和 4％、3％、2％。

劳动力与大米的贸易条件恶化还明显受到饥荒年份失业增加的加强。① 在这里，洪水起到了一定作用。1974 年 6 至 9 月，洪水冲毁了一部分 *aman* 作物，但只是在饥荒过后才表现为产量下降，

① 见拉赫曼(1974a、1974b)、阿德南(Adnan)和拉赫曼(1978)、阿拉姆基尔(1978a、1980)等。

148 而就业机会的减少却是直接的。[①] 表9.14所给出的是本格利村庄正常季节的工作节奏。从中我们可以看出，就业高峰出现在7—8月，而洪水恰好在这时袭来，从而大大减少了种植业中的就业机会。工资的大米权利的下降受到了就业机会减少的加强——这是劳动力的“交换权利”的一个重要决定因素。[②]

表9.14 卡沙姆瑞基村正常年份种植业就业季节分布(工作日)

月份	种植	排序
Baisak(3月到5月)	1 872	9
Jaistha(5月到6月)	2 496	8
Ashar(6月到7月)	4 804	1
Sravan(7月到8月)	4 786	2
Bhadra(8月到9月)	2 665	7
Aswin(9月到10月)	526	12
Kartik(10月到11月)	3 181	5
Agrahayan(11月到12月)	4 667	3
Poush(12月到1月)	3 239	4
Magh(1月到2月)	2 811	6
Falgoon(2月到3月)	1 791	10
Chaitra(3月到4月)	1 243	11

资料来源：根据在吉什顿艾斯拉姆地区的野外调查访问，卡沙姆瑞基村庄调查组的报告，1977年，第12页。

因此，要理解贫困，我们必须超越食物供给量的统计数据。在1974年产量和粮食供给量都达到了最大值，而决定工资与大米的交换比率的市场力量却向相反的方向迅速发展。虽然我们还没有

① 表现为对农村服务和工匠需求减少，这一“派生的贫困”直接造成了相关职业交换权利的下降。

② 饥荒后的恢复是从11月开始的，从而出现了一个繁忙季节——侥幸地躲开了自然灾害。

得到更多数据，来对这一交换比率的决定因素进行令人满意的分析，但我们可以对其一般特性进行实际观测。

第一，虽然被冲毁的 *aman* 本来并不影响饥荒时期孟加拉国的粮食总产量（这一作物本来应在饥荒后的 11 月至下一年的 1 月收割），但人们对产量下降的预期却对大米的市场价格产生一定的 149
影响。① 事实上，谣传的产量下降比实际的产量下降要严重得多，投机性囤积又助长了谣言。

第二，大米价格上涨本来并不是洪水的结果。事实上，在 1974 年年初，远在洪水到来之前，大米价格就大幅度上涨了——与洪水期间及洪水过后的上涨速度几乎相同。表 9.15 所给出的是 1974 年各月的价格上涨情况。在整个孟加拉国，特别是在饥荒地区，在该年年初，即远在洪水到来之前，大米价格就已经上涨了。因此，大米价格上涨的原因必须在与洪水无关的因素中去寻找。在这里，宏观经济学中关于有效需求、货币供给等因素的分析是可
以做出重要贡献的。 150

表 9.15　1974 年孟加拉国大米价格的上升

	粗米零售价格上涨率各月与上月相比			
1974 年各月	孟加拉国平均	迈门辛	朗布尔	锡尔赫特
1 月	+14	+14	+16	+6
2 月	+7	+11	+2	+22
3 月	+19	+27	+19	+15

① 在表 9.4 所给出的 1974 年产量中，假若我们把 1973 年 11 月收割的 *aman* 换算成 1974 年 11 月收获的 *aman*，1974 年的指数将会从 103 下降到 97。如果把每年的 *aman* 都换算成上一年的 *aman*，重新计算指数可得：1971 年为 100；1972 年为 91；1972 年为 107；1973 年为 100；1974 年为 99；1975 年为 108。这样一来，1974 年就会由一个"局部高峰"变成了一个"局部谷底"。

续表

1974 年各月	粗米零售价格上涨率各月与上月相比			
	孟加拉国平均	迈门辛	朗布尔	锡尔赫特
4 月	+17	+16	+16	+19
5 月	−1	−16	+17	−17
6 月	+2	−2	0	−2
7 月	+2	+12	+4	+16
8 月	+21	+30	+16	+29
9 月	+24	+29	+58	+24
10 月	+18	+20	0	+28
11 月	−15	−20	−38	−18
12 月	−12	−19	−25	−7

资料来源:根据阿拉姆基尔等(1977)表 3.3 计算,第 57—58 页。

第三,虽然在很大程度上工资的大米权利下降是大米价格上涨的结果,但同时,在 1974 年 6—10 月之间,一些地区的绝对货币工资率也下降了,其中包括饥荒区迈门辛和朗布尔(见表 9.13)。令人吃惊的是,不仅货币工资随着大米价格的上升而下降,而且这些地区的绝对工资也下降了。这反映了劳动力市场中需求的减少,一个重要的原因是洪水造成就业机会减少,以及农村经济活动规模的收缩。

9.6 一个核心问题

一种流行的观点是,孟加拉国所面对的重大经济问题是人口增长率超过粮食生产增长率。我无意让人们轻视和惧怕这些问题,但是,根据以上分析,仅仅注重总量问题,不深入分析千百万孟加拉国人所赖以生存的权利体系是十分危险的。不理解到底是什么人能够支配粮食？能够支配多少粮食？人口与粮食供给就是无关紧要的。

在很多方面，孟加拉国都保持着传统的农业经济，将近四分之三的人口以农业为生，大约 90%的人口生活在农村。[①] 不过，孟加拉国的经济组织并不是完全由独立于市场的农民所构成的。大约四分之一的农村人口依靠出卖劳动力换取食物为生。对于这些人来说，交换关系的变化将是毁灭性的。事实上，有证据表明，近年来孟加拉国的工资体系已经发生了从粮食之类的实物工资向货币工资的转变。[②] 这倒是更现代化了，但也更不安全了。

小农出卖土地不仅切断了他们的正常收入来源，也使他们的收入变得更不稳定，从而使他们暴露于交换比率变动的风险 151
之中。表 9.16 所给出的是孟加拉国发展研究所所做的一个调查，即 1972 年、1973 年和 1974 年一个村庄中的土地出售情况。从该表中我们不难看出，拥有土地越少的人出卖土地的比例越高。[③] 这一发展趋势不仅使小农更加贫穷，[④]而且，即使在相对丰收的年份，他们也会因为劳动力-大米权利的变化而更容易陷入饥饿。

① 关于孟加拉国经济概况及其经济成就的不同方面，可参见法兰德和帕金森(1976)、埃第恩(1977a)。

② 见克雷(1976)。

③ 也可参阅拉赫曼(1974a、1974b)、克罕(1977)、阿比杜拉(Abdullah，1976a、1976b)、阿墁德和拉赫曼(1978)、哈特曼(Hartmann)和鲍易斯(Boyce，1979)。

④ 关于农村产权与土地集中之间关系的理论分析，见格里芬(Griffin，1976)。

表 9.16　1972—1974 年各种规模的土地所有者出售土地的情况

土地所有者分组	出售自有土地的比例		
	1972	1973	1974
1 英亩以下	39	29	54
1 英亩至 2 英亩	19	17	24
2 英亩至 5 英亩	12	18	12
5 英亩以上	10	10	11

资料来源：阿拉姆基尔(1978a)，表 XXVII。

其他职业的人口生存也取决于他们是否能够用他们所生产的东西来交换粮食。在 1943 年的孟加拉饥荒中，船工和运输工人就有较高的死亡率。在 1974 年的孟加拉饥荒中，情况也是这样。农村工匠、服务提供者和小商人等都依赖于市场交换而生存，也逐渐被市场交换所毁灭。

最近出现了一种可喜的趋势，即人们的注意力开始从人均
180 152 国民收入(以及其他类似国民收入的总量)转向收入分配，尤其是贫困。但是，贫困人口是一个很笼统的范畴，贫困线以下的人口比例可能下降了；但贫困者却可能陷入了更深的贫困之中。这就是为什么我主张应该把处在贫困线以下的人口之间的收入分配关系也考虑进去，才能比较充分地说明贫困(见第 3 章和附录 C)。

近年来，孟加拉国似乎就发生了这种两极分化。表 9.17 所给出的是阿兹泽(Azizur)、拉赫曼和克罕的一些计算结果。这些计算结果表明，在 60 年代后期和 70 年代中期，虽然贫困线(满足正常卡路里摄入量 90%的收入水平)以下的人口比例下降了，或者略微增加，但陷入“极度贫困”(定义为收入水平仅能满足正常卡路

里摄入量的 80%)的人口比例却大幅度上升了。[①] 也就是说,随着处于特定贫困线以下的贫困人口减少了;但饥饿程度却增加了。良好的总量指标背后总是深深地隐藏着重大的灾难。

表 9.17　陷入贫困和极度贫困的农村人口比率

	贫困	极度贫困	1968—1969 年贫困人口比率的变化	1968—1969 年极度贫困人口比率的变化
1968—1969	76.0	25.1		
1973—1974	78.5	42.1	+3.3	+67.7
1975	61.8	41.1	−18.7	+63.7
$\frac{1}{4}$				

资料来源:克赫安(1977)表 48。“贫困”人口是指收入不能满足正常卡路里摄入量的 90%者,“极度贫困”人口是指收入不能满足正常摄入量的 80%者。

通过对左右人们支配粮食和其他生活必需品的能力及其关系的深入分析,“交换权利”方法以及我们在这里所展示的饥荒研究方法可以用多种方式进行推广。不过,这里的简单分析也已充分 153
证明了能够对孟加拉国饥荒,尤其是孟加拉国饥荒的起因做出较好解释的,不可能是 FAD 方法,而只能是权利方法。

① 也可参阅奥斯曼尼(1978)。

154 第10章　权利与贫困

10.1　食物与权利

在本书第1章中，我们就对饥荒是由粮食供给下降引起的观点——FAD观点——的说服力提出了质疑。接着，我们又对现代出现的一些大饥荒进行了分析，这些经验性的研究也表明，饥荒可以在粮食供给没有出现普遍下降的情况下发生（第6、7和9章）。即使在人均粮食供给下降的情况下，促成饥饿的因果机制（causal mechanism）中也**必定包含**着粮食供给之外的众多因素（见第8章）。FAD观点只能对饥饿的因果机制做出十分有限的解释，因为它未能深入研究人与粮食之间的**关系**。无论FAD方法多么玄妙深奥，它对饥荒的解释都显得十分勉强和模棱两可。

以粮食为中心的观点也很少能够解释饥饿。它不能告诉我们在粮食供给没有减少的情况下，饥饿为何会发生；它也不能告诉我们即使在饥饿伴随着粮食供给减少的情况下，为什么一些人啼饥号寒，而另一些人却脑满肠肥。就对饥饿的解释来说，食物总量的展示是一个太遥远的经济变量。另一方面，如果我们一旦把注意力转向一些拥有食物的特殊阶层，那么，对于饥饿现象我们就有更多的话要说，但是，这样做只不过是对饥荒的**描述**，而非**解释**发生了什么。一些人挨饿，显然是因为他们没有足够的食物。**为什么**他们没有足够的食物？为什么是一些人而不是另一些人控制了现有的粮食？这些问题把我们引向了本书已经探讨过的**权利方法**，使我们可以透过经济现象，深入到社会、政治和法律的层面，去探究饥饿的原因。

一个人支配粮食的能力或他支配任何一种他希望获得或拥有东西的能力，都取决于他在社会中的所有权和使用权的权利关系。而这些权利关系则取决于他拥有什么？交换机会能够给他提供什 155
么？社会可以免费给他些什么？以及他由此丧失了什么？例如，一个理发师拥有自己的劳动力和专业技术，但这些都不能食用，他必须提供理发服务，取得收入，购买粮食。如果因为某种原因，人们不需要理发服务而他又无法找到其他工作，也没有社会保险，那么，他对粮食的权利就会被剥夺。与此相类似，如果人们对拖鞋的需求突然大幅度减少，或者皮革的供给下降，即使这个经济体中的粮食供给量没有发生任何变化，生产拖鞋的工匠也会陷入饥饿之中。在一个自由市场经济中，一个普通工人必须通过卖劳动力（或从社会保险福利）得到收入，从而建立其粮食权利。在没有政府帮助的情况下，失业将会使他挨饿。拖鞋、理发服务或劳动力对粮食相对价格的急剧下降等也会使这些人的粮食权利下降到挨饿的水平。正是整个权利关系决定着一个人是否有能力得到足够的食物以避免饥饿，而粮食供给只是能够对其权利关系产生影响的众多因素之一。

有人认为，饥饿的原因是收入水平和购买力低下，而不是粮食短缺。这可以被看作是他们试图理解权利方法的初步尝试，因为在市场经济中，收入的确赋予一个人以粮食权利。然而，在一个完全计划经济中或在一个“短缺经济”中，收入并非总能提供人们对食物的支配权。因为与市场经济相比，计划经济中存在着另外一种权利体系。[①] 在饥荒已经发生的绝大部分情况下，“收入中心论”（income-centred view）是有意义的。[②] 但是，“收入中心论”的缺陷源于如下事实：即使在收入能够提供粮食支配能力的情况下，它也只能部分地解释权利关系，以收入
156 短缺作为研究的出发点会丢掉很多东西。如果说一些人因为缺少足够的收入以购买食物而饿死，那么，他们为什么会失去收入呢？由于人们的收入取决于他们能够出卖东西的数量及其价格水平，因此，以收入作为研究的出发点就会忽视权利关系中的许多重要内容。另外，在有些情况下，收入只是“想象中的东西”，例如，农民拥有他生产出来的粮食，这时，农民的收入或购买力只不过是一种拐弯抹角的说法，他对自己产品的权利则是更直接的说法。但是，权利方法的主要优点并不是这种直接性，而是——正如我们在前面已经指出的那样——能够使我们更好地理解一个人对于一般商品的控制和支配能力。就粮食来说，尤为如此。

① 关于短缺经济的详细分析，见科尔奈（Kornai，1979a），也可参阅科尔奈（1979b）。

② 1932—1934 年的俄罗斯饥荒可能是一个例外，不过理论界对这次饥荒还没有进行过充分的研究，见道尔利姆普（Dalrymple，1964、1965），布鲁恩和安德森（1976，第 6 章）。

10.2　穷人：一个合理的分类吗？

使用权利方法需要根据某种差别进行分类。一个小农和一个失去土地的劳动力都可以是穷人，但他们的命运各不相同。在分析他们容易遭受饥饿的原因时，我们绝不能简单地把他们看作庞大的穷人队伍中的成员，而要把他们看作特殊阶层的成员，属于特定的职业，有着不同的资源禀赋，并受到不同权利关系的支配。在有些情况下，为了某种目的，我们可以把人口分成富人与穷人，但这样的划分对于饥饿、饥荒甚至贫困的分析来说都是远远不够的。

最大的类别当然是总人口。这正是 FAD 方法在考察人均粮食供给量时所注重的类别，并因此招致了惨败（见第 6—9 章）。权利方法并没有简单地拒绝这类总量分析，只是要求进行更精细的分类，以把握不同阶层的特征，具体做法是把拥有类似资源禀赋的人归为一类。这样，“穷人”就不能作为因果分析中的一个类别，因为不同阶层的人都可以因为不同的原因而陷入同样的困境。不同职业的人在饥荒中的不同遭遇，甚至各贫困职业中人的不同遭遇，都表明需要放弃“穷人”与“富人”这样的分类方法。

虽然在因果分析中需要更精细的分类，但是在评价一个国家
的贫困程度时，“穷人”与“富人”的划分还是有用的。事实上，在贫 157
困的定量分析中，通常把所有的“穷人”看成一类并计算人数。在这样的评价中，当我们所关心的是处于“贫困线”以下的人的状况时，“穷人”这一范畴显然具有一定的合理性。在第 2 章中，我们曾指出，“贫困的评价”不同于“不平等的评价”，需要对“穷人”予以特

别关注。另外，即使是为了评价，根据贫困程度对“穷人”加以区别也是必要的。当用“贫困人口”比率衡量贫困时，遭受饥饿威胁的人也只是“穷人”中的少数，而且不难举例说明，当贫困程度明显增加时，贫困人口比率并不会发生变化（见第3章和附录C）。因此，虽然“穷人”这一分类方法在价值评价方面具有一定的合理性，但它仍然是一个过于笼统的类别，是一个还需要进一步细分的类别。

“穷人”这一范畴，不仅对于评价实践来讲是不适当的，而且还会干扰因果关系分析，并造成政策效果的扭曲。在因果分析方面，对引致贫困的不同环境不加以认真区别，就会使政策选择的重点不明。评价性总量也会被扭曲。贫困人口比率这一贫困度量方法的应用就意味着，消除贫困的最好方法是关注那些恰好位于在贫困线之下的人，而不是陷入极度贫困的人。大量的经验性证据也表明，贫困的总体特征的确造成了公共政策的混乱。①

10.3 世界粮食供给与饥饿

FAD方法是一个把粮食供给能力运用于整个国家总人口的
158 总量方法，缺乏有意义的分类。用于世界总人口的FAD方法更是一个总量方法。最近以来，世界粮食供给量与世界人口之间的平衡受到了前所未有的关注。虽然就加深人类对于饥饿的认识而言，世界人均粮食供给下降既不是一个必要的条件，也不是一个充分条件，但是，人们总是认为这两者之间存在着一个很强的正相关

① 见阿马蒂亚·森（1975，附录A；1976d）。

系。有利于这一假说的证据并不多见,但是它被假设也许是合理的,因为,假若人均粮食供给持续下降,饥饿迟早会来临。一些研究机构和专家对 80 年代的粮食短缺给出了不同的测算结果,其中有一些结果的确非常令人担忧。[1]

对于这些测算,我没有多少要补充的东西。不过,我必须说明,这些结果对已选定假设的敏感性,以及这些被认为是合理的方法的不一致性。虽然在一些国家中出现了粮食供给增长落后于人口增长的现象,但是,当我们关注的是现在而不是未来时,还没有证据表明,世界粮食供给增长落后于人口增长。即使把美国这个最大的粮食出口国除外,世界人口增长率也没有超过粮食增长率。至于将来二者之间的"平衡",则取决于那时复杂的经济和政治条件,[2]但现在还没有出现世界人口增长赶上世界粮食供给增长的迹象。

如果本书作出的分析是正确的话,那么,与粮食生产毫无关系的一些因素倒可能成为饥荒的原因。权利方法把粮食生产放在权利关系网中加以分析,说明了即使粮食生产不发生变化,权利关系的变化也能引发严重的饥荒。

我并不否认粮食生产的重要性,也不否认国际粮食政策分

① 见伯格斯特罗姆(Borgstrom,1969)、艾尔里克(Ehrlich)和艾尔里克(1972)、布鲁恩和艾克赫尔姆(1974)、阿塞兹(1975)等。

② 见约翰逊(G. G. Johnson,1967、1975)、伯格斯特罗姆(1973)、阿塞兹(1977)、泰勒(Taylor,1975)、辛赫(1976a、1976b、1977)、伯尔金(Buringh,1977)、埃第恩(1977b)、拉配和克林斯(1977)、波尔曼(Poleman,1977)、拉多(Rado)和辛哈(Sinha,1977)、哈里(Harle,1978)、哈弋(1978a、1978b)、辛哈和戈登格拉贝克(Gordon Drabek,1978)、因特福切尔斯(Interfutures,1979)等。

159 析的重要性。不过，我认为更值得考虑的问题是如何建立国际保险制度以降低一些国家粮食供给的脆弱性。[①] 搞清楚国际粮食援助对于受援国国内粮食生产和分配的影响，以及对世界粮食价格的影响是非常重要的。[②] 编制粮食平衡表，将其纳入社会总体规划之中，并对“粮食体制”进行更为深入详细的分析也是非常有益的。[③] 本书的中心思想就是从另一个角度来考察粮食问题，即在权利关系的意义上，把粮食问题当作人与粮食之间的关系问题。

在这些关系中，有一些是很简单的（如农民对自己生产的粮食的权利），而另一些却是很复杂的（如牧民用牲畜换得的粮食权利，这种交换使其卡路里净增——见第 7 和第 8 章）；有些涉及市场机制的应用（如出售手工制品换取粮食——见第 6 章），而另一些则取决于公共政策（如就业福利，或 *langarkhana* 难民营救济——见第 6—9 章）；有些受宏观经济发展的影响（如需求拉动的通货膨胀——见第 6—9 章），而另一些则只涉及局部灾难（如地区性的经济衰退——第 7 章），或微观经济机制失灵（如在某一地区取消某

---

① 见约翰逊（1975、1976）、卡尔多（Kalddor，1976）、泰勒和萨利斯（Sarris，1976）、阿塞兹（1977）、加斯灵（Josling，1977）、威克斯泰恩（Weckstein，1977）、里特林（Reutlinger，1978）、克南德利斯（Konandreas）、胡德莱斯顿（Huddleston）和拉芒库拉（Ramangkura，1979）等。

② 见曼恩（Mann，1968）、罗格斯（Rogers）、斯里瓦斯塔瓦（Srivastava）和希第（Heady，1972）、埃森曼（Isenman）和辛格（Singer，1977）、拉配和克林斯（1977）、泰勒（1977）、斯维德伯格（Svedberg，1978、1979）。

③ 见乔易（Joy）和佩尼（Payne，1975）、皮亚特和托贝克（Thorbecke，1976）、劳斯泰德（Lorstad，1976）、UNRISD(1976)、迪克松（Dickson，1977）、马尼茨克（Manetsch，1977）、哈弋（1978a、1980）、狄哈恩（de Haen，1978）、奇切尔尼斯基（1979）等。

一社团捕鱼的权利①)；有些更多地受到投机活动的影响，而另一些则不存在这一影响。②

在本书中，通过对最近发生的几次饥荒的分析，我从权利关系的角度强调了这些影响的重要性。在粮食政策分析中，本书所给出的这一新的视角也是十分有意义的。160

10.4　市场与粮食流动

市场机制能否通过粮食流动来消除饥荒是一个已经争论了几个世纪的问题。亚当·斯密在《国民财富的性质与原因的研究》一书中肯定了它的作用，并且斯密的观点又为马尔萨斯等人继承和发扬(见附录B)。政治经济学中的这些观点被广泛地应用于政府粮食政策的制定，至少在英帝国如此。③

1812年，当饥荒正在古吉拉特地区(印度西部一地区——译注)发展时，孟买统治者就引用"当时十分流行的《国民财富的性质与原因的研究》作者的话"，④采纳了让市场机制去解决粮食向受灾地区流动的政策建议。在1783年至1784年的孟加拉饥荒中，

① 关于印度阿萨姆邦古尔帕瑞地区的局部饥荒，见朗加萨米(Rangasami，1975)。也可参阅朗加萨米(1974a、1974b)。

② 在1943年的孟加拉饥荒中，职业投机者在饥荒的第二阶段扮演了重要角色(见第6章，阿马蒂亚·森，1977b)。赫尔特和西曼(1979)用突变理论(catastrophe theory)分析了这次饥荒的第二阶段，在这种情况下，快速多变的投机行为的确是起重要作用的。关于突变理论，见托姆(Thom，1975)和泽曼(Zeeman，1977)。

③ 见布赫迪亚(Bhatia，1767)、阿姆勃拉加恩(Ambirajan，1978)和拉希德(Rashid，1980)。

④ 引自阿姆勃拉加恩(1978)，第71页。也可参阅埃克罗易德(Aykroyd，1974)。

瓦仑·哈斯丁(Warren Hastings)借助于政府渠道使粮食流向受灾地区,这一做法受到了克罗内尔·贝尔德-史密斯(Colonel Baird-Smith)严厉的指责,批评他不懂亚当·斯密。克罗内尔·贝尔德-史密斯说,在《国民财富的性质与原因的研究》于1776年出版后不久(1783年),哈斯丁没有理解亚当·斯密的精神是“预料之中的事情”。[①] 在印度,以此作为理论基础的“不干预主义”的饥荒政策一直延续到19世纪,大约到19世纪末才有所改变。

不幸的是,由于市场不能提供足够的粮食,因而常常使市场机制的倡导者失望。在1865—1866年的奥里萨邦饥荒中,克塔克区的行政长官拉温绍(Ravenshaw)就表示出对私人贸易未能从其他地区带来足够粮食而感到深深的失望,“根据普通的政治经济学原理,克塔克区对粮食的热切需求**应该能够创造出**来自粮食较富裕的地区的粮食供给”。[②]

1979年,拉希德曾指出,一个非垄断的商人团体也能够以某种垄断的方式联合行动,以阻止粮食的流动,结果是过度需求无法
161 得到满足。[③] 在衰退型饥荒(slump famine)中,饥饿能够在缺少市场拉力的情况下,以传递的方式发展。即便是竞争性的商人也不会有动力从其他地区向这一地区运送粮食。事实上,亚当·斯密命题所涉及的是满足市场需求的效率,而不是满足那些因为缺乏市场权利和购买力不足而不能变成有效需求的欲望。

---

① 引自阿姆勃拉加恩(1978),第75页。

② 见阿姆勃拉加恩(1980),第76页。

③ 投机活动的不稳定性也很容易得到证明(见哈特,1977)。

事实上，在许多饥荒中，人们常常可以听到这样的抱怨：饥荒正在蔓延，而受灾的国家或地区却正在**出口**粮食。在 1973 年的沃洛饥荒中就出现过这种情况，只是规模不大而已（见第 7 章）。在 1974 年的孟加拉国饥荒中就出现了这种情况（见第 9 章）。在 18 世纪 40 年代的爱尔兰饥荒中，这则成了当时的一个严重政治问题："在爱尔兰人死于饥饿的同时，大量粮食却被从爱尔兰出口到英格兰。在英格兰与爱尔兰漫长而频繁的历史纷争中，还从未出现过招致如此愤怒、使两国人民如此怨恨的事件。"① 在印度饥荒中，也存在受灾地区的粮食向外地流动的现象。② 在 1906 年的中国，英国没有禁止遭受饥荒的湖南省向外出口粮食是引发灾民暴动的原因之一，后来，在 1910 年著名的长沙大米暴乱（Changsha rice riot）中也出现了类似的问题。③

从权利角度来看，市场机制促使粮食从遭受饥荒的地区向其他地方流动并不是什么不可理解的事情。市场需求所反映的不是
生物学上的需求或心理学上的欲望，而是建立在权利关系之上的 162
选择。如果一个人没有什么东西可以用于交换，他就不能要求得太多，否则，就会在竞争中败给那些有着较弱需求但较强权利的人。④ 事实上，在"衰退型饥荒"中，除非其他地区发生了更严重的

① 沃德哈姆-斯密（1975），第 70 页。

② 见古什（1979）、布赫迪亚（1967）和拉希德（1980）。

③ 埃舍里克（1976）。在孟加拉国饥荒时期，从孟加拉国向印度的粮食流动也是一个极有争议的政治问题。

④ 这是把农作物减产引发的饥荒混淆为粮食供给下降所造成的饥荒的错误之一。农作物减产，人们的收入也会下降，从而会影响对其他地区粮食的吸引力。因此，这种情况最好被看作"权利失败"，而不仅仅是"人均粮食供给量下降"。

经济衰退，否则这一现象将十分普遍。因此，从遭受饥荒的地区向其他地区出口粮食是市场尊重权利而不尊重欲望的“自然”特性。

10.5 权利失败与饥荒

权利方法把饥荒看作是经济灾难，而不只是粮食危机。经验性研究揭示了饥荒的几种发展模式，反驳了呆板的 FAD 的观点。虽然饥荒受害者有着共同的命运，但决定他们的命运的力量却完全不同。

表 10.1 给出了第 6、7 和第 8 章中所研究的 4 次饥荒的比较，不过，它忽略了很多细节上的差异。第 8 章所研究的 6 个萨赫勒国家的饥荒没有被列入该表，原因是这 6 个萨赫勒国家的饥荒过程差异较大，不过，其总体情况与埃塞俄比亚饥荒大致相同。

即使没有出现实质性的粮食供给下降，饥荒也照样能够发生，这一结论的主要意义在于，在一般的饥荒分析中，人们总是使用食物供给方法，[①]它已经造成了灾难性的政策失败。[②] 权利方法则强调不同阶层的人们对粮食的支配和控制能力，这种能力表现为社会中的权利关系，而权利关系又决定于法律、经济、政治等的社会特性。

---

① 除了 FAD 方法外，这一方法还常常被隐蔽地用于把人均粮食供给量分解为重要的解释变量。

② 未能预测到孟加拉饥荒导致 300 万人丧生，甚至在它已经到来时，政府也没有能够注意到，其主要原因是政府过于重视粮食供给总量的统计数字(见本书第 6 章以及阿马蒂亚・森，1977b)。

表 10.1　四次饥荒比较分析

饥荒	粮食供给量是否下降?	哪一职业灾民最多?	这一职业是否有大量资源禀赋?	这一职业是否遭受了权利变化?	这一职业是否遭受了直接权利失败?	这一职业是否遭受了贸易权利失败?	总体经济环境如何?
孟加拉饥荒 1943	不	农村劳动力	不	是	不	是	繁荣
埃塞俄比亚饥荒（沃洛）1973	不	农民	很少,是	是	是	不	衰退
埃塞俄比亚饥荒（哈勒尔盖）1974	是	牧民	是	是	是	是	衰退
孟加拉国饥荒 1974	不	农村劳动力	早期,是	是	不	是	混合

下面，我以关于饥荒权利分析方法的四项观察结果来结束本章。第一，权利方法提供了一个分析饥荒的一般框架，而不是一个关于饥荒原因的特殊假说。当然，权利方法的背后也存在着一个
164 非常一般性的假说，而这一假说也必须服从经验性检验。如果饥荒中的饥饿被证明不是权利失败造成的，而是因为其他原因（如人们拒绝食用他们买得起但不习惯吃的食物[①]，或者人们拒绝工作[②]），或者认为“非权利转移”（non-entitlement fransfers）（如抢劫[③]），那么，它将是不违背事实的。但是，我认为，这一方法的主要意义不在于检验大部分饥荒是否与权利失败有关，而在于说明权利失败发生的本质和原因。区别不同类型的权利失败，对于理

① 然而，关于饮食习惯固定不变的传闻可能比饮食习惯本身更难改变。著名诗人多姆·默雷斯（Dom Moraes）曾做过如下有意思的描述：“……在 40 年代，印度的孟加拉邦发生了饥荒，几百万人死亡。在这次饥荒期间，英国运去了大量小麦。但那时，孟加拉人的传统食物是大米，由于拒绝改变饮食习惯，一些人竟然饿死在有小麦出售的粮店和移动售粮摊点前面。因此，对这些人进行教育是十分必要的”（默雷斯，1975，第 40 页）。固然，这些人是有必要接受教育，但是，没有证据表明，在饥荒期间饥民拒绝任何可食用的东西（见饥荒调查委员会，1945a；也可参阅古什，1944，达斯，1949）。对于人们饿死在有粮食出售的粮店前面的现象必须做出解释，主要原因是人们缺少购买力和免费分发给到处都排长队的饥民的食物太少（见第 6 章）。

② 埃塞俄比亚国王海勒·塞拉西（Haile Selassie）对他的国家在 1973 年发生的饥荒作过如下分析：“从来就有贫富之分，将来也不会改变。为什么？因为有些人努力工作……而有些人游手好闲。……我们已经说过，财富必须来自艰苦的劳动；我们还说过，不劳动的人必然挨饿。”［威斯伯格引用由奥加亚纳（Oriana）制作的访谈报告，1976，第 108 页。］几个世纪以来，世界各地的统治者的确都“说过”这样的话。

③ 在早期的一些饥荒中，这种“非权利转移”曾经非常猖獗。例如，瓦尔特·马洛里（Walter Mallory，1926）对于 1925 年发生在中国四川的饥荒就作过如下描述：“贵州军队侵入四川南部，经过一系列战斗后被赶了出去。撤退时，他们尽其最大可能用牲口驮走了粮食。而取代他们的四川军队没有带足够给养，于是他们立即搜刮了当地剩余的粮食，最后剩下的是双方军队都不感兴趣的饥民（第 78-79 页）”。

解饥荒的真正原因，以及制定饥荒政策（预测、救济和预防）具有十分重要的意义。

第二，无论是在经济繁荣时期（1943年的孟加拉邦饥荒）还是经济衰退时期（1974年的埃塞俄比亚饥荒），饥荒都有可能发生，这是一个十分有意义的结论。“衰退型饥荒”比较接近于“一般意义”上的饥荒，尽管在这样的饥荒中可能只出现经济作物的减产，而不是粮食作物的减产。“扩张型饥荒”很难凭直觉理解，但正如 165
我们已经讨论过的那样，它的确可能在农业全面增产（尤其是粮食）的情况下发生，其理由是，粮食支配体系（如市场拉动）可能会变得对某些特殊阶层的人极为不利。在这一相对变化中，如果经济繁荣表现为社会不平等的扩大（如有利于城市人口，不利于农村劳动力），那么，繁荣过程自身就有可能成为饥荒的诱因。在争夺市场控制或支配权利的斗争中，一部分人会因为另一部分人的繁荣而受损，“迟者遭殃”（Devil taking the hindmost）。①

第三，粮食供给与对粮食的直接权利之间的区别非常重要。前者关注的是一个经济中存在有多少粮食；而后者涉及的是一个粮食生产者有权直接消费多少他自己生产的粮食。在一个农业经济中，农作物减产可能既减少农民的粮食供给，又减少农民的直接粮食权利。但是，当一个典型的农民完全依赖他自己生产的粮食而生存，不出售很多东西，也不额外购买粮食时，他遭受饥饿的直

① 当进步最快的阶层是穷人时，饥荒的发展会伴随着贫困线之下人口的减少，使按传统方法（即贫困人口比率）衡量的贫困减少。对于收入分配敏感的贫困度量方法来说，这一问题并不太严重。见附录C。

接原因就是其直接权利失败，而不是市场上粮食供给减少。事实上，如果他自己的农作物减产了，而别人的农作物没有减产，那么虽然粮食供给总量增加了，而他却有可能挨饿。同样，如果他自己的农作物增产了，而别人的农作物减产了，那么，虽然粮食供给总量减少了，他却能够生活得很好。当大家的产量都减少时，这一差别仍然很重要。当农作物减产造成表面上的粮食危机时，将会涉及比粮食供给更复杂的事情。从政策的角度来看，理解这一点也是十分重要的，因为当人们需要的是粮食的权利的时候，只把粮食运送到灾区是不够的。

166 最后，对权利的重视具有强调合法权利的后果。其他相关因素，如市场力量，可以被看作是*通过*法律关系体系（所有权、契约义务和合法交换等）发挥作用的。法律耸立于*粮食供给*与*粮食权利*之间。因饥饿而死是过度墨守法规的结果。

附录A 交换权利 167

A.1 固定价格交换

设 X n 维实空间中的非负象限，其中每一点是一个非负向量，代表 n 种商品的一个组合。Y 是 X 的幂集，即 X 的所有子集构成的集合。令 $\mathbf{x}$ 是一个人所拥有的商品向量（包括“劳动力”），$\mathbf{p}$ 是他所面对的 n 维价格向量。

给定他的所有权向量 $\mathbf{x}$，他的交换权利集 $E(\mathbf{x})$ 是一个向量集，其中的每一个向量他用商品向量 $\mathbf{x}$ 通过交换可以获得的商品向量。

(A1) $$E(\mathbf{x}) = \{\mathbf{y} \mid \mathbf{y} \in \mathrm{X} \ \& \ \mathbf{py} \leqslant \mathbf{px}\}.$$

从 X 到 Y 的函数 $E(.)$ 就是他的“交换权利映射”，或缩写为 E-映射。

需要做两点说明。第一，$\mathbf{x} \in E(\mathbf{x})$。第二，(A1)式中所说的交换并不意味着要卖掉 $\mathbf{x}$ 的全部，他可以保留其中的一部分（这并不影响保留者的交换可能性）。

设 $F \subseteq X$ 是满足规定的最低食物需要量的商品向量集合。在没有权利转移（如抢劫）的情况下，如果 $E(\mathbf{x}) \cap \mathrm{F} = \varnothing$，饥饿将会发生。所有权向量的“饥饿集”(starvation set)由这样一些向量构成，向量 $\mathbf{x}$ 的交换权利集 $E(\mathbf{x})$ 不含有满足最低食物需要量的向量。显然，S 依赖于 F 和“E-映射”。

(A2) $$S = \{\mathbf{x} \mid \mathbf{x} \in X \,\&\, E(\mathbf{x}) \cap F = \varnothing\}.$$

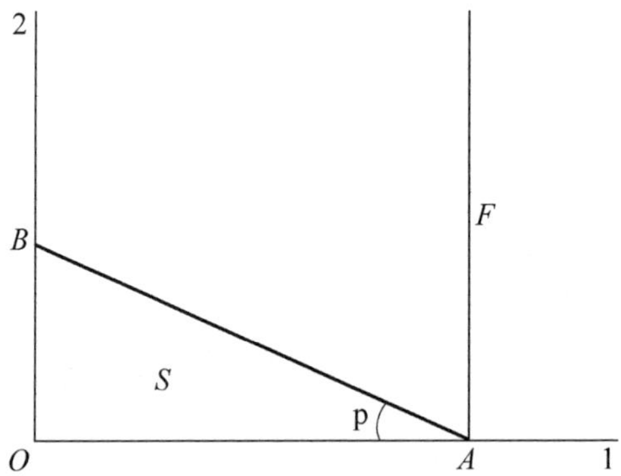

图 A1　饥饿集

为了简化分析，让我们考虑两种商品的情况，商品 1 代表食物，图 A1 中的线段 OA 代表最低食物需要。价格比率被给定为 p。饥饿集 S 就是图中的 OAB 区域。

在一般情况下，当食物不是一种商品而是多种商品时，“食物需要”可以以多种方式得到满足，令满足食物需要，即获得 F 中的任何一个向量的最低成本为 $m(\mathbf{p},F)$

(A3) $$m(\mathbf{p},F) = \min_{\mathbf{x}} \mathbf{px} \mid \in F(\mathbf{x}).$$

168 在这种情况下，饥饿集也可以被表示为

(A4) $$S = \{\mathbf{x} \mid \mathbf{x} \in X \,\&\, \mathbf{px} < m(\mathbf{p},F)\}.$$

最后，可以看出，我们可以 F 的确定中可以把偏好约束考虑进去(见第 2 章)。在把这些概念应用于与一般贫困相对的饥荒分析时，偏好约束只会起到十分有限的作用。在 F 的确定中，基本的非食物需要也可能被包括进去。

A.2 可变价格交换

如果这个人不是一个价格接受者，那么，上述简单模型就会失灵，尤其是方程(A1)、(A3)和(A4)不再成立。一般而言，我们可以用净成本函数(net cost function)$f(\mathbf{y},\mathbf{z})$描述交换可能性，代表购买 $\mathbf{y}$ 和出售 $\mathbf{z}$ 的净成本：

(A5) $f(\mathbf{y},\mathbf{z})$ 是一个实值函数，且 $f(\mathbf{0},\mathbf{0}) = 0$.

现在，E-映射可重新定义为：

(A6)$E(\mathbf{x}) = \{(\mathbf{x} - \mathbf{z} + \mathbf{y}) \mid \mathbf{y},\mathbf{z} \in X \ \& \ \mathbf{z} \leqslant \mathbf{x} \ \& \ f(\mathbf{y},\mathbf{z}) \leqslant O\}$.

其中 $\mathbf{z}$ 是这个人出卖的商品向量，$\mathbf{y}$ 是他购买的商品向量。显然，$\mathbf{x} \in E(\mathbf{x})$。

饥饿集仍由(A2)式给出，但要与(A5)、(A6)结合起来。

A.3 直接生产和贸易 169

一个人不仅可以把他所拥有的商品向量用于贸易或自己消费，而且还可以用于生产。他所面对的生产可能性可以用另一个从 X 到 Y 的映射来描述，对任意一个投入品向量 s，集合 Q(s)是可以用 s 生产出来的产量向量构成的集合。

(A7) $Q(.)$ 从 X 到 Y 的映射

且 $Q(\mathbf{0}) = \{\mathbf{0}\}$，由零向量构成的单位集。

现在，设想这个人拥有 $\mathbf{x}$，购买 $\mathbf{r}$ 作为投入，购买 $\mathbf{y}$ 用于消费，出卖 $\mathbf{z}$ 弥补购买成本，并用 $\mathbf{x}$ 的一部分 s 和购买的投入品 $\mathbf{r}$ 生产出

$\mathbf{q}$。交换映射可以被写成：

$$(A8)\ E(\mathbf{x}) = \{(\mathbf{x}-\mathbf{s}+\mathbf{q}-\mathbf{z}+\mathbf{y}) \mid \mathbf{r},\mathbf{s},\mathbf{y},\mathbf{z} \in \mathbf{X}\ \&\ (\mathbf{s}+\mathbf{z}) \leqslant (\mathbf{x}+\mathbf{q})\ \&\ \mathbf{q} \in Q(\mathbf{s}+\mathbf{r})\ \&\ f(\mathbf{r}+\mathbf{y},\mathbf{z}) \leqslant O\}.$$

函数 $f(.)$ 和 $Q(.)$ 的定义中可以把税、补贴、社会保险福利等考虑进去。

饥饿集仍然由(A2)与这些式子的结合给定。

A.4 特殊情况

现在，我们来考虑一些特殊约定，把(A2)、(A5)、(A7)和(A8)当作一般结构。

约定(Ⅰ)：　$\mathbf{r}=\mathbf{0}.$

约定(Ⅱ)：　$Q(\mathbf{s})=\{\mathbf{s}\}.$

约定(Ⅲ)：　$f(\mathbf{y},\mathbf{z})=\mathbf{p}(\mathbf{y}-\mathbf{z})$，其中 $\mathbf{p}$ 是一个非负 n 维向量。

如果我们约定了(Ⅰ)、(Ⅱ)和(Ⅲ)，我们就回到了 A.1 节所分析的情况，具有(A1)所描述的交换映射和(A4)所建立的饥饿集。如果只约定(Ⅰ)和(Ⅱ)，那么，我们所面对的情况是，没有直接生产，也没有固定的交换价格，这与 A.2 节所描述的情况基本相同。[1] 如果只约定(Ⅰ)，即只允许这个人用自己所拥有的资源进行生产，不允许他成为一个“企业家”，即他不可以购买投入品进行生

① 唯一的差别只是形式上的差别，即我们可以把这个人“从事的生产”看成是用 $\mathbf{s}$ 恰好生产出 $\mathbf{s}$，因此，$Q(\mathbf{s})=\{\mathbf{s}\}$。

产，那么，把（Ⅰ）与（Ⅲ）结合起来就可以得出与常见的生产和竞争 170
贸易相似的情况。如图 A2 所示，生产可能性前沿曲线是 CD，商品之间的交换比率由角 ABO 给定，OAB 则代表 $E(\mathbf{x})$。

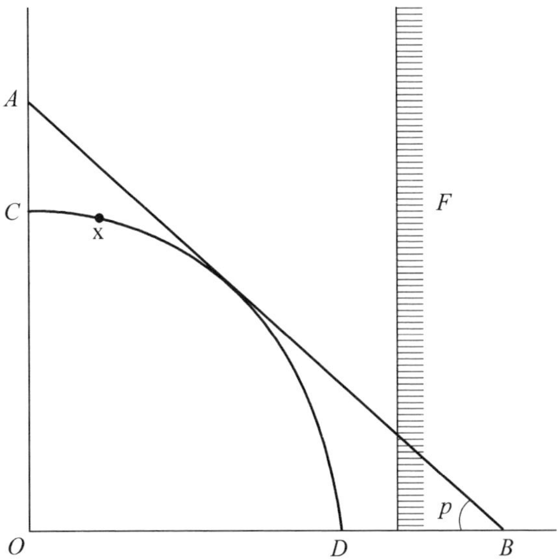

图 A2　自生产和竞争贸易同时存在情况上的权利集

A.5　经济地位和生产方式

没有土地的农业工人，除了自己的"劳动能力"之外，再也没有什么可以出售的东西，但他也不是为自己而生产。这就是约定（Ⅰ）、（Ⅱ）所包括的情况，即 A.2 节所讨论的情况。如果工资率和商品价格是固定的，那么，它可以简化为 A.1 节所讨论的情况，不过要加上约定（Ⅲ）。

小农场主用自己的资源从事生产，包括他的劳动力、土地等。

这对应于约定(Ⅰ)。但是,典型的小农场主,即使在贫穷的发展中国家中,也会从外面购买一些生产投入品,有时甚至雇工(尤其在农作物的收获季节)。因此,我们最好认为,约定(Ⅰ)只是一种夸张,真实情况只能在A.3节一般框架之内的一些模型中得以准确把握。

收益分成佃农也属于这一类。因为他也从事生产,得到部分产品[$Q(.)$现在必须被看作是他的报酬函数,而不是总生产函数],而且购买一些生产投入品。如果,地主提供了收益分成佃农劳动力之外的所有资源,那么,在这种情况下,约定(Ⅰ)成立,$Q(.)$就可以被解释为他自己劳动力的函数。

大农场主显然违背了上述任何约定。但是,如果他是一个在外地主(absentee landlord)[①],那么,就出现了一个新的约定:**s**中不包含自己的劳动力。如果在外地主按照一个固定的地租将其土地租出去的话,那么,这就对应于A.1或A.2节的情况,即在这个地主的交换权利中不涉及直接生产。如果他的土地是由收益分成佃农来耕种的话,那么,是否涉及直接生产将取决于这个地主是否参与生产决策。如果他参与生产决策,那么,他将面对$Q(.)$所提供的选择机会;如果他不参与生产决策,那么,他只是出售其土地所提供的要素服务而得到报酬,一旦签约,地主所得到的报酬将是不确定的,也是不受地主控制的。

类似的比较也可以在农业之外进行,例如,工业工人靠出卖劳动力维持生计,工业资本家主要通过购买的生产要素进行生产

① 不居住在产权所在地。——译注

等等。

当一个劳动者找不到工作时，权利问题取决于现有的社会保障制度。如果拥有有保障的失业救济，那么，由此产生的权利可以 171
被看成是与劳动力相关的特殊权利。在这种情况下，关于劳动力，我们需要一个双重价格集合，即如果这个人找到了工作，价格为工资率 w；如果他没有找到工作，价格为社会保障福利 b，且 $w>b$。这时，权利不是按照他所预计的方式发生，而是取决于他是否能够找到工作。重要的不是一个人的主观评价，而是实际可能性。这意味着，甚至在一个给定的市场环境中，不同职业工人的地位也存在着巨大差异，这取决于一个人的权利是否由其工资率（多种工资率）或由社会福利保障决定。在不存在社会保障系统的情况下，这种差别会更大。因为如果一个人不能找到工作，其劳动力的交换权利将等于零。① 172

A.6　自生产权利
(own-production entitlement)

在 A.1 节和 A.2 节中，我们只在贸易的意义上讨论了一个人的交换权利。后来，我们把生产结合到权利的一般性框架之中，并把生产当作交换的一种形式（与“自然”的交换）。但是，从某种意

① 这是“交换权利”概念不能被简化为“贸易条件”的衍生理由之一，因为贸易可能性本身就是交换权利的一部分，包括非贸易（如失业）；另一个理由是，交换权利还包含着生产可能性。

义上讲，把纯贸易产生的权利与没有贸易的生产产生的权利区别开是很有意义的。“纯贸易权利关系(pure trade entitlement relation)”$T(.)$完全可以像没有生产可能性的情况下交换权利的定义那样来进行定义，唯一的差别在于，这里，生产可能性能够存在，但没有在 T 映射中得到反映。

(A9) $T(\mathbf{x}) = \{(\mathbf{x}-\mathbf{z}+\mathbf{y}) \mid \mathbf{y},\mathbf{z} \in X \ \& \ \mathbf{z} \leqslant \mathbf{x} \& f(\mathbf{y},\mathbf{z}) \leqslant 0\}$.

另一种纯粹的情况是没有任何贸易的生产，由此可以引出“自生产权利关系(own-production entitlement relation)”$P(.)$。在第 5 章中，$P(.)$也被称为“直接权利关系”。

(A10) $P(\mathbf{x}) = \{(\mathbf{x}-\mathbf{s}+\mathbf{q}) \mid \mathbf{s} \in X \& \mathbf{s} \leqslant \mathbf{x} \& \mathbf{q} \in Q(\mathbf{s})\}$.

不难看出，$T(\mathbf{x}), P(\mathbf{x}) \subseteq E(\mathbf{x})$，但 $E(\mathbf{x})$一般来说并不属于 $T(\mathbf{x}) \cup P(\mathbf{x})$。还应注意的是，$\mathbf{x} \in T(\mathbf{x}) \cap P(\mathbf{x})$。

“自生产权利关系”提供了这样一种思路，即什么样的人可以完全不依赖于他之外的经济运行而生存。如果 $P(\mathbf{x}) \cap F$ 是一个非空集合，那么，一个人就可做到这一点，即无论他之外的经济如何运行，他都不会挨饿。当贸易关系因为整个经济的运行而剧烈波动时，这一思路就具有重要意义。这种情况常常发生在饥荒时期。$P(\mathbf{x}) \cap F \neq \varnothing$的情况将被称为“不依赖贸易的保障(trade-independent security)”。

在“一般均衡理论”文献中，典型的假设就是每个人都拥有“不依赖贸易的保障”。正如 1957 年库普曼斯(Tjalling Koopmans)在一篇文章中所指出的那样，“他们假设，每一个消费者，如果有必要的话，依靠自己所拥有的资源和直接使用自己的劳动力，不参与交

换就可以生存，而且还有一些剩余可用于交换”（第 59 页）。[①] 但 173
是，这是一个十分苛刻的假设，当今社会中的绝大多数人都不能满足这一假设。拥有土地和生产粮食所必需的其他资源的农民的确拥有这种“不依赖贸易的保障”，而只能出卖劳动力的工业工人则显然无法满足这一假设。除非拥有大量的食物库存，否则工业资本家也无法满足这一假设，因为他支配食物的能力来自交换，而不是直接持有“自生产权利”。

即使在农业经济中，无土地的农业工人除了出卖自己的劳动力外也没有其他生存的机会，但是，他们的地位与农民的地位有很大差别。事实上，正是由于除了劳动力之外没有任何东西可出卖的工人阶级不断壮大（即马克思主义体系中作为商品的劳动力），造成了“不依赖贸易的保障”的普遍缺乏，正如本书第 5 章中所论述的那样，对于饥荒的脆弱性与这一缺乏的普遍性有很大关系。在一个庞大的工资劳动者阶级出现之后、而社会保障制度建立之前的经济发展阶段更容易发生饥荒。[②]

最后，对没有土地的农村人口来说，交换权利还严重依赖于租期的制度安排（tenancy arrangements）。土地保有权（Security of tenure）的安全性提供了一种权利，虽然形式上涉及贸易，但这种权利可以被看作某种类似的“自生产权利”。在这方面，拥有安全的“土地保有权”的收益分成佃农甚至比农业工人更容易避免饥荒

① 也可参阅阿罗和哈恩（1971），第 116—122 页。

② 阿马蒂亚·森（1980d）分析了“纯交换系统变迁（pure exchange system transition）”中的一些问题。

的威胁,因为后者更容易被解雇。收益分成佃农的另一个优势是,其报酬是实际产品的一部分,如果他的产品恰好是粮食,那么,他们就不会像取得货币工资的农业工人那样依赖于变幻莫测的市场。当然,从另外一个角度来看,饥荒威胁的减少可能与收益分成佃农较严重的"被剥夺"同时存在。

附录B　交换权利的一个例证性模型 174

B.1　概括性评论

在现实经济中，由于——经济、社会和政治等多种因素影响着净成本函数 $f(.)$和生产可能性曲线 $Q(.)$等，因此对每一职业组来说，交换权利的决定都是一个复杂的过程。正如本书正文中所分析的那样，这一过程还依赖于公共经济机构的运行。在这里，我并不打算为交换权利的决定建立一套一般性的理论（附录A也只是描述了交换权利，而不是交换权利的决定），只是想借助某些简单的模型更方便地讨论这一问题的本质。在本节中，我将介绍两个模型，一个模型是根据1800年马尔萨斯的《目前粮食价格居高不下的原因探索》(*An Investigation of the Cause of the Present High Price of Provisions*)建立起来的；另一个模型则试图模拟1943年孟加拉饥荒的某些重要方面。

B.2　马尔萨斯关于济贫法与谷物价格的看法

毫无疑问，马尔萨斯对1800年粮食短缺的分析是对其两年前所提出的"人口理论"的补充：

> 那么，除了人口的增加之外，我们还能把这个国家不能养活其国民的现象归因于什么呢？我认为，最近出现的因农作物歉收而承受的巨大贫困压力，都是对我在《人口原理：它对社会进步的影响》（*An Essay on the Principle of Population, as It Affects the Future Improvement of Society*）一文中所阐述的原理的有力例证。那时，许多读者认为，我的人口原理只不过是猜想而已，并不能应用于现实社会，因为它与当时关于这一问题的流行观点是不一致的。两年来的反省大大增强了我的信心，我认为，我最先提出的这一原理是正确的，它是社会中下层阶级持续贫困的真正原因，是为救济他们而建立的制度总是不能满足他们的需要的原因，也是我们所遭受的周期性贫困的原因。[①]

除了粮食短缺的原因来自人口增长这一观点之外，马尔萨斯还提出了一种将粮食短缺与价格变化和粮食分配联系起来的理论，不过，这一理论与粮食短缺的**根源**之间并没有什么联系。在本
175 节中，我所关注的正是这一理论，而不是马尔萨斯的人口理论。

马尔萨斯关于粮食价格调整的分析有两个值得注意的特征：第一，为了使现有的供给得以维持，粮食价格必须大幅度上涨以迫使过多的需求者退出市场。价格上涨不是由投机行为造成的，而是价格机制发挥了它调节需求以适应供给的作用的结果。

> 现在，大家似乎都承认，尽管收获期比原来预计的 6 月初

① 马尔萨斯(1800)，第 25 页。

> 提前了近一个月，但在收获期开始前的这一时期内，人们拥有的旧谷物存量却非常小。这清楚地表明，根本不存在损害这个国家经济的谷物投机活动。大农场主和谷物加工厂所做的只是提高价格，而价格的提高会减少人们的正常消费量，这样才能使粮食供给维持到下一年。[①]

第二个特征是，街区补贴体系（the system of parish allowances）的运作使得减少穷人对粮食的需求更为困难，因此造成粮食价格的更大幅度上涨。

> 通过街区补贴所给予穷人的购买力有力地影响了谷物价格。尽管价格极高，他们仍然有能力购买。

当然，马尔萨斯并不是因为这一点才谴责街区补贴的，而是认为，穷人对粮食价格上涨的抱怨是极为荒谬的。

> 然而，我根本没有根据我原有的观点来推测街区补贴体系已经危害了这个国家；或者说，在这个国家中，就这一体系迄今所追求的目标而言，它并不是实际情况所允许的最好救济模式。一般来说，正如我在其他场合所表明的那样，我对《济贫法》体系是深恶痛绝的，但是，我不得不承认，在目前这种情况下，这一体系的运作对这个国家是有好处的。它们的

① 马尔萨斯（1800），第16页。需要说明的是，马尔萨斯赞成“投机会起到稳定作用”的观点（其理由是如果投机者“进行了错误的投机，他们就会遭受惨重的损失”）是与今天人们所认为的投机是一种稳定性活动的观点相一致的。事实上，马尔萨斯在很多年以前就预测到了约翰·斯图亚特·穆勒的类似观点。不过，人们却以为，关于投机活动的稳定性作用的观点是由穆勒提出来的。（关于这一观点的局限性，见哈特，1977。）

> 最大好处恰恰是人们强烈抗议的东西——所有生活必需品的
> 176 高价。对这一高价，穷人叫苦连天。但是，他们很少意识到他们正在干什么；正是由于这一高价，他们中的很多人才避免了挨饿。[①]

的确，在街区补贴体系中，马尔萨斯看到了这样一个机制，它会使因短缺造成的价格上升成为一个几乎永无尽头的价格上升过程。

> 穷人向法官们申诉道，他们的工资不足以使他们为其家庭买一片面包。法官们都非常富有同情心地倾听他们诉苦，询问按当时的小麦价格至少需要多少钱才能供养其家庭，并对街区颁布了救济令，而我也不好发出不协调的声音。短期内，穷人能够买得起他们所需要的正常的面粉数量。但是，即使考虑到进口，这个国家的粮食储存量也不足以让每个人都得到正常的消费量。这时，粮食消费得太快了。在每个交易日中，需求都大于供给。而且，做粮食生意的人会据此事件得出一个月或两个月之后粮食的稀缺程度会比目前更严重的结论。有能力保存其谷物的人自然会囤积一些谷物……，谷物价格自然又要上涨，穷人将再次陷入贫困。穷人会再次向法官诉苦，新的救济又会被通过，但是，就像水从坦塔罗斯(Tantlus)[②]嘴边流过一样，谷物仍然从穷人的手边滑过，于

① 马尔萨斯(1800)，第18—19页。

② 希腊神话中宙斯之子，因泄露天机被罚立在齐下巴深的水中，头上有果树。但当他口渴欲饮时，水即流失；腹饥欲食，果子就被风吹去。——译注

> 是，价格将再次上升到穷人没有能力养活家庭的水平上。结果，恐慌更严重，更普遍……。随着政府救济的增加以及下等阶级人们所持有的货币的增加，消费也会增加，而在当时的价格水平上，需求量将超过供给量，于是，谷物价格将继续上涨。①

马尔萨斯最反对的政策建议是，通过稳定支付给穷人工资与粮食价格之间的比例关系，使穷人避免价格上涨的影响。他指出，这样做可能会把中产阶级也拖向贫困。

> 在众议院，有人多次建议，使劳动力的价格与生活必需品的价格按同等比例上升。虽然它不是一个好的计划，但在丰收年份或在一个粮食出口国，还是可以忍受的。不过，让我们来看一看在一个粮食真正短缺的国家，它会起到什么作用。为了便于说明，假设按照法律，每一职业中劳动者的工资都完全与谷物的价格成比例，而富人则要尽最大可能支持失业者 177
> 达到同样的生活水平，并由街区负担。我们还需要设定稀缺的程度，比如，所有生活必需品都减少四分之一……。这样，社会中的中产阶级很快就会陷入与穷人一样的贫困状态。由于粮食高价意味着需要更多的收入转移来救济穷人，富人们也很难在生活必需品价格奇高的压力下支持很久。毫无疑问，谷物商和农场主将是最后的受害者，但在一年中的大部分时间，他们用左手收到的东西，必须用右手再送出去。结果，

① 马尔萨斯(1800)，第 11—13 页。

> 所有的物品的价格都会疯狂上涨。所有的人都会有相同数量的货币;所有的人都会挨饿。[①]

马尔萨斯赶紧安慰他的读者(他们中的绝大多数既不是"所有物品价格疯狂上涨"的收益者,也不是粮食短缺使所有人分享饥饿现象的收益者):"无需担心,这样悲惨的事件在任何时候、任何国家都不会发生"(第 18 页)。

马尔萨斯所做的分析可以用一个简单模型来描述。这一模型包括《济贫法》对价格的影响,以及对不同阶级交换权利的影响,而且包含着马尔萨斯所担心的"悲惨事件"发生的可能性。令富人和穷人的人均收入分别为 y_1 和 y_2,他们的人数分别为 n_1 和 n_2。穷人的收入包括工资收入 w 和来自济贫的转移收入 t,富人的收入则等于他们的货币收益 u 减去为实施《济贫法》他们必须支付的数额。收入转移的目标是,如果可能的话,使穷人能够在现有价格水平 p 上购买适当的粮食配给量 r。马尔萨斯所设想的"悲惨事件"是指这样一种可能性,即只要富人比穷人更富,收入转移就不会停止。

在这一特殊情况中,我们仅考虑富人和穷人对谷物的交换权利,它们分别是 e_1 和 e_2:

(B1) $$e_i = y_i/p, \quad i = 1,2$$

(B2) $$y_1 = u - (tn_2/n_1), \quad y_2 \leqslant y_1.$$

(B3) $$y_2 = w + t.$$

① 马尔萨斯(1800),第 17—18 页。

如果《济贫法》规定的收入转移 t 不足以提供穷人享受适当的配给量 r 所需的交换权利，那么，只要富人的收入 y_1 高于 y_2，t 就会向上调整。因此，存在两个备选均衡条件，即： 178

(B4) $$e_2 = r \quad \text{或} \quad y_1 = y_2.$$

只要 $e_2 < r$，且 $y_2 < y_1$，转移收入 t 就向上调整。

最后，在这种情况下，马尔萨斯所考虑的价格决定模型是一个简单的模型。在这一模型中，价格高到足以满足对给定的谷物供给的货币需求。假设穷人把所有收入都用于购买谷物，而富人只把其收入的比例 $c \leqslant 1$ 购买谷物，那么，总货币需求为：

(B5) $$D = cy_1n_1 + y_2n_2.$$

对给定的谷物供给量 q，谷物的价格为：

(B6) $$p = D/q.$$

根据(B1)、(B5)和(B6)，穷人的交换权利为：

(B7) $$e_2 = (y_2q)/(cy_1n_1 + y_2n_2).$$

如果 e_2 大得足以满足配给量 r，那么，均衡状态可以在富人不至于被拖累到穷人水平的地方建立起来。这是马尔萨斯所考虑的情况之一，而且他评价了《济贫法》关于收入转移对谷物价格的影响。不难看出，谷物价格的确与转移收入 t 正相关，对给定的 $c<1$：

(B8) $$p = \{cun_1 + wn_2 + tn_2(1-c)\}/q$$

正是对这一关系的认识激起了马尔萨斯的愤怒，当穷人"抱怨谷物价格太高"时，他们"很少意识到，他们所抱怨的是什么；正是因为这一高价才使他们中的很多人免受饥饿"。马尔萨斯还描述了这样一个均衡实现过程：当转移收入 t 必须增加时，谷物价格随之上升，价格的上升导致转移收入 t 必须进一步增加。虽然在这里我们没有具体给出动态分析模型，但完成它并不困难，而且还可以以不止一种方法来完成。

马尔萨斯所考虑的另一种情况是"悲惨事件"，即在均衡状态下 $y_1=y_2$："所有人都有相同数量的货币。"这一结果是由以下两个方面的结合造成的：第一，使穷人的收入与"生活必需品的价格"按比例增加，从而使他们有能力充分满足其粮食需求，以完成济贫计划；第二，"这个国家所有生活必需品都不可挽回地减少了四分之一"。我们可以不理会四分之一这个随意的数字，重要的是粮食供
179 给量 q 不足以让所有人都得到正常的配给量 r，即：

(B9) $$q<(n_1+n_2)r.$$

把(B9)代入(B7)，得：

(B10) $$e_2<\{y_2(n_1+n_2)r\}/(cy_1n_1+y_2n_2).$$

假设，只要富人的收入不比穷人的收入低，即 $y_1\geqslant y_2$，富人在粮食上的支出就不会少于穷人在粮食上的支出，即 $cy_1\geqslant y_2$，那么，由(B10)可得，$e_2<r$。假设当 y_1 接近于 y_2 时，c 趋向于1，那么，均衡状态只能是 $y_1=y_2$，$c=1$，即"所有人共同挨饿"的"悲惨事件"就会发生，这时就不再是只有穷人才挨饿了。

在马尔萨斯模型的这一阐释中，价格上升对谷物出售者的影响没有被考虑进去。当然，这很容易做到，最简单的做法是令 u 和 w 随价格 p 上升，并且，这样做对我们的两个命题都没有影响。t 的增加将会导致一个"货币支出乘数效应"(money-expenditure multiplier effect)，它会加强 t 的直接价格上升效应。$e_2=r$ 或 $y_1=y_2$是唯一可能的均衡状态的理由基本不受影响。

B.3　一个关于社会阶层之间分配和交换权利的模型

马尔萨斯的模型是一个粮食供给被看作是给定的短缺价格决定模型。对于粮食供给量被几个月之前的农作物产量给定的饥荒情况来说，这一假设仍然成立。为了用一个简单的相互联系模型来说明 1943 年的孟加拉饥荒的一个重要方面，我将保留这一假设。但是，人口分类必须不同于马尔萨斯把不同经济地位的人分成不同阶级的做法。而且，我们还必须研究交换的“循环”(circularity of exchange)。

接下来，我们假设一个经济体是由五个阶级组成，分别用指标 1、2、……5 记。它们是：

1. 农业资本家和地主；

2. 农民；

3. 城市和半城市工人(城市工业劳动力、军事建筑工人和城市临时工等)；

4. 农村工人(农业工人)；

5. 农村家庭生产者(农村服务业从业人员、工匠等)。[①] 180

当然，这是一个相当极端的简化(与第 6 章的分类相比)，不

① 在这一模型中，工业资本家没有被考虑在内。实际上，在城市和半城市劳动力的就业和工资率的决定中，以及在粮食配给背后的政治经济关系中，他们当然发挥着作用。但是，当涉及他们自己的需求时，我们假设，工业资本家对粮食的需求以及对农村家庭产品的需求相对于总需求来说都是可以忽略不计的。

过，这一分类足以说明就交换权利的悬殊变化。

每一职业组的人数记为 n_i，$i=1,\cdots,5$。农民的人均粮食产量记为 q_2，有土地的非农民的人均粮食产量记为 q_1。有保证的和无保证的工人的货币工资率分别记为 w_3 和 w_4。农村家庭生产者的人均货币收入记为 v。产品的实物单位被看作每人一单位(因此产品的价格就是 v)。

粮食价格由对上市的粮食供给量的货币需求量决定，而供给则由非农民和农民产量中的上市比例 m_1 和 m_2 决定。

(B11) $$p = D^f/(n_1 m_1 q_1 + n_2 m_2 q_2).$$

对市场上的粮食供给量的货币需求量来自城市和半城市工人、农村工人和农村家庭生产者，他们的货币需求分别记为 D_i^f，$i=3,4,5$。因此，

(B12) $$D^f = \sum_{i=3}^{5} D_i^f.$$

职业组 5 的家庭产品价格也是由对其供给量的货币需求 D^v 决定的，由于实物单位是每人一单位，农村家庭产品的供给量就是 n_5。D^v 由来自这职业组的需求构成。因此，

(B13) $$v = D^v/n_5.$$

(B14) $$D^v = \sum_{i=1}^{5} D_i^v.$$

181 接下来，我们分析需求关系。假设农业资本家(包括地主)和农民在农村家庭产品上的货币占其总货币支出比例分别为 h_1 和 h_2。城市和半城市工人的工资受到工资政策的保护——或者按政府规定的价格配给，同时，政府的粮食补贴实行实际收入补贴(见

第6章)——通过这种方式,他们中的每一个人都可以获得r数量的粮食。他们不需要任何农村家庭服务或产品。农村工人把其收入比例 c_4 用于购买粮食,比例 h_4 用于购买农村家庭产品,且 $c_4+h_4=1$。农村家庭生产者把其收入比例 c_5 用于购买粮食,比例 h_5 用于购买农村家庭产品,且 $c_5+h_5=1$。(我们假设农村家庭也要通过市场来获得本部门的一些产品,因为农产品种类繁多,不可能每个家庭都能够生产它所需要的所有产品。)

(B15) $$D_i^v = q_i n_i m_i p h_i, \quad i = 1,2.$$

(B16) $$D_3^f = n_3 r p.$$

(B17) $$D_4^f = n_4 w_4 c_4.$$

(B18) $$D_4^v = n_4 w_4 h_4.$$

(B19) $$D_5^f = n_5 v c_5.$$

(B20) $$D_5^v = n_5 v h_5.$$

(B21) $$D_1^f = D_2^f = D_3^v = 0.$$

根据(B13)、(B14)、(B15)、(B18)和(B21)可解出农村家庭产品的价格:

(B22) $$v = [p(n_1 m_1 q_1 h_1 + n_2 m_2 q_2 h_2) + n_4 w_4 h_4] / n_5 (1 - h_5)$$

用(B11)、(B12)、(B16)、(B17)、(B19)和(B21)以及 $c_i+h_i=1$, $i=4,5$,可以证明,粮食的价格为:

(B23) $$p = n_4 w_4 / [n_1 m_1 q_1 (1 - h_1) + n_2 m_2 q_2 (1 - h_2) - n_3 r].$$

在这一短期模型中,如下参数被看成是固定不变的:产量 q_i,

市场份额 m_i，人数 n_i 以及消费比例 h_i 和 c_i。农村工人的货币工资 w_4 也被看成是固定不变的，工资支付是季节性的，而且已经被支付。军事支出所导致的城市和半城市活动的扩展，如与军事工业、建筑有关的经济活动，所带来的一些差异也值得考虑。这些活动的最简单特征是 r 的增加，即城市部门的有保证配给量增加。（1943 年，发生在孟加拉的很多变化就表现为把劳动力从一个工资毫无保证的职业吸引到一个有希望的部门。加尔各答的工业劳
182 动力和一般居民的基本粮食配给也有了一定的保证，这是通过国家的分配政策以及对零售价格补贴来实现的，见第 6 章。这些正是我们的简单模型努力模仿的。）

不难看出，根据(B22)和(B23)，可得

(B24) $$\frac{\mathrm{d}p}{\mathrm{d}r} > 0\text{，而且}\frac{\mathrm{d}v}{\mathrm{d}r} > 0.$$

这是一个很直接的结果，但是，一个更有意义的问题是，r 的增加对各阶级人民的交换权利有什么影响。交换权利 $E(\mathbf{x})$ 指定了一个商品向量集，该集合中的任何一个商品组合都是向量 $\mathbf{x}$ 所有者可以支配的（见附录 A）。在这里，我仅仅分析每一阶级 i 的典型成员能够购买的粮食总量 e_i。

受保护的城市劳动力的人均交换权利 e_3 就是配给量 r。农民的交换权利 e_2 是其人均产量。农村劳动力的交换权利 e_4 是工资率 w_4 能够购买的数量，而农村家庭生产者的这一相应数字 e_5 是 v 能够购买的数量。农业资本家和地主的交换权利决定于 q_1 减去为了支付阶级 1 的人均工资，即农村劳动力的工资，必须出售的粮食数量。

(B25.1) $$e_1 = q_1 - (n_4 w_4 / n_1 p) = q_1 - e_4 (n_4 / n_1).$$

(B25.2) $$e_2 = q_2.$$

(B25.3) $$e_3 = r.$$

(B25.4) $$e_4 = (w_4/p)[n_4 h_4 (w_4/p)].$$

(B25.5) $$e_5 = (v/p) = [n_1 m_1 q_1 h_1 + n_2 m_2 q_2 h_2 + (w_4/p)]/n_5(1 - h_5).$$

根据(B24)和(B25),r 的增加的影响是:

(1) 增加农业资本家等的交换权利 e_1;

(2) 农民的交换权利 e_2 不变;

(3) 受保护的城市劳动力的交换权利 e_3 增加;

(4) 农业劳动力的交换权利 e_4 减少;

(5) 农村家庭生产者的交换权利 e_5 减少。

这一简单模型只是描述 1943 年的孟加拉饥荒的一个方面,而且这一个方面在饥荒的第一阶段要比第二阶段表现得更为明显(见第 6 章)。饥荒的第二阶段主要受投机活动的主导,上述模型则完全不考虑投机活动。

粮食市场上的投机活动减少,即 m_1 和 m_2 的值变小,将会加强 183
上述影响(见 B15.1—25.5)。与正常年份相比,在饥荒的第一阶段也可以观察到粮食市场上投机活动的减少(见第 6 章)。但是,要分析饥荒第二阶段中粮食市场上的投机活动以及因恐慌而产生的市场走势,我们必须对上述模型进行更彻底的修正。

我用以下五点说明来结束这一节:

第一,只要 1943 年的产量(包括 1942 年 12 月的收获)低于正常年份,那么,与正常年份相比,农民的状况就会恶化。上述分析假设其他条件没有发生变化,虽然它说明了饥荒影响到大多数农业工人，农村服务以及工匠服务的提供者，但它没有说明其他职业组也受到了影响。就农民来说，还有一个值得注意的事实是，受商人所出的比通常高的价格的诱惑，有些农民会过早地出售了他们的粮食，后来他们却不得不以高得多的价格再买回自己需要消费的粮食。这一动态过程需要一个更完善的模型来描述，尤其是在饥荒的第二阶段。

第二，在这一模型中，农业工人的困境只被描述为工资可支配粮食数量的减少，[①]另一个特征是就业机会的减少，而对此并没有提供肯定的数据而只有非正式的证据。对于失业者来说，这当然会使其交换权利迅速下降。

第三，虽然城市工人受到了较为充分的保护，但并非在整个饥荒时期都是如此，也并非对所有城市工人都是如此。另外，这一模型把一个真实特征夸大为一个过于简单的一般特征。或许，需要说明的是，1943 年加尔各答的城市工人所享受到的保护是非同寻常的，在思考这一模型对其他饥荒所具有的意义时，不同阶级的经济活动必须给予不同的描述。

第四，这一模型是一个单一时期的相互依赖模型。用一个多时期相互依赖模型来分析这种相互依赖性也是可行的，甚至可以考虑把这些结果结合起来。

184 第五，在这一模型中，农村家庭生产者的交换权利下降最终归因于其他职业组即农业工人的贫困。这一相互依赖性由以下事实

① 在这一模型中，货币工资 w_4 被看成是固定不变的；而实际上，w_4 是会随粮食价格的上升而增加的，只是工资的增加赶不上粮食价格的上涨(见第 6 章)。

而加强，即农业工人的贫困会导致其大量收入用于购买粮食的 h_4——非粮食支出比例——下降，从而使农村家庭生产者更加贫困。这一模型对这种相互依赖性的描述当然是过于简化，但是，正如我们在第 5 到第 10 章所讨论的那样，“派生贫困”这一具有普遍性的现象是饥荒的特征之一，需要更多地给予关注。这一特征正是本节所分析的相互依赖性的结果之一。

185

附录C 贫困的度量

C.1 贫困缺口和贫困人口比率

假设某一社会中有 n 个人，用 S 记这个社会中的所有人所构成的集合，其中，第 i 个人的收入记为 y_i，贫困线为 π，收入水平不高于 π 的人就被视为穷人，穷人所构成的集合记为 $T \subseteq S$。假设 T 中有 q 个穷人，他们按收入从高到低排序，T 中第 i 个人的序号为 $r(i)$，意味着他是穷人中第 $r(i)$个最富的穷人。等收入者的顺序可以被任意指定，不过，一旦顺序被指定，$r(i)$就成为一个严格排序。

T 中第 i 个人的收入缺口记为 g_i，那么

(C1) $$g_i = \pi - y_i.$$

穷人的总收入缺口记为 g，则

(C2) $$g = \sum_{i \in T} g_i.$$

两个标准贫困度量，贫困人口比率度量 H 和收入缺口比率度量 I，分别为

(C3) $$H = q/n.$$

(C4) $$I = g/q\pi.$$

假设穷人的平均收入水平为 y^*，他们的平均收入缺口为 g^*，则

(C5)
$$y^* = \sum_{i \in T} y_i / q$$

(C6)
$$g^* = \pi - y^* = g/q$$

收入缺口比率也可以被写成：

(C4*)
$$I = g^* / \pi$$

现在，让我们考虑如下贫困度量公理的合理性。任取两个收入向量 $\mathbf{x}$ 和 $\mathbf{y}$，第 i 个人的收入分别为 x_i 和 y_i，这两个收入向量的贫困度量分别为 $P(\mathbf{x})$ 和 $P(\mathbf{y})$（π 和 S 被给定）。在本附录中所提到的所有公理中，人口集 S 和贫困线都被假定。$T(\mathbf{x})$ 和 $T(\mathbf{y})$ 是 S 中分别对应于收入向量 $\mathbf{x}$ 和收入向量 $\mathbf{y}$ 的穷人集合。

单调性公理(Monopolity Axiom)　如果对于某些 $j, j \in T(\mathbf{x}) \cap$
$T(\mathbf{y})$：$x_j > y_j$，而且，对所有 $i \in S, i \neq j$：$x_i = y_i$，那么，$P(\mathbf{x}) < P(\mathbf{y})$ 186

弱传递性公理(Weak Transfer Axiom)　如果对于某些 $j \in [\{T(\mathbf{x}) \cap T(\mathbf{y})\} \cup \{(S - T(\mathbf{x})) \cap (S - T(\mathbf{y}))\}]$，且 $k \in T(\mathbf{x}) \cap T(\mathbf{y})$：$[(x_j > y_j \geqslant y_k > x_k) \& (x_j - y_j = y_k - x_k)]$，且对所有 $i \in S, i \neq j, k$：$x_i = y_i$，那么 $P(\mathbf{x}) > P(\mathbf{y})$。

单调性公理是说，在其他条件不变的情况下，贫困线以下的某个人的收入减少，必然意味着贫困度量值的增加。弱传递性公理是说，从一个较富的人向一个穷人转移收入，而且收入转移后二者都不跨越贫困线，那么，贫困度量的取值必然会变小。[①]

① 在阿马蒂亚·森(1976a)中，“传递公理”更为苛刻。它表现为，即使从一个富人向一个穷人转移收益使得富人落在贫困线之下，因而增加的贫困人口，也要求贫困度量的值变小。从某种重要意义上讲，这使得贫困度量的取值不依赖于贫困线以下的人数。但因此又引出了其他一些新问题(见本附录第3节)。

不难看出,贫困人口比率度量 H 既不满足单调性公理,也不满足弱传递性公理。H 不会因为一个穷人的收入下降而变化,也不会随弱传递性公理中所设想的收入转移而变化。[①] 事实上,反向的收入转移,即从穷人向比较富的人的收入转移,要么使 H 保持不变;要么使其下降,但永远也不会使其上升。收入缺口比率 I 满足单调性公理,但是,当 j 总是落在贫困线之下,即 $j \in T(\mathbf{x})$时,它不满足弱传递性公理。因此,H 和 I 的任何函数 Ψ 都无法满足弱传递性公理。事实上,对于穷人之间的收入分配变化,H 和 I 都是不敏感的。

然而,H 和 I 都满足第 2 章中所讨论的贫困度量的一个可能性质,即贫困的度量与贫困线之上的人的收入水平无关。也就是说,无论富人的收入如何增加都不会比穷人的收入下降更重要。

核心公理(Focus Axiom) 如果对任意 $i \in T(\mathbf{x}) \cup T(\mathbf{y})$,$x_i = y_i$,那么,$P(\mathbf{x}) = T(\mathbf{y})$。

核心公理是基于如下观点提出来的,即贫困的度量是穷人的事,而不是整个国家的普遍性贫困,它不能反映相对贫困状况,即要消除穷人的收入缺口需要多大比例的富人收入转移,[②]因为即使穷人仍像原来一样贫困,当富人变得更富时,要消除穷人的收入
187 缺口需要富人转移收入的比例就会变小。

---

① 相反:"它(新济贫法)的唯一结果是,原来 300 万—400 万半依赖救济的贫民,现在变成了 100 万完全靠救济的贫民,其余的半依赖救济贫民失去了救济。农村地区的贫困每年都在增加着"(恩格斯,1892,第 288 页)。

② 关于这方面的政策分析,可参见阿南德(1977)和贝克曼(1979a、1979b)。

C.2　贫困度量P的公理化推导

在第3章中，我们曾经非正式地讨论过贫困度量 P 的推导方法。这一方法的合理性可以通过引入序数个人福利（personal welfare in ordinal terms）（也可以是更严格的基数福利）来说明，或者根据收入分配直接进行公理化推导。在我早期的文献（阿马蒂亚·森，1973b、1976a）中，我使用的是前一种方法；在这里，我将使用较为简单、直接的收入分配方法。

我们可以把贫困看作穷人的贫困缺口的加权平均：

(C7)
$$P = A(n, q, \pi) \sum_{i \in T} v_i g_i.$$

其中，v_i 是第 i 个人的贫困缺口 g_i 的权重，$A(n, q, \pi)$ 是一个正规化参数，它依赖于总人数 n、穷人人数 q、贫困线 π。注意，我们并没有指定 v_i 只能依赖于第 i 个穷人的贫困缺口 g_i 或其收入水平 y_i，因此，尽管有表面上的可加形式，(C7)式并没有引入可分离性的要求。

考虑到相对贫困概念（见第3章），我们可以合理地认为第 i 个穷人贫困缺口的权重 v_i 取决于这个人与同一参照组中其他人的相对地位。如果参照组是穷人组，那么相对地位就是第 i 个人在穷人集合中的排序 $r(i)$。这是权重 v_i 的一个重要决定因素。接下来，v_i 能够被构造成 $r(i)$ 的增函数，这样，权重就代表着第 i 个人在穷人集合中的排序。这类函数的最简单形式是恒等函数（或称单位函数）$m = f(m)$。

排序的相对贫困公理（Ranked Relative Deprivation Axiom）（公理 R） 贫困的一个度量是

$$P = A(n, q, \pi) \sum_{i \in T} v_i g_i$$

其中 v_i 是第 i 个人的贫困缺口的权重，它等于第 i 个人的收入在穷人中的排序：

(C8) $$v_i = r(i)$$

正如我们在第 3 章中所描述的那样，这一规则与伯达（1781）所使用的序号权重，在想法上是一致的。[①]

在这一阶段用到的其他公理是基于如下想法提出来的，即贫
188 困人口比率度量和收入缺口度量对穷人内部的收入分配不敏感，而当这一收入分配问题不存在时，它们的结合就是充分的。因此，当所有穷人都有相同的收入时，H 和 I 的结合应该是完全充分的。将二者结合起来的最简单方式是取二者的乘积，同时，这也给出了一个简便的标准化。

标准化绝对贫困公理（Normalized Absolute Deprivation Axiom）（公理 A） 如果对所有 $i \in T$：$y_i = y^*$，那么，

(C9) $$P = HI.$$

定理 C1 在有大量穷人存在的情况下，满足公理 R 和公理 A 的唯一贫困度量是：

(C10) $$P = H\{I + (1 - I)G\}.$$

---

① 在对实际收入进行收入分配敏感性比较时，一个类似的公理的应用，可见阿马蒂亚·森（1976b）。关于这方面的一般性分析，可见格拉弗（1977）、哈蒙德（1978）、奥斯曼尼（1978）、阿马蒂亚·森（1979a）、马莱斯（1980）、布罗德和默利斯（1980）。

其中，G 是穷人内部的收入分配的基尼系数。

证明：在(C7)中，对所有 i，令 $g^*=g_i$，得

(C11) $$P=\frac{1}{2}\{A(n,q,\pi)g^*q(q+1)\}.$$

该式与(C3)、(C4*)和(C9)结合，得

(C12) $$A(n,q,\pi)=2/(q+1)n\pi.$$

结合(C7)、(C8)和(C12)，得

(C13) $$P=\frac{2}{(q+1)n\pi}\sum_{r(i)=1}^{q}(\pi-y_i)r(i).$$

注意，在 q 个人，人均收入为 y^*，收入排序为 $r(i)=1,\cdots,q$ 的情况下，基尼系数可以写成(见阿马蒂亚·森，1973a，第31页)：

(C14) $$G=1+\frac{1}{q}-\frac{2}{q^2y^*}\sum_{r(i)=1}^{q}y_ir(i)$$

(C13)与(C14)结合并适当整理可得

(C15) $$P=H[1-(1-I)\{1-Gq/(q+1)\}].$$ 189

当 q 很大时，$q/(q+1)$ 近似等于1，(C15)式就变成了(C10)式，定理成立。[①]

根据(C4*)和(C6)，把 I 替换为它的等价形式 $1-(y^*/\pi)$，可以得到P的另一个表达形式。由阿南德(1977)完成的这一过程的结果是

(C16) $$P=H\{1-y^*(1-G)/\pi\}.$$

① 这一证明基本上与阿马蒂亚·森(1976a)中的证明相同，只是那里所使用的是比较生疏的公理，涉及个人福利水平。事实上，在阿马蒂亚·森(1976a)中，这一公理首先被用于把关于福利的条件转变成关于收入的条件，然后在收入空间中，按上述同一方式证明定理。关于这一问题也可参阅奥斯曼尼(1978)。

还要注意到,度量 P 满足单调性公理、弱传递性公理和核心公理。

C.3 度量 P 的一些变形

本节中,我们将介绍贫困度量 P 的一些变形。公理 R 和公理 A 可以按照一定的方式进行修改,从而产生在某些方面不同于 P 的度量。这是因为,贫困概念中包含着一定的含糊性,允许不同解释存在(见第 2 和第 3 章)。但是,除了 H 和 I 所把握住的贫困的那些方面之外,这些变形还都与 P 一样,具有对穷人内部收入分配的敏感性。

一种想法是,在贫困的度量中,把平均贫困缺口占贫困线收入水平 π 的百分比换成其占整个社会平均收入水平 μ 的百分比,并修正收入缺口因子 I。

(C17) $$I^* = g^*/\mu.$$

HI^* 显然等于总贫困缺口相对于国民收入或 GDP 的比率:[①]

(C18) $$HI^* = g/n\mu.$$

备择标准化绝对贫困公理(Alternative Normalized Absolute Deprivation Axiom)(公理 A^*) 如果对所有 $i \in T: y_i = y^*$,那么,

(C19) $$P = HI^*.$$

不难看出,把公理 A^* 和公理 R 结合起来,可以产生一个经过修正的贫困度量 P_1。它是由阿南德(1977)提出来的,而且阿南德

① 贝克曼(1979a、1979b)把这一度量用作相对贫困的一个指数,但同时警告不要过分依赖于这一比率。

对此进行了深入而广泛的研究。P_1 与 P 的不同之处在于，它用一个更大的常数即人均国民收入来进行标准化，而不是用贫困线收入来进行标准化：

(C20) $$P_1 = P\pi/\mu.$$

P_1 还表现出对非穷人收入的敏感性。一个非穷人的收入增加，其他条件不变，则 I^* 变小，从而修正的贫困度量 P_1 也将会变小。如果任何一个人的收入增加都被看作是国民贫困的下降，那么，P_1 要优于 P，因为 P 对富人的收入不敏感。还应该注意到的 190
是，如果要通过收入再分配来消除贫困的话，那么，HI^* 就是需要转移的国民收入比例，就此而言，HI^* 则反映了相对于总收入来说，国民的相对贫困程度。

另一方面，我们可以说，在流行的贫困概念中，相对贫困与贫困的描述的确是完全不同的事情。更为重要的是，P_1 具有这样的性质，即穷人收入缺口的增加可能被富人的收入增加所抵消。这是不能令人接受的，因为贫困是穷人的特征，穷人的收入减少必然表现为贫困的度量增加，而无论富人的收入同时增加多少(见第2章)。P 就满足这一条件，它被表述为核心公理，而 P_1 则不能满足这一条件。

指数的选择必然取决于这类度量所要达到的目的。对于“穷人的状况”的描述来说[引用艾登(F. M. Eden)1797年的一篇著名文章的题目]，P 显然优于 P_1。但是，如果我们所关心的是一个国家接受贫困挑战的潜在能力，P_1 则优于 P。因此，这两个度量所关注的问题是完全不同的。

我们也可以考虑公理 R 的变形。卡克瓦尼(1980a)就提出了公理 R 的不同形式，并推导出了与度量 P 密切相关的一些度量。其中，比较有意思的一个——我们称它为 P_2——不是使第 i 个人的收入差距的权重取决于他在穷人中的排序，而是取决于第 i 个人的相对于这些人的总收入的比率。P_2 的优点是，一方面第 i 个人的贫困程度相对于比他富的穷人的实际收入来说是敏感的；另一方面，P_2 不考虑这些人的总收入是如何在他们之间分配的；更为重要的是，它甚至不考虑这一总收入是在多少人之间进行分配的。也就是说，一个人对相对贫困的感觉取决于比他富的穷人的总收入，而不考虑这一总收入如何在他们之间分配。

卡克瓦尼(1980b)在另外一篇文章中对公理 R 进行了更一般性的修正，从而建立了一个更具一般意义的框架。[①] 卡克瓦尼公理取权重 v_i 为第 i 个人的收入序号的 k 次方

公理 R* 贫困的度量公式是(C7)，其中权重 v_i 为：

(C21) $$v_i=[r(i)]^k$$

我们称这一贫困度量为 P_3。P_3 对穷人之间收入分配的敏感
191 程度将取决于 k 的取值。显然，贫困度量 P 是 P_3 的一个特例，即 $k=1$。正如卡克瓦尼(1980b)所指出的那样，这使得 P“对任何收入转移都同样敏感”。P_3 这一推广就可以改变敏感性假设，例如对涉及最低收入者的收入转移给予更大的权重。

基于对贫困指标 P 的重新解释，布莱克贝和多纳尔森(1980)提出了 P 的另一种推广形式。[②] 他们注意到，度量 P 可以被看作贫困

---

① 见卡克瓦尼(1980b)。

② 见布莱克贝和多纳尔森(1980)。

人口比率度量 H 与另一式子的乘积，而这个式子是用贫困线收入 π 与用基尼社会评价函数(Gini social evaluation function)进行评价的、阿特金森-考尔姆(Atkinson-Kolm)的穷人收入的"均等分配等价收入"(equally distributed equivalent income)e^g 缺口的比率。[①]

(C22) $$P = H(\pi - e^g)/\pi, \quad e^g = y^*(1-G).$$

如果改变社会评估函数，一个新的贫困度量就会相应出现。在一般情况下，对给定的社会评估函数，可以定义一个均等分配的等价收入 e，相应的贫困度量为：

(C23) $$P_4 = H(\pi - e)/\pi$$

布莱克贝和多纳尔森选择了这一贫困度量的一个伦理解释。e 的取值所反映的是这样一种收入水平，即如果所有的穷人都享有这一收入水平，那么，按社会评价函数来判断，这一收入水平与穷人的实际收入分配可以带来同样的福利。但是，我们也可以做出如下描述性解释，即 e 代表着这样一种收入水平，如果所有穷人都享有这一水平，这一收入水平所对应的穷人的总贫困与穷人实际收入分配所对应的总贫困是一样的。描述性解释和伦理解释选择中所涉及的问题已经在第 2 章和第 3 章中讨论过，这里我们不再进行深入研究。[②] 贫困的度量可以有多种数学解释，需要强调

① 关于"均等分配的等价收入"的概念，见考尔姆(1969)和阿特金森(1970)。关于贫困度量 P 与基尼评价函数之间的关系，见阿马蒂亚·森(1973b、1976a)。相关的问题见阿马蒂亚·森(1974、1976b)。还可参阅格拉弗(1946)、阿马蒂亚·森(1973a)、皮亚特(1976、1980)、奥斯曼尼(1978)、多弗曼(1979)、卡克瓦尼(1980)、伊扎奇(1979)、菲尔兹(1980)、多纳尔森和魏马克(1980a、1980b)、拉德哈克西纳和萨马(1980)、萨斯第和苏里亚纳(Suryanarayana，1980)。

② 见阿马蒂亚·森(1978b)。

的是，任何一种解释都要有利于贫困度量的研究。

贫困度量 P 的一个特殊的描述性特征已经经受了一些验证。
192 很明显，当从一个较穷的穷人向另一个较富的穷人转移收入且不会使后者跨越贫困线时，贫困度量 P 必然会增加；但是，当接受收入转移的穷人跨越贫困线时，这同一数量的收入转移会使 P 减少（见阿马蒂亚·森，1977a，第 77 页）。当某些收入从一个较穷的人转移给一个较富的人时，无论是否会使那个较富的人因跨越贫困线而不再被认为是穷人，贫困度量是否应该表现出贫困的增加呢？这是一个有争论的问题。托恩（1979、1980）已经发现了这类单调转移敏感性中所涉及的分析关系，而且给出了 P 的一个变形以确保只要从较穷的人向较富的人转移收入，贫困度量总能反映出贫困的增加。他的做法是取第 i 个人的收入缺口 g_i 的权重 v_i 等于他的收入在整个社会中的排序 $R(i)$，而不只是在穷人中的排序（公理 R 中的排序）。

公理 R** 贫困的度量公式是（C7），其中权重 v^i 为：

（C24） $$v_i = R(i).$$

对原有的结构进行一些小修改，与公理 R** 结合起来就产生
193 了托恩关于满足上述单调性的贫困度量变形，记为 P_5。①

当然，一旦发生了从一个比较穷的穷人向一个比较富的穷人的收入转移，甚至这一收入转移导致了穷人人数的减少，关于贫困

---

① $$P_5 = \{2/(n+1)n\pi\} \sum_{r(i)=1}^{q} (\pi - y_i)R(i).$$

这一公式很容易与 P 的公式（C13）比较。

度量的值是否应该表现为增加这一问题仍然存在。[①] 只要贫困的指标被解释为对穷人的状况的描述——有多少个穷人和他们中的每一个人有多么穷——就能找到理由允许如下情况的发生，即在某些情况下，穷人人数的减少被贫困线以下的人贫困程度的增加所抵消。贫困度量 P 就包含了这种可能性，但托恩的 P_5 则排除了这种可能性。然而，如果我们所关注的是收入分配的不平等或生活水平，而不是特别关注贫困线之下的人们的处境，那么，"无条件的转移公理"(unqualified transfer axiom)则会有重要意义，因为由收入转移所导致的跨越贫困线，以缓解贫困的作用就会变得不那么重要了。[②] 这再次表明，P 的每一个变形，相对于提出这一

① 阿马蒂亚·森(1976a)所考虑的"转移公理"(transfer axiom)(但没有在 P 的推导中使用)要求："其他条件不变，从一个贫困线之下的人向任何一个较富的人转移收入，都必然增加贫困的度量"(第 219 页)。在阿马蒂亚·森(1977a)中，这一公理被修改为如下要求更低的弱转移公理："其他条件不变，从贫困线之下的一个人向任何一个较富的人转移收入必然严格地增加贫困的度量，除非穷人人数因这一转移而减少。"(第 77 页)这是 P 与 P_5 之间的关键区别。

② 绝对"转移公理"基本上与不平等衡量(见阿特金森，1970)以及社会生活标准的衡量(见阿马蒂亚·森，1976b、1979a)中所使用的"Pigou-Dalton 条件"相同。然而，贫困的度量却有很大不同，贫困的度量所关注的是贫困线，而绝对"转移公理"则根本不理会它。1981 年，坎杜(Kundu)和史密斯给出了一个重要研究结果，他们证明，不存在一个贫困度量函数可以同时满足绝对"转移公理"和"人口单调公理"(population monotonicity axioms)。因为后者要求，在其他条件不变的情况下，贫困人口的增加(非贫困人口的增加)必然使贫困度量的值增加(减少)。虽然，坎杜和史密斯的"人口单调公理"确实十分苛刻，但是，它们所追求的目标的冲突很具有一般性。因为绝对"转移公理"并不在乎贫困线画在什么地方，而"人口单调公理"则视这条线为一条十分重要的分界线。对贫困线的敏感性的确是贫困的度量应该具有的性质，而且这些可以用多种不同方式结合起来。这里(以及阿马蒂亚·森，1977a 中)所使用的"弱转移公理"把贫困线看成是具体给定的。P 所满足的正是这一修正的公理(见阿马蒂亚·森，1977a，第 77 页)，而不是绝对"转移公理"，也决定了公理 R 与公理 A 之间的平衡。

变形的目的来说，总是有一些优点的。

1979 年，塔卡雅马（Takayama）提出了贫困度量 P 的另一种有意思的变形。这一变形与哈马达（Hamada）和塔卡雅马在 1978 年深入研究过的一个方法有联系。从实际收入分配出发，用贫困线收入 π 替换那些超过贫困线的收入，我们可以得到一个"'被修剪的'收入分配"（"censured"income distribution）。然后，塔卡雅马把"被修剪的"收入分配的基尼系数 G_c 当作贫困的度量——我们称之为 P_6。哈马达和塔卡雅马（1978）还曾用其他收入分配不
194 平等度量来推导贫困的度量。

这一方法也有它的一些优点。"'被修剪的'收入分配"的基尼系数是从描述不平等的基尼系数向贫困度量的一个精巧而贴切的转换。它对收入分配进行了如下"修剪"：忽略掉非穷人的实际收入方面的信息，但却按贫困线来进行计算。在 1979 年的文章中，塔卡雅马还给出了他的贫困度量 G_c 的公理化推导。事实上，在 1978 年的文章中，哈马达和塔卡雅马就曾在"'被修剪的'收入分配"的不平等度量指标基础上，给出了类似的贫困度量推导。

这一方法的主要缺点是，它粗野地践踏了单调公理，即其他条件不变，贫困线之下任何一个人的收入减少必然增加贫困的度量。在"被修剪的"收入分配中，贫困线之下的人可能是比较富的，其收入超过收入分布的平均值或中位数。其收入减少，显然会减少收入分配的不平等程度，但是，就整个社会而言，贫困程度显然增加了。因此，塔卡雅马（1979）、哈马达和塔卡雅马（1978）所使用的简单形式是有代价的，那就是，放弃了贫困度量与穷人的困境之间的单调关系。

虽然 P 有一些独到的优点，这些优点是其公理化推导所带来的，它的一些变形也可以按照通常的贫困概念来解释。[①] 接受这种多元性并不是什么奇怪的事情。正如我们在第 2 和第 3 章中所指出的那样，这种多元性是贫困度量研究所固有的特征。这些变形与度量 P 有着共同的传统，不仅要关注 H 和 I，而且还要关注穷人内部的收入分配。

① 奥斯曼尼(1978)也分析了一些贫困指标，并注意到了多种商品问题。

195 附录 D 饥荒死亡：一个案例

在这个附录[①]中，我们将要研究的是 1943 年孟加拉饥荒中的死亡人数及其分布。在孟加拉饥荒期间、饥荒过后、乃至现在，饥荒中的死亡人数及其分布一直是一个存在争议的问题。在第 6 章中，我们研究了这次饥荒的一般性特征及其可能成因。关于死亡分布的研究将会加深我们对这次饥荒的认识。

D.1 每周死亡人数

1943 年 10 月 16 日，加尔各答报纸《政治家》写道：

> 印度国务大臣似乎成了一个接受错误消息的人。周四，他告诉国会，他认为，除非电报有意愚弄他，孟加拉（包括加尔各答）每周死亡人数大约为 1 000 人，而“不会更多”。但所有能够得到的公开数字都表明，每周死亡人数要多得多。他的庞大办公系统本应该能够使他得到正确的数字。[②]

---

① 本附录主要吸收了阿马蒂亚·森（1980b）的内容，那篇文章是为纪念丹尼尔·托纳（Daniel Thorner）而作。

② 1943 年 10 月 16 日《政治家》社论中的“死亡人数”。也可参阅斯第芬斯（1966）。斯第芬斯是《政治家》——这家属于英国人的报纸的编辑。当时，《政治家》上刊登了大量有关饥荒的报导和富有社会改革精神的社论。

1943年10月18日,即《政治家》社论发表后的第三天,孟加拉执政官鲁斯福德写信给国务大臣:

> 以我给总督的信息为依据,你在国会说出的死亡数字受到了一些报纸的严厉批评。我的信息来自我的秘书处。它提供给我这样的信息的原因在于,考虑到当时很多人涌入城市并面对十分恶劣的气候,加尔各答的死亡人数较多……。现在,我认为,短缺的后果已经充分显示出来,死亡人数至少为每周2 000人。[①]

2 000人这一数字是否符合实际呢?

饥荒调查委员会(1945a)指出:"从1943年7月至12月,有记录的死亡人数是1 304 323人,而此前5年的平均年死亡人数 196
是626 048人",可被归因于饥荒的死亡人数略高于678 000人。[②] 这意味着,平均每周的死亡人数在2 600人之上,而不是2 000人。

饥荒调查委员会接着指出,"所有的印度公共统计数字都是不准确的","即便在正常情况下,一些死亡也没有被完全记录下来"。在孟加拉农村,死亡是由村庄守夜人(village *chowkidar*, village watchman)报告的。而守夜人"一般都是文盲,每月收入6—7卢比"。在饥荒时期,"有些地方的守夜人领不到工资,他们不得不离开他们的岗位,到军事工地或机场找工作","他们中也有一些人被

① 给阿莫里(L. S. Amery)先生的信,编号L/E/8/3311,180号文件,曼塞弗(1973),第Ⅳ卷,第397—398页。鲁斯福德提到的信件是这一卷中的158号文件。

② 饥荒调查委员会(1945a),第108页。全年死亡人数增加了688 846人。

饿死了”。

> 当守夜人死去或离开时，寻找新的守夜人并不是一件容易的事情，这往往会拖延几个星期，甚至几个月，在此期间，一些人的死亡就没有被记录下来。另外，在饥荒最严重的时期，成千上万的人背井离乡，寻找食物。许多人死在路旁，饥荒后的数月内，人们仍然可以在路旁看到的死者的尸骨就是证明。这种情况下的死亡肯定也不会被公共卫生部门的管理者记录下来。[①]

鉴于这些理由，饥荒调查委员会得出如下结论：“1943 年的死亡人数超出正常年份约 100 万人”，且超额死亡几乎都发生在下半年。[②] 根据这一估计，1943 年下半年的死亡人数大约为每周 3 800人。

D.2 实际死亡人数

关于为什么选择这一特殊的修正数字，除了它所提到的“考虑到现实可利用的事实”(1945a，第 109 页)之外，饥荒调查委员会没有给出其他解释。但是，饥荒调查委员会把 1943 年的饥荒死亡数字与 1944 年上半年超过 1943 年前 5 年平均数的有记录死亡人数相加，而没有进行任何修正。他们采取这种不对称做法的理由是，

① 饥荒调查委员会(1945a)，第 109 页，也可参阅《1951 年印度统计》第Ⅵ卷，第 IB 部，第 1—2 页。

② 饥荒调查委员会(1945a)，第 108—109 页。

饥荒调查委员会认为，由于非军事和军事医疗当局的努力（第109页），1943年年末的死亡统计工作有了很大改进。1944年上半年有登记的超额死亡人数是422 371人。把这一数字与1943年的100万人相加，饥荒调查委员会就得到了它的饥荒死亡数字估计：“饥荒以及随后发生的流行病直接导致了大约150万人死亡”（第 197
110页）。

著名营养专家阿克罗易德博士是饥荒调查委员会成员之一，实际负责该委员会的死亡人数估计。他曾在最近声称（如第6章所引用的那样），他现在认为“那是一个被低估的数字，尤其低估了路边死亡人数。但从总体上说，低估的程度并不像饥荒调查委员会的批评者所说的那么严重，说死亡人数达300万到400百万人”（阿克罗易德，1974，第77页）。这些批评者都是些什么人呢？他们是如何得出他们的死亡人数的呢？

人们最常引用的一个估计数字是加尔各答大学人类学系根据一次抽样调查得出的。这一估计数字是于1944年2月21日公布的，比饥荒调查委员会的成立还早了很多：

> 加尔各答大学人类学系已经完成了对孟加拉受饥荒影响地区中的10个地区的抽样调查。其中8个地区的统计数字已经制成表格。这8个地区的样本是拥有3 808名成员的816个家庭。从1943年6月至7月到1943年11月至12月期间，这些人中有386人死亡，或者说这6个月的死亡率为10%（即每1 000人中有100人死亡）。由于在正常情况下，孟加拉的年死亡率不超过千分之三十，即6个月死亡

> 率不超过千分之十五，而超额死亡率为千分之八十五（100—15），即8.5%，这只能被归因于饥荒及其过后的流行疾病。由于孟加拉北部的受灾程度比孟加拉西部、中部和东部的落后地区要轻得多，因此，对整个孟加拉死亡人数的估计必须做适当下调。说三分之二的人口受到了这次饥荒的侵袭大概不会过分。以此为基础进行推算，超额死亡人数至少是350万人。①

把8.5%的超额死亡率应用于孟加拉的三分之二人口纯属是没有道理的猜想，并且没有逻辑，理由很简单，即被抽样调查的地区都是受灾最严重的地区。后来，这一研究小组的领导者查托帕德亚教授本人也承认了这一估计的缺陷，他认为1943年的超额死亡人数为220万人。加上饥荒调查委员会估计的1944年的超额死亡人数50万人，查托帕德亚得出了“总超额死亡人数”的“最低”估计是270万人的结论。②

查托帕德亚所估计的270万人与饥荒调查委员会所估计的150万人（不考虑伦敦和新德里当时的官方声明中所提到的更小的估计
198 数字③）相去甚远。没有证据表明查托帕德亚的样本具有代表性，这使人们无法消除对它的怀疑；而饥荒调查委员会的修正所具有的随

---

① 古什（1944），附录G。

② 查托帕德亚和穆克基（1946），第5页。

③ 在印度官方关于死亡人数不多的声明中存在着许多令人费解的东西。瓦维尔勋爵在他1943年10月19日的“旅行日记”中有过这样的记载，当他就任新总督时，前总督林立斯戈（Linlithgow）向他承认：“7月，他曾预计孟加拉的死亡人数可能会增加到100万人或150万人，现在我们看到的情况比他原来想象的要好一些”（瓦维尔，1973，第34页）。也许政府同时也在安慰自己，情况变得比原来设想好多了！

意性则使人们很难评价它的估计。[①] 一个更根本的问题是死亡估计中所涉及的时间区间，这两个数字都包括1944年6月以前的数据，但是，饥荒中饥饿现象最严重的时期大约在1943年12月就结束了，虽然“在1944年的大部分时间，死亡率仍然保持着较高的水平”(饥荒调查委员会，1945a，第1页)。什么时候死亡率才恢复到“正常水平”呢？饥荒调查委员会没有回答这一问题。

事实上，饥荒调查委员根本就不可能回答这个问题。因为当报告于1945年呈递出去时，死亡率仍没有恢复到正常水平。什么时候才恢复正常了呢？这是一个重要问题，需要弄清楚。因为饥荒调查委员会认为，1944年上半年高死亡率的原因是流行病，但实际上，在饥荒过后的好多年中，流行病依然猖獗。

关于这一研究以及其他年复一年的研究，我们不得不依赖死亡登记数字，并在此基础上做适当修正。《1951年印度统计》关于“西孟加拉生命统计：1941—1950”中曾经指出，虽然死亡登记有误差，但“漏登的程度是比较一致的，不会出现某一年漏登突然增加的现象”(第Ⅵ卷，第IB部，第1—2页)。[②] 虽然登记比率在1943年似乎有所下降并在1944年再次得到改善，但却没有理由认为，

① 阿克罗易德(1974)坦率地承认了他估计的随意性：“在所有场合和任何时候，每当我看到历史书中关于150万人死亡这一数字时，我都会想起我得出这一数字的过程”(第77页)。

② 还值得注意的是，就整个印度来说，有登记的死亡人数占估计死亡人数的比率是0.73，其中包括杰恩(S. P. Jain，1954)用“逆残存方法”(reverse survival method)估计出的1941—1950年的死亡人数。用同样的方法计算，1931—1940年登记死亡人数占估计死亡人数的比率是0.74。见杰恩(1954)，第44页。戴维斯(Kingsley Davis)对前几个十年的计算结果是：1931—1940年为0.74；1921—1930年为0.72；1911—1920年为0.70。

1944 年以后的比率与 1943 年以前的比率有很大不同。

就西孟加拉来说，杰恩使用逆残存方法(reverse survival method)的计算结果是，从 1941 年到 1950 年，死亡漏登比率为 33.9%。这意味着，平均来说，实际死亡人数比登记死亡人数高 51%。我坚
199 持使用这一修正比率，虽然这一比率仍会因为 1943 年的登记工作极差而低估饥荒死亡，而 1943 年是饥荒年且是登记死亡率最高的年份。因此，在我们关于饥荒死亡的统计中存在着低估的现象。[①]

表 D1 所给出的是 1941 年至 1950 年西孟加拉的登记死亡人数。除了 1943 年出现了大幅度波动之外，登记死亡人数呈现出递减趋势。事实上，尽管 1943 年以后的死亡人数逐年递减，但到这个十年最后一年，死亡人数仍没有恢复到 1942 年的水平。由于死亡人数是逐年递减的，饥荒调查委员会把饥荒之前五年的平均死亡人数作为"正常"死亡人数比仍然会低估饥荒时期的超额死亡人数。在我所作的两个估计中，我采取了不同的做法：在估计 A 中，我把 1941 年和 1942 年的平均死亡人数当作"正常"死亡人数；在估计 B 中，我把 1942 年的死亡率当作"正常"死亡人数。如表 D1 和图 D1 所示，估计 B 给出了 1943 年到 1950 年比较高的死亡人数序列。然而，即便是估计 B，也仍然可以被认为低估了超额死亡人数，因为有意义的比较不是与饥荒前死亡率的比较，而是与假如没有饥荒发生，在饥荒过去若干年后预期死亡率本来会下降到的水平的比较。[②]

---

① 40 年代后期，从东孟加拉向西孟加拉的大量移民，也使 1941—1950 年的死亡人数被低估，低估了漏登死亡人数，并进而低估饥荒死亡人数。

② 注意，绝对死亡数在其后的几十年中继续下降，尽管人口的增长只在饥荒前后的年份被中断了。见《1951 年印度统计》，第Ⅵ卷，第Ⅰ B 部，第 2—4 页。

表 D1　1941—1950 年西孟加拉登记死亡人数

	死亡人数	超额死亡人数 A	超额死亡人数 B
1941 年	384 220		
1942 年	347 886		
1941—1942 年平均	366 053		
1943 年	624 266	258 213	276 380
1944 年	577 375	211 322	229 489
1945 年	448 600	82 547	100 714
1945 年	414 687	48 634	66 801
1947 年	387 165	21 112	39 279
1948 年	385 278	19 225	37 392
1949 年	372 559	6 506	24 673
1950 年	356 843	—9 210	8 957

资料来源：死亡统计数据来源于《1951 年印度统计》，卷Ⅵ，IB 部，表 6。

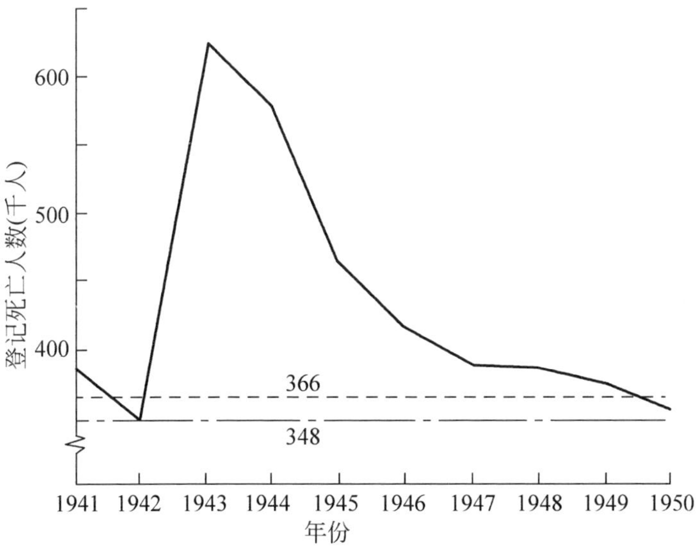

图 D1　1941—1950 年西孟加拉登记死亡人数

表 D1 还给出了根据假设 A 和 B 估计出的每年超额死亡人 200
数。在假设 A 下，“超额”死亡人数从 1950 年开始变为负值；在假设 B 下，“超额”死亡人数也是从 1951 年变为负值（这可以在以后的数字中得到验证）。因此，正如我们在前面所指出的那样，使用一个固定的总死亡人数标准就会低估超额死亡人数。

把超额死亡人数变为负值之前的超额死亡人数加总起来，就可以得到由饥荒造成的超额死亡人数，方法 A 的结果是 648 000 人，而假设 B 的结果是 784 000 人。如果我们要避免 1947 年孟加拉分裂动乱以及由此造成的人口迁移对死亡人数的影响，那么，我们可以保守一些，只计算 1943 年到 1946 年的超额死亡人数。① 这样，方法 A 所给出的总登记超额死亡人数是 601 000 人，方法 B 给出的结果是 673 000 人。

如果我们应用杰恩（1954）对 1941 年到 1950 年漏登死亡人数的估计，那么，这些登记的超额死亡人数要被放大 51%，以得出实
201 际超额死亡人数。② 这样，方法 A 和方法 B 的结果分别是 908 000 人和 1 016 000 人。

所有这些都只是有关西孟加拉的事情。不过，在东孟加拉、后来的东巴基斯坦以及现在的孟加拉国，饥荒至少同样严重。③ 不

① 注意，死亡人数的严格递减恰好持续到 1947 年（见表 D1）。每千人死亡率也呈现出严格递减趋势，因为死亡人数的递减和人口的增加决定了死亡率的严格递减。1946 年以后的超额死亡人数被忽略，以避免高估饥荒死亡人数。而这肯定会造成对饥荒死亡人数的低估。

② 这类似于饥荒调查委员会对 1943 年登记超额死亡人数的修正，委员会的修正系数是 45%。（出于莫名其妙的理由，饥荒调查委员会得出了修正系数“大致是 40%”——第 109 页。）但是，饥荒调查委员会却没有对 1944 年的数字进行修正。孟加拉政府于 1948 年进行的“小规模”调查显示，修正系数是 46.4%[肖德赫利（Chaudhuli），1952，第 114—115 页]。

③ 见饥荒调查委员会（1945a，第 114—115 页）。

幸的是，没有人像杰恩用“逆残存方法”计算西孟加拉的死亡漏登那样来计算东孟加拉的死亡漏登。我也没有试图单独计算东孟加拉的饥荒死亡人数。《1951 年巴基斯坦统计》公布了一个估计数字，即 1 714 000 人。这一数字是“根据官方报告计算出来的，而官方的数字也都缺乏可靠的报告”。① 加上我对西孟加拉的估计，方法 A 和方法 B 的结果分别是 2 622 000 和 2 730 000。注意，关于东孟加拉的情况，《1951 年巴基斯坦统计》所给出的死亡数字只计算到 1944 年，而不像我们对西孟加拉那样计算到 1946 年。考虑到如下事实：(1)西孟加拉的人口只相当于 1941 年没有分裂的孟加拉地区人口的三分之一；(2)西孟加拉登记死亡人数大约是 1943 年之前孟加拉死亡人数的三分之一；(3)在饥荒那年，西孟加拉的登记死亡人数仍然相当于整个孟加拉地区总死亡人数的三分之一，②如果我们大胆地认为西孟加拉的饥荒超额死亡人数是没有被分裂的大孟加拉的饥荒死亡人数的三分之一，那么，在方法 A 和 B 下，整个孟加拉的饥荒死亡人数分别为 2 724 000 人和 3 048 000。 202

我们用表 D2 概括以上分析。鉴于饥荒调查委员会和查托帕德亚分别给出了 1943 年的超额死亡人数，我们也就 1943 年分别给出整个孟加拉死亡人数。有意思的是，查托帕德亚的总死亡数字与方法 A 的结果非常相近，但这种一致纯属巧合，因为他的数

① 《1951 年巴基斯坦统计》，第 3 章，第 30 页。文中强调了这一估计的随意性，并提到“根据流行的看法，东孟加拉饥荒死亡人数大约在 200 万人与 250 万人之间”。

② 1943 年西孟加拉的登记死亡人数是 624 266 人，整个孟加拉的登记死亡人数是 1 873 749(见饥荒调查委员会，1945a，第 108 页；《1951 年印度统计》第Ⅵ卷，第Ⅰ B 部，第 21 页)。

字范围只包括 1943 年和 1944 年上半年。事实上，就 1943 年而言，我们的估计更接近饥荒调查委员会的估计。在我们的死亡总人数估计中，差别主要来自：(1)时间区间不同(但是，在逻辑上与饥荒调查委员会相同，都把饥荒后的高死亡归因于饥荒)；(2)对漏登死亡人数进行连续修正，甚至对 1943 年以前的数据也这样做(使用了“逆残存方法”给出的修正结果)。

表 D2　孟加拉饥荒死亡人数估计

	1943 年超额死亡人数(百万人)	饥荒中总超额死亡人数(百万人)
饥荒调查委员会	1.00	1.50
查托帕德亚	2.20	2.70
方法 A+《巴基斯坦统计》		2.62
方法 B+《巴基斯坦统计》		2.73
方法 A 放大到整个孟加拉	1.17	2.72
方法 B 放大到整个孟加拉	1.25	3.05

鉴于我们已经指出的一些低估偏差，我们有理由认为孟加拉饥荒的死亡人数大约是 300 万人。(这仍然是一个“大约”的数字，因为我们应用了十进制的四舍五入法则)但是，最重要的并不是总死亡人数的大小，而是死亡的时间分布，即饥荒之后又持续了好多年。这主要是与饥荒有联系的流行病所致，也正是接下来我所要分析的问题。

203

D.3　他们是如何死亡的？

1943 年 12 月，孟加拉有一个比以往任何年份都要好的收成。但是，令人费解的是，这个月也恰好是孟加拉本世纪死亡率最高的一个月。这时，饥荒中的饥饿现象已经基本消失，大约在 9 月份和 10 月份因饥饿致死的人最多；霍乱死亡人数在 10 月份和 11 月份达到最高峰；疟疾在 12 月份最猖獗，并在高水平上持续到下一年及后来；天花在 1944 年 3 月份和 4 月份开始猖獗，并在接下来的一年中表现得更为猖獗。在这一时期，饥荒的饥饿阶段让位给了流行病阶段。

表 D3 给出了一个年死亡人数时间序列。从表中我们不难看出，霍乱、疟疾、热病、痢疾、腹泻等疾病的流行使死亡人数在 1943 年突然大幅度增加。由于天花主要在早春发作，直到第二年，天花的影响才表现出来。取 1941 年和 1942 年的平均死亡人数作为"正常"死亡人数，每种疾病在 1943—1946 年所导致的"超额死亡人数"可见表 D3。最后一行是总超额死亡人数在各种疾病之间的分布。

在讨论超额死亡人数在各种疾病间的分布以前，需要说明为什么饥饿没有被作为这次大饥荒中的主要死亡原因记录下来。原因之一在于，在死亡报告中，饥饿通常不作为一个独立的分类。这可归因于传统死亡分类报告的使用，也可归因于这样一个事实，即饥饿死亡在最后阶段与其他一些死亡具有同样的症状，这些近似的"成因"会被填入相应的传统分类之中。例如，饥饿致死常常表现为腹泻（事实上，"饥荒腹泻"是一种十分普遍的现象）和痢疾，部分原因是吃了不能食用的东西。显然，在"痢疾、腹泻和伤寒（肠热病）"这一分类下报告的很多死亡实际上是因饥饿而死亡。其他分类也是这样，包括广义的"伤寒"死亡分类。[①]

① 请将这一问题与用致命的坏血病解释 1845—1846 年爱尔兰饥荒中的大量死亡作比较。

表 D3　西孟加拉疾病与死亡，1941—1946 年登记数字

	痢疾、痢疾状腹泻和“伤寒”	霍乱	疟疾	“热病”（不含疟疾）	天花	结核病	结核病之外的呼吸道疾病	合计
1941 年	25 321	15 612	85 505	109 912	9 286	7 989	34 345	384 220
1942 年	23 234	11 427	85 078	97 764	1 023	6 734	32 847	347 886
1941—1942 年平均	24 278	13 519	85 291	104 838	5 155	7 362	33 596	366 053
1943 年	41 067	58 230	168 592	159 398	2 261	6 830	35 140	624 266
1944 年	36 040	20 128	166 897	176 824	19 198	7 318	37 052	577 375
1945 年	24 463	8 315	123 834	122 549	23 974	6 951	33 839	448 600
1946 年	25 651	9 774	102 339	121 391	4 971	7 227	31 926	414 687
超额死亡人数：								
1943—1946 年	30 109	42 371	220 498	164 810	29 784	—1 122	3 623	600 716
占总死亡数人数百分比（%）	5.0	7.1	36.7	27.4	5.0	—0.2	0.6	100.0

资料来源：近期登记数字，《1951 年印度统计》，卷Ⅵ，IB 部。注意，伤寒包括“热病”一列中人数以及“痢疾、痢疾状腹泻和伤寒”一列中的人数，但重复计算不太严重。

“热病”还包括其他一些疾病，从流感和麻疹到脑脊膜炎和黑热病（内脏利什曼病），把这些“热病”除外，主要疾病对死亡的贡献按递增排序的结果是：疟疾、霍乱、“痢疾、腹泻和伤寒类热病”和天 205
花。这些疾病及其直接影响表明，饥荒时期及其过后不久流行病的爆发不仅有饥饿和营养不良方面的原因，还有其他原因，如饥荒对卫生设施、供水和其他生活设施的破坏、为寻找食物四处漂流、因贫困和公共医疗及卫生体系被破坏而无法就医等。[1] 传染性疾病可直接传染给本可以不受饥荒影响的人。当然，流行疾病的发生还有其自身的规律。[2] 某种流行病一旦发生，它的回声效应就会持续好多年。

孟加拉饥荒引发的流行病兼有如下两个特征：(1)流行病与此前发生的饥荒有关；(2)与当地的流行病有关。痢疾与印度饥荒的联系至少从 19 世纪就开始了，[3]在以前的很多饥荒中，包括 1770 年的孟加拉饥荒，霍乱和疟疾等都曾经被观察到过。正如饥荒调查委员会所描述的那样，腹泻和伤寒“更是饥荒病”。这也适用于包括多种疾病的广义“热病”。所有这些疾病也都是当地的流行病。疟疾和热病有时很难区别，[4]它们都是饥荒发生前的最大杀

① 关于饥荒的这些破坏后果以及寻找食物的大规模难民流动，见饥荒调查委员会（1945a），也可参阅古什（1944）和达斯（1949）。

② 见贝雷（Bailey，1957）。事实上，由于流行病的传播，孟加拉饥荒还导致了孟加拉之外地区的死亡，尤其是奥利萨邦和比哈尔邦。见饥荒调查委员会（1945a），第 104—105 页。也可参阅《1951 年印度统计》，第Ⅵ卷，第Ⅰ部，第 41 页。

③ 见《1898 年和 1901 年印度饥荒委员会报告》。也可参阅饥荒调查委员会（1945a），第 122 页，引用克里斯托弗斯（S. R. Chrstophers）关于 19 世纪饥荒的研究成果。

④ 见《1898 年印度饥荒委员会报告》。

手，其后是“痢疾、腹泻和伤寒”之类的热病、霍乱和天花等，但是，这些疾病造成的死亡比霍乱要少得多。在饥荒时期及饥荒过后，各种疾病造成的死亡人数占死亡总人数比例的排序变动不大，位居第一位的仍然是疟疾，第二位是热病，然后是霍乱，再往后是“痢疾等”和天花。

一个有意思的情况是包括结核病（TB）在内的呼吸道疾病。在饥荒发生前，死于这类疾病的人数仅次于疟疾和热病。但是，很明显，由结核病和其他呼吸道疾病所造成的死亡人数几乎没有受到饥荒的影响（见表 D3）。与其他印度饥荒相比，这并无反常之处，在这
206 些饥荒中，结核病和其他呼吸道疾病也没有使死亡人数突然增加。但是从更一般意义上讲，这却有些令人费解。因为结核病和其他呼吸道疾病与营养不良之间的联系已被证明［见凯斯（Keys），1950］，甚至那些否认饥饿会影响其他接触性传染病的人也都承认这一联系［见查姆伯斯（Chambers），1972，第 82—86 页］。

当然，结核病的发展过程是比较缓慢的，主要是长期营养不良的结果，而不是短期严重饥饿的结果。这或许意味着，结核病的传播过程不会因饥荒的发生而加快。但是，由饥荒导致的人口流动和卫生设施破坏则会增加传染的机会。更重要的是，由于结核病和其他呼吸道疾病本来已经在孟加拉蔓延开了，我们自然会预期，饥荒时期的饥饿会把大量的发病人数变成死亡人数。但是，孟加拉饥荒期间及饥荒之后却没有这方面的报告，从而留下了一个有待探讨的问题。把这一违反直觉的现象简单地归因于报告错误是很难令人接受的，除非有证据表明死亡登记中存在如此大的误差。再者，由于在前几次印度饥荒中，肺结核病和其他呼吸道疾病所造

成的死亡都是被不加区别地登记的，因而对 1943 年的孟加拉饥荒也没有必要进行类似的解释。

孟加拉饥荒主要是放大了饥荒前就已经存在的死亡因素，以往的饥荒也具有这种放大功能。从一个局部地区到广为流传这一关系的普遍性被肺结核病和其他呼吸道疾病这一例外严重动摇了。这一例外情况还与国际文献中，关于饥荒会导致流行病的观点形成了鲜明对照[见凯斯，1950；福基(Foege)，1971；查姆伯斯，1972]。

D.4　死亡的地区分布

根据《1951 年印度统计》(卷Ⅵ，I B 部)，我们可以分别估计出西孟加拉各地区的超额死亡人数。取 1941 年和 1942 年的平均数为“正常”死亡人数，计算结果见表 D4。发生饥荒的 1943 年的超额死亡率，以及 1943 年到 1946 年期间的超额死亡率被分别列出。表中还给出了两种超额死亡排序。地区之间的变差系数相当显著，虽然就单个地区而言，1943 年与 1943 年到 1946 年期间的超额死亡率都是正的(见凯斯，1950；福基，1971；查姆伯斯，1972)。

这两种排序有一定的差异。在 1943 年至 1946 年这一时期，马尔达是遭受饥荒最严重的地区，但就 1943 年而言，它却是受饥荒较轻的地区。同样，在 1943 年，米德纳布尔受灾最为严重，但就 208
整个时期而言，其受灾程度却属一般。饥荒过后的流行病严重程度分布重新调整了各地区死亡人数的排序。然而，这两种排序并非完全没有关系，斯皮尔斯曼的序相关系数(Spearman's rank correlation)为 0.6，它足以拒绝二者相互独立的零假设。

表 D4　西孟加拉超额死亡人数:地区分解

地区	1941—1942 年平均死亡人数（“正常”）	1943 年超额死亡人数	1943—1946 年超额死亡人数	1943 年超额死亡比率	1943—1946 年超额死亡比率（平均每年）	1943 年超额死亡比率排序	1943—1946 年超额死亡比率排序	孟加拉政府税务局饥荒严重程序分类	孟加拉政府工业局饥荒严重程度分类
	8 237	+3 080	+45 512	+37.4	+129.0	9	1	轻微	轻微
	18 842	+15 832	+52 444	+84.0	+69.6	3	2	中等	轻微
	32 382	+32 691	+87 869	+101.0	+67.8	2	3	轻微	轻微
	23 007	+17 482	+51 369	+76.0	+55.8	5	4	轻微	轻微
	30 385	+21 883	+61 588	+72.0	+50.7	6	5		
	52 489	+72 250	+104 747	+137.6	+49.9	1	6	严重	严重
	10 858	+1 600	+20 281	+14.7	+46.7	13	7	轻微	轻微
	21 819	+17 021	+31 914	+78.0	+36.6	4	8	轻微	轻微
	54 062	+37 151	+65 501	+68.7	+30.3	7	9	严重	严重
	20 171	+6 633	+21 062	+32.9	+26.1	11	10	轻微	中等
	21 688	+5 808	+18 299	+26.8	+21.1	12	11	中等	轻微
	35 401	+12 057	+26 382	+34.1	+18.6	10	12	中等	轻微
	26 212	+13 958	+15 953	+53.5	+15.2	8	13	中等	轻微
	10 495	+763	+1 779	+7.3	+4.2	14	14	轻微	中等

资料来源:《1951 年印度统计》,卷Ⅵ,I B 部。

有意思的是,孟加拉政府对各地区饥荒相对严重程度的判断与上述两种超额死亡人数排序是完全不同的。1944年,税务局公布了饥荒严重程度的五级分类法;同年,工业局则公布了四级分类法。[①] 把这两种分类方法结合起来,我在表D4中给出了一种宽泛的三级分类法,以反映政府关于"饥荒严重程度"的看法。政府的两种分类方法都把马尔达划到了受灾较轻的类别中,实际上,这个地区受灾最为严重。政府也把马什达伯德和博布哈姆划入了受灾较轻的类别,而这两个地区的受灾程度实际上也很重,在1943年至1946年期间以及在1943年其超额死亡率都很高。相反,邻近加尔各答的24-大区(24-Parganas),由于在饥荒最严重时期有大量难民从那里涌入加尔各答,[②]因而在两种官方分类法中都被划分为饥荒最严重的类别,实际上这个地区在饥荒之年和饥荒后的超额死亡率都不很高。[③] 救援行动受到这些判断的影响,判断上的差异也就意味着救灾物资分配上的差异。

最后,关于加尔各答的超额死亡人数也需要进行讨论。因饥饿和饥荒年的疾病而死在加尔各答的绝大多数人都是为了寻找食物而进入加尔各答的外地难民,而加尔各答的常住居民则受到了

① 引自马哈拉诺比斯、穆克基和古什(1946),第11—14页。

② 1943年9月对加尔各答难民进行的一次抽样调查显示,将近82%的被调查难民来自这一地区(见达斯,1949,第58页)。

③ 死在加尔各答的24-大区的常住人口应该被记入24-大区死亡的人数。这一修正会使24-大区的超额死亡率上升。由于不知道到底有多少"常住居民"在饥荒及饥荒过后死在加尔各答,因而,也就难以估计需要修正的数据究竟是多少。但粗略的分析表明,24-大区的相对顺序并没有发生明显变化,尤其在1943—1946年这一时期。现实情况与官方的想象有一定的距离是在所难免的。居住在加尔各答附近的人们的苦难首先被官方察觉到也是很自然的事情,近水楼台先得月嘛!

官方或半官方“食物分配计划的保护”(见饥荒调查委员会,
209 1945a)。基于这一观察,经常有人说,加尔各答居民躲过了饥荒。[①]如果我们只关注饥饿,这一说法是正确的。但是,在饥荒引发的流行病中,加尔各答也有不少居民死亡。这一点可以从 1943 年之后,即外地难民基本上已经全部离开或被遣返之后的超额死亡数字上得到说明。

D.5 死亡的职业分布

死亡登记中并没有标明职业背景。不过,我们可以通过研究不同收入阶层的难民比率来推测其死亡率。根据第 6 章已经使用过的由马哈拉诺比斯、穆克基和古什(1946)指导的抽样调查进行计算,其结果见表 D5(取自表 6.7)。第二列的贫困者比率加上了转变成“稻谷脱皮者”比率,因为对于有孩子的农村妇女来说,“稻谷脱皮者”是贫困者的同义语。以此为基础进行判断,受灾最严重职业组的依次为渔民、运输工人和农业工人等。就绝对人数而言,
210 农业工人是最大的职业组。

表 D5　1943 年 1 月—1944 年 5 月孟加拉各职业组的贫困比率

	贫困比率	贫困和转变为稻谷脱皮者的比率
自耕农和收益分成佃农	1.3	1.5
非全日农业工人	1.4	2.0
农业工人	4.6	6.1

① 例如,“结果,数百万农村人饿死,而加尔各答居民则无一人饿死”[曼尼莱尔·纳瓦蒂(Manilal Nanavati)日记,饥荒调查委员会,1945a,第 102 页]。

续表

	贫困比率	贫困和转变为稻谷脱皮者的比率
非农地主	1.6	2.4
渔民	9.6	10.5
工匠	3.8	4.3
稻谷脱皮工	4.7	—
运输	6.0	6.9
贸易	2.2	2.6
职业人员和服务业人员	2.1	2.6
非农业工人	3.7	4.5
其他生产性职业	4.6	4.6

资料来源:同表6.7。

关于饥荒死亡人口职业背景的直接调查很少,其中之一是穆克奇(1965)对东孟加拉福里德布尔地区五个村庄的调查。这一调查是在1944年进行的,结果见表D6。在这些村庄中,死亡率最高的职业类别也是农业工人。在饥荒死亡中,农业工人的高死亡率还受到了达斯(1949)于1943年指导的加尔各答难民调查的支持。

表D6 被调查的5个村庄的贫困情况

1943年1月1日的职业	贫困比率	1943年被毁灭家庭比例
自耕农和收益分成佃农	18.4	6.4
农业工人	52.4	40.3
手工业工人	35.0	10.0
小商人	31.8	14.0
收益分成地主	6.3	0.0
牧师和下级职员	27.3	27.3
高级职员	10.0	0.0
地主	0.0	0.0
“非生产性职业”	44.4	16.7
合计	28.5	15.2

资料来源:同表6.8。

关于饥荒死亡的这一重要方面,我们的信息也十分有限且带有偶然性。关于饥荒后死亡的职业构成,我们也几乎没有任何信息。

D.6 饥荒死亡是正常死亡的放大

长期以来,与正常死亡分布相比,饥荒死亡分布的特殊性一直是一个重要的研究课题。一些人认为,饥荒对妇女的影响较小,并认为这是一个“规律”,在印度这种观点受到了一定的关注。迈索尔
211 邦(Mysore)的饥荒调查委员会委员,以及 1881 年印度统计委员会委员艾利尔特先生这样总结了关于 19 世纪印度饥荒的主要观点:“所有权威似乎都承认,妇女比男人对饥荒有更强的忍耐力。”[①]

孟加拉饥荒也是这样吗?达斯(1949)发现,在他 1943 年关于加尔各答难民的调查中,“在每一个死去的女人旁边几乎都有两个死去的男人”(第 93 页)。饥荒调查会的报告中也有与达斯相同的发现(当时该报告还处于不公开状态),该报告指出,在 1943 年死亡人口中,男性的比例有所增加。[②] 该委员会还提到了马哈拉诺比斯对 2 622 个家庭所作的调查,这一调查表明,妇女的死亡率较高,但同时也指出了在调查中不同地区有“很强的不规律性”。

表 D7 所给出的是以 1941 年和 1942 年平均数为饥荒前“正

---

① 见《1911 年印度统计》,第Ⅰ卷,第Ⅰ部,第Ⅵ章附录,达斯(1949),第 93—96 页。

② 饥荒调查委员会(1945a,第 110—111 页)。加尔各答大学人类学系也注意到了这一现象,并将这一现象认定为 1943 年饥荒的“一个非常邪恶和显著的特点”(见古什,1944,附录 G,第 183 页)。

常”死亡人数所进行的性别分解、1943年超额死亡的性别分解以及1943—1946年超额死亡的性别分解，其中数字都是登记数字。在整个饥荒时期，这些比率都表现出相当的稳定性。在1943年的超额死亡中，虽然男性的比例比饥荒前略有提高，但从长期来看，超额死亡的性别比例分解与饥荒前的平均情况基本一致。①

表D7 西孟加拉男性、女性、婴幼儿和老人的超额死亡情况

	平均人数 1941—1942年		超额死亡人数 1943年		超额死亡人数 1943—1946年	
	人数	占总死亡人数的百分比	人数	占总死亡人数的百分比	人数	占总死亡人数的百分比
男性	191 943	52	140 439	54	315 282	52
女性	174 310	48	117 774	46	285 434	48
5岁以下的儿童	106 080	29	74 838	29	174 058	29
60岁以上的老人	57 044	16	40 212	16	93 600	16

资料来源：《1951年印度统计》卷Ⅵ，IB部所报告的近期登记数据。注意其中的“男性”和“女性”人数都包括各年龄段的人，“5岁以下婴幼儿”人数和“60岁以上老人”人数包括所有性别的人。

当然，在登记中难免存在误差，这种误差在饥荒之前和饥荒时期都会发生。事实上，达斯关于加尔各答难民的抽样调查更有可能发生严重误差。他的样本中包含了很高比例的已经“失去了挣钱养家的男性成员”的家庭，当调查者要求接受调查者回忆家中什么人已经死亡时，这一误差就会在结果中反映出来。②

① 在孟加拉男人人数一般高于女人人数，但是，在1941—1950年这十年中的每一年，就有记录的单位人口死亡率而言，女人人数却高于男人人数（见《1951年印度统计》第Ⅵ卷，第IB部，表7和表8，第29—30页）。

② 达斯(1949)，第93页。

在对19世纪饥荒的研究中，这一类观察误差究竟有多大呢？我无法回答，可以肯定的是，仅就1943年的饥荒而言，并不需要为解释性别比例差别而提出新的理论。[①] 达斯(1949)还注意到儿
213 童较高的死亡率，他认为："这将严重危害到下一代孟加拉人。"[②] 1944年，加尔各答大学人类学系在其出版的报告中也提到了类似的偏差。[③]

是否登记数字也是这样呢？答案是否定的。表D7给出了具体数字。在饥荒前夕，就平均数来说，5岁以下儿童死亡数占总死亡数的29%，1943年以及1943—1946年的四年饥荒期间这一比例没有变化。[④] 儿童的大量死亡当然是一个令人悲伤的问题，这不仅是饥荒死亡的一个特点，也是该地区非饥荒情况下死亡人口构成的一个特点。

表D7还给出了60岁以上老人的死亡数字。饥荒时期，中老人死亡数占死亡总数的比例与正常年份也完全相同。

最后，我们来讨论，在饥荒最严重的月份中死亡的分布情况。表D8是1943年7月至1944年7月份(死亡高峰期)各月份的死

① 我比较赞成本奈特(W. C. Bennet, C. S.)的一些建议："当男人无法找到工作时，妇女却可以在富裕的男人家中当女仆。""妇女拥有一些有价值的装饰品，一旦需要，她们就可以将其卖出。""在印度家庭中，一般是妇女掌管家庭贮藏物品并不顾忌这些东西可能给她自己带来的方便"(见《1911年印度统计》，第Ⅰ卷，第Ⅰ部，第Ⅵ章附录，第220—222页)。

② 见达斯(1949)，第91—92页。

③ 见古什(1944)，附录G。

④ 饥荒调查委员会(1945a)指出了一个月以下的婴儿的死亡人数有所下降，并把这归因于出生率的下降以及报告误差(第109页)。对这一组数据进行调整不会明显影响儿童死亡总比例。

亡登记情况，以及此前5年平均各月的死亡登记情况。[①] 令人吃惊的是，这两者的走势极为相似。[②] 在图D2中，这一点表现得更为明显。（为进一步说明这种直觉，我做了饥荒时期各月死亡人数 y 对饥荒前各月死亡人数 x 的最小二乘法回归分析，得到了一个很高的 r^2[③] 值，得到的回归方程是 $y=3\,175x-122\,535$，r^2 的置信度是0.95。）由此看来，饥荒只不过放大了每月的死亡数，提高了死亡高峰期的死亡人数比率。

表D8　1943年7月—1944年6月各月死亡人数与饥荒前5年各月死亡人数的比较

	1943—1944年各月死亡人数	1938—1942年各月平均死亡人数
7月	126 437	78 816
8月	151 126	83 968
9月	171 755	85 253
10月	236 754	105 529
11月	289 723	128 454
12月	328 708	142 033
1月	228 128	112 263
2月	170 955	89 594
3月	162 933	98 428
4月	167 368	98 615
5月	145 812	85 176
6月	106 032	74 774

① 这些数字来自饥荒调查委员会（1945a），第213页。

② 见朱第卡拉（Jutikala）和考品恩（Kauppinen，1971）关于芬兰工业化之前（1749—1805）"灾害"死亡与"正常"死亡的考察："数字表明，死亡的季节性分布模式不会因自然灾害而改变"（第284页）。

③ 样本测定系数，用于衡量回归方程拟合样本数据时两者接近的程度。——译注

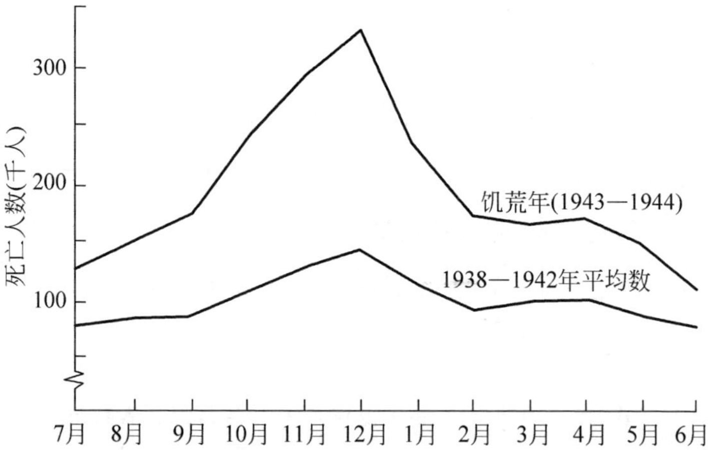

图 D2 饥荒前和饥荒期间每月登记的死亡人数分布

215 D.7 总结性评论

我们根本不可能准确地知道在 1943 年孟加拉饥荒中到底死亡了多少人，不过，有证据可以表明，300 万人这一估计数字要比饥荒调查委员会的 150 万人更符合实际情况（并被以后的许多著作引用）。造成这一差别的主要原因有两个：

(1) 由于饥荒引发了流行病蔓延，在饥荒过后，比较高的“超额”死亡率又持续了许多年，而饥荒调查委员会只计算了 1943 年和 1944 年上半年的死亡人数；

(2) 饥荒调查委员会低估了官方死亡记录中实际漏登的程度。

这些差别都是由饥荒调查委员会可利用的信息与我们今天能够利用的信息这二者之间的差别引起的。(1)饥荒调查委员会的工作时间是 1944 年年末至 1945 年年初，其死亡人数计算所覆盖的时期不可能超过1944年上半年。(2)饥荒调查委员会是在没有直接或间接估计漏登死亡严重程度的情况下，就随意选择了一个低估的漏登死亡修正系数。相反，今天我们可以使用把“逆残存方法”应用于1951年和1941年的数据所得出的计算结果，以及1948年的直接抽样调查结果。因此，从现在已掌握的信息得出的结果之间的差异就比较小(见第2节)。

大量死亡可被归因于饥荒是一个有意义的结论，关于死亡时间分布的分析则更有意义。可被归因于1943年饥荒的死亡人数的一半以上发生在1943年以后。在饥荒过后的很多年之后，死亡人数才恢复到饥荒前的水平。疟疾和其他热病、霍乱、天花、腹泻、伤寒等流行疾病在饥荒时期以及饥荒过后不久十分猖獗，在很长时期内危害着人们的健康(见表D1、D3和图D1)。这些对于公共卫生政策的制定是非常有意义的。

至于饥荒死亡的地区分布，不同地区的相对严重程度在饥饿阶段与流行病阶段有很大的不同(见表D4)。有意思的是，官方对不同地区饥荒严重程度的判断与“超额死亡人数”计算所揭示的排序相距甚远，饥饿阶段的“超额死亡人数”和流行病阶段的“超额死亡人数”都是如此。由于这些判断是政府救援行动和灾后恢复重建工作的依据，因此，认识到这些差异就具有现实意义。

有关死亡职业分布的信息极为有限，1944年关于贫困人口职
业分布的调查以及1943年的两次与职业有关的局部直接调查可 216
以给我们一个大致的印象(见第5节)。就绝对数而言，出现饥荒死亡最严重的职业组是农业工人，他们的相对死亡率比较高，不过，渔民、运输工人和城市中的非农业工人的死亡率也比较高。在

第 6 章中，我们分析了贫困人口职业分布特点及其成因，并联系到各职业组在生产和交换关系中的地位。

死亡的最主要原因——疾病具有两个特点：(1)地方性流行病；(2)在以往的饥荒中也曾流行过(见 D.3)。饥荒之所以造成这么多人死亡是因为，它对地方性疾病和正常死亡起到了火上浇油的作用。这可以解释为什么饥荒实际发生时死亡的季节分布以及饥荒过后不久死亡的季节分布都基本上与正常死亡的季节分布相似——只不过表现为死亡人数曲线的向上平移(见表 D8 和图 D2)。饥荒死亡的性别分布和年龄分布也与饥荒之前的情况惊人地相似(见表 D7)。

参考书目

AALL, C. and HELSING, E. (1976), 'The Sahelian Drought', *Journal of Tropical Pediatrics and Environmental Child Health*. 22.

ABDEL-FADIL, M. (1975), *Development, Income Distribution and Social Change in Rural Eygpt* (1952-1970), Cambridge: University Press.

ABDULLAH, A. A. (1976a), 'Land Reform and Agrarian Change in Bangladesh', *Bangladesh Development Studies*, 4.

ABDULLAH, A. A. (1976b), 'Agrarian Development and IRDP in Bangladesh', *Bangladesh Deoelopment Studies*, 4.

ABEL-SMITH, B. and TOWNSEND, P. (1965), *The Poor and the Poorest*, London: Bell.

ABUL FAZL (1592), *Ain-i-Akbari*, Agra. Translated by Blachmann and Jarrett, *Ain-i-Akbari*, 2nd edn. Calcutta, 1949.

ADELMAN, I and MORRIS, C. T. (1971), 'The Anatomy of the Pattern of Income Distribution in Developing Countries', *American Economic Review*, 61.

ADELMAN, I. and MORRIS, C. T. (1973), *Economic Growth and Social Equity in Developing Countries*, Stanford: University Press.

ADELMAN, I. and ROBINSON, S. (1978), *Income Distribution Policy in Developing Countries: A Case Study of Korea*, Oxford: University Press.

ADNAN, S., KAMAL, A., KHAN, A. M. and MUQTADA, M. (1977), 'Differentiation and Class Structure in Char Shamraj', Working Paper no. 8, Village Study Group, Dacca University.

ADNAN, S. and RAHMAN, H. Z. (1978), 'Peasant Classes and Land Mobility: Structural Reproduction and Change in Rural Bangladesh', Working Paper no. 9, Village Study Group, Dacca University.

ADY, P. (1944), 'Inflation in India', *Bulletin of the Oxford Institute of Statistcs*, 6.

Agro-Economic Research Centre for East India(1960), *Consumer Price Index and Wages for Agricultural Labourer in the Western Region of West Bengal*, Santiniketan: Visva-Bharati.

AHLUWALIA, M. (1976), 'Inequality, Poverty and Development', *Journal of Development Economics*, 3.

AHLUWALIA, M. (1978), 'Rural Poverty and Agricultural Performance in India', *Journal of Development Studies*, 14.

AHLUWALIA, M. (1979), 'Growth and Poverty in Developing Countries', World Bank Staff Working Paper no. 309.

AHMED IFTIKHAR (1975a), 'The Green Revolution, Mechanisation and Employment', ILO Working Paper WEP2-22/WP 12.

AHMED, IFTIKHAR (1975b), 'The Green Revolution in Bangladesh: Adoption, Diffusion and Distribution Questions', ILO Working Paper WEP 2-22/WP 16.

AHMED, IOBAL (1978), 'Unemployment and Underemployment in Bangladesh Agriculture', *World Development*, 6.

AHMED, RAISUDDIN (1979), *Foodgrain Supply, Distribution and Consumption Policies within a Dual Price Mechanism: A Case Study of Bangladesh*, Research Report no. 8, Washington DC: International Food Policy Research Institute.

ALAMGIR, M. (1976), 'Poverty, Inequality and Development Strategy in the Third World', mimeographed, Bangladesh Institute of Development Studies.

ALAMGIR, M. (1978a), *Bangladesh: A Case of Below Poverty Level Equilibrium Trap*, Dacca: Bangladesh Institute of Development Studies.

ALAMGIR, M. (1978b), 'Towards a Theory of Famine', Seminar Paper no. 103, Institute for International Economic Studies, University of Stockholm.

ALAMGIR, M. (1980), *Famine in South Asia—Political Economy of Mass Starvation in Bangladesh*, manuscript, Bangladesh Institute of Development Studies. Cambridge. Mass., Oelgeschlager, Gunn and Hain.

ALAMGIR, M., *et al* (1977), *Famine 1974: Political Economy of Mass Starvation in Bangladesh, A Statistical Annex*. Dacca: Bangladesh Institute of Development Studies.

ALAVI, HAMZA (1973), 'Peasant Classes and Primordial Loyalties', *Journal of Development Studies*, 1.

AMBIRAJAN, S. (1978), *Classical Political Economy and British Policy in India*, Cambridge: University Press.

AMIN, SAMIR (1974), *Neo Colonialism in West Africa*, New York: Monthly Review Press.

AMIN, SAMIR (ed.) (1975), *L'Agriculture africaine et le capitalisme*, Paris: Anthropos-Idep.

AMIN, SAMIR (1977), *Unequal Development*, New York: Monthly Review Press.

AMIN, SAMIR and VERGOPOULOS, K. (1974) *La Question paysanne et le capitalisme*, Paris: Anthropos-Idep.

ANAND, S. (1977), 'Aspects of Poverty in Malaysia', *Review of Income and Wealth*, 23.

ANAND, S. (1978), *Inequality and Poverty in Malaysia: Measurement and Decomposition*, St Catherine's College, Oxford; to be published.

ARROW, K. and HAHN, F. (1971), *General Competitive Analysis*, Edinburgh: Oliver and Boyd.

ATKINSON, A. B. (1969), *Poverty in Britain and the Reform of Social Security*, Cambridge: University Press.

ATKINSON, A. B. (1970), 'On the Measurement of Inequality', *Journal of Economic Theory*, 2.

ATKINSON, A. B. (1975), *The Economics of Inequality*, Oxford: Clarendon Press.

AYKROYD, W. R. (1974), *The Conquest of Famine*, London: Chatto and Windus.

AZIZ, SARTAJ (ed.) (1975), *Hunger, Politics and Markets: The Real Issues in the Food Crisis*, New York: University Press.

AZIZ, SARTAJ (1977), 'The World Food Situation and Collective Self-Reliance', *World Development*, 5.

AZIZ, SARTAJ (1978), *Rural Development: Learning from China*, London: Macmillan.

BAIER, S. (1974), 'African Merchants in the Colonial Period: A History of Commerce in Damagaram (Central Niger) 1880-1968, PhD dissertation, University of Wisconsin.

BAILEY, N. T. J. (1957), *The Mathematical Theory of Epidemics*, New York.

BAISHYA, P. (1975), 'Assam: Man-Made Famine', *Economic and Political Weekly*, 10, 24 May.

BALL, N. (1976), 'Understanding the Causes of African Famine', *Journal of Modern African Studies*. 14.

BALOGH, T. (1966), *The Economics of Poverty*, London: Weidenfeld and Nicolson (2nd edn. 1974).

BALOGH, T. (1978), 'Failures in the Strategy against Poverty', *World Development*, 6.

BARAN, P. A. (1962), *Political Economy of Growth*, New York: Monthly Review Press.

BARAN, P. A., and SWEEZY, P. M. (1966), *Monopoly Capital*, New York: Monthly Review Press.

BARDHAN, P. K. (1970), 'On the Minimum Level of Living and the Rural Poor', *Indian Economic Review*, 6.

BARDHAN, P. K. (1971), 'On the Minimum Level of Living and the Rural Poor: A Further Note', *Indian Economic Review*, 6.

BARDHAN, P. K. (1973), 'On the Incidence of Poverty in Rural India', *Economic and Political Weekly*, February 1973; reprinted in Srinivasan and Bardhan (1974).

BARDHAN, P. K. (1974), 'The Pattern of Income Distribution in India: A Review', in Srinivasan and Bardhan (1974).

BARRACLOUGH, S. (1977), 'Agricultural Production Prospects in Latin America', *World Development*, 5.

BARTEN, A. P. (1964), 'Family Composition, Prices and Expenditure Pattern', in Hart and Mills (1964).

BATCHELDER, A. B. (1971), *The Economics of Poverty*, New York: John Wiley.

BAUER, P. T. (1971), *Dissent on Development*, London: Weidenfeld and Nicolson.

BECKERMAN, W. (1977), 'Some Reflections on "Redistribution with Growth",' *World Development*, 5.

BECKERMAN, W. (1978), 'Estimates of Poverty in Italy in 1975', ILO World Employment Programme Working Paper. WEP2-23/WP 70.

BECKERMAN, W. (1979a), *The Impact of Income Maintenance Programmes on Poverty in Four Developed Countries*, Geneva: ILO.

BECKERMAN, W. (1979b), 'The Impact of Income Maintenance Payments on Poverty in Britain, 1975', *Economic Journal*, 89.

BELETE, S., GEBRE-MEDHIN, M., HAILEMARIAM, B., MAFFI, M., VAHLQUIST, B. and WOLDE-GABRIEL, Z. (1977), 'Study of Shelter Population in the Wollo Region', *Journal of Tropical Pediatrics and Environmental Child Health*, 23; republished from *Courrier*, (1976), 26.

BENGTSSON, B. (1979), *Rural Development Research: The Role of Power Relations*, SAREC Report, Stockholm: SIDA.

BENTZEL, R. (1970), 'The Social Significance of Income Distribution Statistics', *Review of Income and Wealth*, 16.

BERG, A. (1973), *The Nutrition Factor*, Washington, DC: Brookings Institution.

BERRY, L., CAMPBELL, D. J. and EMKER, I. (1977), 'Trends in Man-Land Interaction in West African Sahel'; in Dalby, Harrison Church and Bezzaz (1977).

BESHAH, T. W. and HARBISON, J. W. (1978), 'Afar Pastoralists in Transition and Ethiopian Revolution', *Journal of African Studies*, 5.

BHALLA, AJIT (1977), 'Technologies Appropriate for a Basic Needs Strategy', mimeographed. Geneva: ILO.

BHALIA, SHEILA (1979), 'Real Wage Rates of Agricultural Labourers in Punjab, 1961-77: A Preliminary Analysis', *Economic and Political Weekly*, 14, 30 June.

BHATIA, B. M. (1967), *Famines in India 1860-1965*, 2nd edn, Bombay: Asia.

BHATTACHARJEE, J. P. (1977) 'External Assistance and Agricultural Development in the Third World', *World Development*, 5.

BHATTACHARYA, N. and CHATTERJEE, G. S. (1974), 'Between-States Variation in Consumer Prices and Per Capita Household Consumption in Rural India', *Sankhyā*36.

BHATTACHARYA, N. and CHATTERJEE, G. S. (1977), 'A Further Note on Between-States Variation in Level of Living in Rural India', Technical Report no. ERU/4/77, Indian Statistical Institute, Calcutta.

BHATTY, I. Z. (1974), 'Inequality and Poverty in Rural India', in Srinivasan and Bardhan(1974).

BLACKORBY, C. and DONALDSON, D. (1977), 'Utility vs. Equity: Some Plausible Quasi-orderings', *Journal of Public Economics*, 7.

BLACKORBY, C. and DONALDSON, D. (1978), 'Measures of Relative Equity and Their Meaning in Terms of Social Welfare', *Journal of Economic Theory*, 18.

BLACKORBY, C. and DONALDSON, D. (1980a), 'Ethical Indices for the Measurement of Poverty', *Econometrica*, 48.

BLACKORBY, C. and DONALDSON, D. (1980b), 'A Theoretical Treatment of Indices of Absolute Inequality', *International Economic Review*, 21.

BLIX, G., HOFVANDER, Y. and VAHLQUIST, B. (1971), *Famine: A Symposium Dealing with Nutrition and Relief Operations in Times of Disaster*, Uppsala: Swedish Nutrition Foundation.

BLYN, G. (1966), *Agricultural Trends in India 1891-1947: Output, Availability and Production*, Philadelphia: University of Pennsylvania Press.

BONDESTAM, L. (1974), 'People and Capitalism in the North-East Lowlands of Ethiopia', *Journal of Modern African Studies*, 12.

BOOTH, A., CHAUDHRI, D. P. and SUNDRUM, R. M. (1979), 'Income Distribution and the Structure of Production', mimeographed, Australian National University, Canberra.

BOOTH, C. (1889), *Life and Labour of the People in London*, London.

BORDA, J. C. (1781), 'Mémoire sur les élections au scrutin', in *Mémoires de l'Académie Royale des Sciences*.

BORGSTROM, G. (1969), *Too Many: An Ecological Overview of Earth's Limitations*, New York: Collier.

BORGSTROM, G. (1973), *World Food Resources*, New York: Intext Publishers.

BORKAR, V. V. and NADKARNI, M. V. (1975), *The Impact of Drought on Rural Life*, Bombay: Popular Prakashan.

BOURNE, G. H. (1943), *Starvation in Europe*, London: Allen and Unwin.

BOWLEY, A. L. (1923), *The Nature and Purpose of the Measurement of Social Phenomena*, London: P. S. King.

BRADLEY, P. N. (1977), 'Vegetation and Environmental Change in West African Sahel', in O'Keefe and Wisner(1977).

BRODER, I. E., and MORRIS, C. T. (1980), 'Socially Weighted Real Income Comparisons: An Application to India', mimeographed, American University.

BROWN, J. A. C. (1954), 'The Consumption of Food in Relation to Household Composition and Income', *Econometrica*, 22.

BROWN, L. R. and ECKHOLM, E. P. (1974), *By Bread Alone*, Oxford: Pergamon Press.

BROWN, W. R. and ANDERSON, N. D. (1976), *Historical Catastrophes: Famines*, Reading, Mass: Addison-Wesley.

BRUTON, H. J. (1965), *Principles of Development Economics*, Englewood Cliffs, NJ: Prentice-Hall.

BURGER, G. C. E., *et al*. (1948), *Malnutrition and Starvation in Western Netherlands, September* 1944-*July* 1945, The Hague.

BURINGH, P. (1977), 'Food Production Potential of the World', *World Development*, 5.

BUTTS, R. E., and HINTIKKA, J. (eds) (1977), *Foundational Problems in the Special Sciences*, Dordrecht: Reidel.

CALDWELL, J. C. (1975), *The Sahelian Drought and its Demographic Implications*, Washington, D C.

CALDWELL, J. C. (1977), 'Demographic Aspects of Drought: An Examination of the African Drought of 1970-74', in Dalby, Harrison Church and Bezzaz (1977).

CANNON, T. G. (1978), 'The Role of Environmental Influence and "Natural" Disasters', mimeographed, Thames Polytechnic, London.

CASSEN, R. H. (1978), *India: Population, Economy, Society*, London: Macmillan.

Centre for Development Studies, Trivandrum (1975), *Poverty, Unemployment and Development Policy: A Case Study of Selected Issues with Reference to Kerala*, New York: United Nations.

Center for Disease Control (1973), *Nutritional Surveillance in Drought Affected Areas of West Africa (Mali, Mauritania, Niger, Upper Volta)*, Austin, Texas: US Public Health Service.

QHAKRAVARTY, SATYA (1980a), 'New Indices for the Measurement of Poverty', mimeographed, Indian Statistical Institute, Calcutta.

CHAKRAVARTY, SATYA (1980b), 'Some Further Results on the Measurement of Poverty', mimeographed, Indian Statistical Institute, Calcutta.

CHAKRAVARTY, S. and PAL, M. (1978), 'Some Results on Measurement of Inequality', Technical Report no. ERU/3/78, Indian Statistical Institute, Calcutta.

CHAKRAVARTY, SUKHOMOY and ROSENSTEIN-RODAN, P. N. (1965), *The Linking of Food Aid with Other Aid*, Rome: FAO.

CHAMBERS, J. D. (1972), *Population, Economy and Society in Pre-industrial England*, London: Oxford University Press.

CHATTERJEE, G. S. and BHATTACHARYA, N. (1974), 'On Disparities in Per Capita Household Consumption in India', *Sankhya: The Indian Journal of Statistics*, 36, Series C; reprinted in Srinivasan and Bardhan (1974).

CHATTOPADHYAYA, K. P. and MUKHERJEA, R. (1946), 'A Plan for Rehabilitation', in Mahalanabis *et al*. (1946).

CHAUDHURI, D. G. (1952), *Vital Statistics Special Report on Pilot Survey: In completeness of the Birth and Death Registration in Urban and Rural Areas in the Province of West Bengal during* 1948 *with Recommendations for its Improvement*, Calcutta: Government of West Bengal.

CHAUDHURI, PRAMIT (1978), *The Indian Economy: Poverty and Development*, London: Crosby Lockwood Staples.

CHENERY, H., AHLUWALIA, M. S., BELL, C. L. G., DULOY, J. H. and JOLLY, R. (1974). *Redistribution with Growth*, London: Oxford University Press.

CHICHILNISKY, GRACIELA (1979), 'Basic Needs and Global Models: Resources, Trade and Distribution', mimeographed, Essex University.

CLARK, S., HEMMING, R. and ULPH, D. (1979), 'On Indices for the Measurement of Poverty', mimeographed, Institute for Fiscal Studies, London.

CLARKE, T. (1978). *The Last Caravan*, New York: G. P. Tutnam's Sons.

CLAY, E. J. (1976), 'Institutional Change and Agricultural Wages in Bangladesh', *Bangladesh Development Studies*, 4.

CLIFFE, L. (1974), 'Feudalism, Capitalism and Famine in Ethiopia', *Review of African Political Economy*. 1.

CLINE, W. R. (1973), 'Interrelationship between Agricultural Strategy and Rural Income Distribution', *Food Research Institute Studies*, 12.

CLINE, W. R. (1975), 'Distribution and Development: A Survey of the Literature', *Journal of Development Economics*, 2.

Club du Sahel(1977), *Strategy and Programme for Drought Control and Development in the Sahel*, Paris: OECD.

COHEN, J. M. and WEINTRAUB, D. (1975), *Land and Peasants in Imperial Ethiopia: The Social Background to a Revolution*, Assen: Van Goreum.

COLE, J. (1976), *The Poor of the Earth*, London: Macmillan.

COLLIER, P. (1980), 'Poverty and Growth in Kenya', World Bank Staff Working Paper 389.

Comité Information Sahel(1974), *Qui se nourrit de la famine en Afrique?* Paris: Maspéro.

COPANS, J. *et al*. (1975), *Sécheresses et famines du Sahel*, Paris: Maspéro.

CURREY, B. (1978), 'The Famine Syndrome: Its Definition for Preparedness and Prevention in Bangladesh', *Ecology of Food and Nutrition*, 7.

DAHL, G., and HJORT, A(1976), *Having Herds: Pastoral Herd Growth and Household Economy*, Stockholm: University of Stockholm.

DAHL, G. and HJORT, A. (1979), *Pastoral Change and the Role of Drought*, Stockholm: SAREC.

DALBY, D. and HARRISON CHURCH, R. J. (1973), *Drought in Africa*, London: International African Institute.

DALBY, D., HARRISON CHURCH, R. J. and BEZZAZ, F. (1977), *Drought in Africa 2*, London: International African Institute.

DALTON, H. (1920), 'The Measurement of the Inequality of Incomes', *Economic Journal*, 30.

DALRYMPLE, D. (1964), 'The Soviet Famine of 1932-1934', *Soviet Studies*, 15.

DALRYMPLE, D. (1965), 'The Soviet Famine of 1932-1934, Some Further References', *Soviet Studies*, 16.

DANDEKAR, V. M. and RATH, N. (1971), *Poverty in India*, Poona: Indian School of Political Economy.

DAS, T. (1949), *Bengal Famine* (1943), Calcutta: University of Calcutta.

DASGUPTA, A. K. (1950), 'The Theory of Black Market Prices', *Economic Weekly*, 2, reprinted in Dasgupta (1965).

DASGUPTA, A. K. (1965), *Planning and Economic Growth*, London: Allen and Unwin.

DASGUPTA, BIPLAB (1977a), *Village Society and Labour Use*, Delhi: Oxford University Press.

DASGUPTA, BIPLAB (1977b), *Agrarian Change and the New Technology in India*, Geneva: UNRISD.

DASGUPTA, P., SEN, A. and STARRETT, D. (1973), 'Notes on the Measurement of Inequality', *Journal of Economic Theory*, 6.

DEATON, A., and MUELLBAUER, J. (1980), *Economics and Consumer Behaviour*, Cambridge: University Press.

DEBREU, G. (1959), *The Theory of Value*, NewYork: John Wiley.

DE HAEN, H. (1978), 'Analysing the World Food Problem', *Options: A IIASA News Report*. Winter.

DHARM, NARAIN (1976), *Growth of Productivity in Indian Agriculture*, Occasional Paper no. 93. Cornell University.

DICKSON, H. (1977), 'Agricultural Policy in the World Market', Working

Paper, Nationalekonomiska Institutionen, Göteborgs Universitet.

Dodge, C. P. and Wiebe, P. D. (1979), 'Famine Relief and Development in Rural Bangladesh', *Economic and Political Weekly*, 11, 29 May.

Donaldson, D. and Weymark, J. A. (1980a), 'A Single-Parameter Generalization of the Gini Indices of Inequality', *Journal of Economic Theory*, 22.

Donaldson, D. and Weymark, J. A. (1980b), 'Ethically Flexible Gini Indices for Income Distribution in the Continuum', Discussion Paper no. 8020, CORE, Louvain.

Dorfman, R. (1979), 'A Formula for the Gini Coefficient', *Review of Economics and Statistics*, 61.

Drewnowski, J. (1977), 'Poverty: Its Meaning and Measurement', *Development and Change*, 8.

Dutt, R. C. (1900), *Famines and Land Assessment in India*, London.

Dutt, R. C. (1901), *Indian Famines: Their Causes and Prevention*, London.

Dutta, Bhaskar (1978), 'On the Measurement of Poverty in Rural India', *Indian Economic Review*. 13.

Dutta, Bhaskar (1979), 'Intersectoral Disparities and Income Distribution in India: 1960-61 to 1973-74', Working Paper no. 209. Delhi School of Economics.

Dworkin, Ronald (1977), *Taking Rights Seriously*, London: Duckworth (2nd edn. 1978).

Eden, F. M. (1797), *The State of the Poor*, London.

Edquist, C. and Edqvist, O. (1979), *Social Carriers of Techniques of Development*, Stockholm: SIDA.

Ehrlich, P. R. and Ehrlich, A. H. (1972), *Population Resource Environment: Issues in Human Ecology*, San Francisco: Freeman.

El Khawas, M. (1976), 'A Reassessment of International Relief Programs', in Glantz (1976).

Emmanuel, A. (1972), *Unequal Exchange*, New York: Monthly Review Press.

Engel, E. (1895), 'Die Lebenskosten belgischer Arbeiter-Familien früher und jetzt', *International Statistical Institute Bulletin*, no. 9.

Engels, F. (1892), *The Condition of the Working-Class in England in 1844*, London: Allen and Unwin.

Esherick, J. (1972), 'Harvard on China: The Apologetics of Imperialism', *Bulletin of Concerned Asian Scholars*, 4.

Esherick, J. (1976), *Reform and Revolution in China*, Berkeley: University of California Press.

Ethiopian Ministry of Agriculture(1973), *Final Report of the Crop Condition Survey for 1972-73 Harvest.* Addis Ababa: Imperial Ethiopian Government.

Ethiopian Ministry of Agriculture(1974), *A Photogrammatic Assessment of 1966 E. C. Harvest Conditions in Eritrea, Tigra, Wollo, Northern Shea and Harerghe*, Addis Ababa: Imperial Ethiopian Government.

Ethiopian Relief and Rehabilitation Commission(1975), [Report on the first] $1\frac{1}{2}$ *years. May Starvation Cease-'Ethiopia Tikdem'*, Addis Ababa: Imperial Ethiopian Government.

Etienne, G. (1968), *Studies in Indian Agriculture: The Art of the Possible*, Berkeley: University of California Press.

Etienne, G. (1977a), *Bangladesh: Development in Perspective*, Geneva: Graduate Institute of International Studies.

Ginneken, W. van (1979a), 'Income Distribution in LDCs—A Survey of Current Research' mimeographed, Geneva: ILO.

Ginneken, W. van (1979b), 'Basic Needs in Mexico: Analysis and Policies', ILO Working Paper. WEP2-23/WP 76.

Glantz, M. H. (ed.) (1976), *The Politics of Natural Disaster: The Case of the Sahel Drought*, New York: Praeger.

Glantz, M. H. and Parton, W. (1976), 'Weather and Climate Modification and the Future of the Sahel', in Glantz (1976).

Goedhart, T., Halberstadt, V., Kapteyn, A. and van Praag, B. (1977), 'The Poverty Line: Concept and Measurement' *Journal of Human Resources*, 4.

Gorman, W. M. (1956), 'The Demand for Related Goods', *Journal Paper*

J3129, Iowa Experimental Station, Ames, Iowa.

GORMAN, W. M. (1976), 'Tricks with Utility Function', in M. J. ARTIS and A. R. NOBAY (eds), *Essays in Economic Analysis*, Cambridge: University Press.

GRAAFF, J. DE V. (1946), 'Fluctuations in Income Concentration', *South African Journal of Economics*. 14.

GRAAFF, J. DE V. (1977), 'Equity and Efficiency as Components of the General Welfare', *South African Journal of Economics*, 45.

GRANT, J. P. (1978), *Disparity Reduction Rates in Social Indicators*, Washington, DC: Overseas Development Council.

GRAY, M. (1979), *Man against Disease: Preventive Medicine*, Oxford: University Press.

GREENOUGH, P. R. (1979), 'Prosperity and Misery in Modern India: The Bengal Famine 1943-44', mimeographed, Department of History, University of Iowa; to be published.

GRIFFIN, K. (1976), *Land Concentration and Rural Poverty*, London: Macmillan.

GRIFFIN, K. (1978), *International Inequality and National Poverty*, London: Macmillan.

GRIFFIN, K. (1979), *The Political Economy of Agrarian Change*, 2nd edn, London: Macmillan.

GRIFFIN, K. and GHOSE, A. (1979), 'Growth and Impoverishment in the Rural Areas of Asia', *World Development*, 7.

GRIFFIN, K. and JAMES, J. (1979), 'Problems of Transition to Egalitarian Development'. *Manchester School*, 47.

GRIFFIN, K. and KHAN, A. R. (eds.) (1977), *Poverty and Landlessness in Rural Asia*. Geneva: ILO.

GRIFFIN, K. and KHAN, A. R. (1978), 'Poverty in the Third World: Ugly Facts and Fancy Models', *World Development*, 6.

GULATI, I. S. and KRISHNAN, T. N. (1975), 'Public Distribution and Procurement of Foodgrains: A Proposal', *Economic and Political Weekly*, 10, 24 May.

GULATI, I. S. and KRISHNAN, T. N. (1976), 'Public Distribution and Procurement of Foodgrains: A Correction and Some Elucidations and Observations',

Economic and Political Weekly, 11, 21 February.

GUPTA, A. P. (1977), *Fiscal Policy for Employment Generation in India*, Delhi: Tata McGraw-Hill.

HAALAND, G. (1977), 'Pastoral Systems of Production: the Sociocultural Context and Some Economic and Ecological Implications', in O'Keefe and Wisner (1977).

HABIB, IRFAN (1963), *Agrarian Systems of Mughal India*, London: Asia Publishing House.

HAMADA, K. and TAKAYAMA, N. (1978), 'Censored Income Distribution and the Measurement of Poverty', *Bulletin of International Statistical Institute*, 47.

HAMILTON, C. (1975), 'Increased Child Labour—An External Diseconomy of Rural Employment Creation for Adults', *Asian Economies*, December.

HAMMOND, P. J. (1977), 'Dual Interpersonal Comparisons of Utility and the Welfare Economics and Income Distribution', *Journal of Public Economics*, 6.

HAMMOND, P, J. (1978), 'Economic Welfare with Rank Order Price Weighting', *Review of Economic Studies*. 45.

HANSEN, B. (1969), 'Employment and Wages in Rural Egypt', *American Economic Review*, 59.

HANSSON, B. (1977), 'The Measurement of Social Inequality', in Butts and Hintikka(1977).

HAQ, MAHBUBUL (1976), *The Poverty Curtain: Choices for the Third World*, New York: Columbia University Press.

HAQUE, W., MEHTA, N., RAHMAN, A. and WIGNARAJA, P. (1975), *Towards a Theory of Rural Development*, Bangkok: UN Asian Development Institute.

HARDIN, C. M. (ed.) (1969), *Overcoming World Hunger*, Englewood Cliffs, NJ: Prentice-Hall.

HARE, R. M. (1963), *Freedom and Reason*, Oxford: Clarendon Press.

HARLE, V. (ed.) (1978), *The Political Economy of Food*, Westmead: Saxon House.

HARRISON CHURCH, R. J. (1961), 'Problems and Development of the Dry Zone of West Africa', *Geographical Journal*, 127.

HARRISON CHURCH, R. J. (1973), 'The Development of the Water Resources of the Dry Zone of West Africa', in Dalby and Harrison Church (1973).

HART, HERBERT (1961), *The Concept of Law*, Oxford: Clarendon Press.

HART, OLIVER (1977), 'On the Profitability of Speculation', *Quarterly Journal of Economics*. 91.

HART, P. and MILLS, G. (1964), *Econometric Analysis for National Accounts*, London: Butterworth.

HARTMANN, B., and BOYCE, J. (1979) *Needless Hunger: Voices from a Bangladesh Village*, San Francisco: Institute for Food and Development Policy.

HARTWELL, R. M. (1972), *The Long Debate on Poverty*, London: Institute of Economic Affairs.

HAY, R. W. (1975), 'Analysis of Data from Ogaden-Hararghe Province', Consolidated Food and Nutrition Information System. Ethiopian Food and Nutrition Surveillance Programme. Addis Ababa.

HAY, R. W. (1978a), 'The Concept of Food Supply System: with Special Reference to Management of Famine', *Ecology of Food and Nutrition*, 7.

HAY, R. W. (1978b), 'The Statistics of Hunger', *Food Policy*, November.

HAY, R. W. (1980), 'The Food, Accounting Matrix: An Analytical Device for Food Planning', mimeographed, Queen Elizabeth House, Oxford.

HAZLEWOOD, A. (1976), 'Kenya: Income Distribution and Poverty: An Unfashionable View', *Journal of Modern African Studies*, 16.

HELLEINER, G. K. (1966), *Peasant Agriculture, Government and Economic Growth in Nigeria*, Homewood, Ill.: Irwin.

HELWEG-LARSEN, P. *et al*. (1952), 'Famine Diseases in German Concentration Camps', *Acta Medica Scandinavia*, suppl. 274, Stockholm.

HEYER, JUDITH (1980), 'The Impact of Smallholder Rural Development Programme on Poverty in Tropical Africa', mimeographed, Queen Elizabeth House, Oxford.

HEYER, J., ROBERTS, P. and WILLIAMS, G. (eds) (1980), *Rural Development in*

Tropical Africa, London: Macmillan.

Hicks, J. R. (1939), *Value and Capital*, Oxford: Clarendon Press.

Hicks, J. R. (1958), 'The Measurement of Real Income', *Oxford Economic Papers*, 10.

Hicks, J. R. (1979), *Causality in Economics*, Oxford: Basil Blackwell.

Hirsch, F. (1976), *Social Limits to Growth*, Cambridge, Mass.: Harvard University Press.

Hirschman, A. O. (1977), *The Passions and the Interests*, Princeton, NJ: University Press.

Hirschman, A. O. and Rothschild, M. (1973), 'The Changing Tolerance for Income Inequality in the Course of Economic Development', *Quarterly Journal of Economics*, 87.

Hobsbawm, E, J. (1957), 'The British Standard of Living, 1790-1850', *Economic History Review*. 10.

Hobsbawm, E. J. (1968), 'Poverty', in *International Encyclopaedia of the Social Sciences*, New York.

Hobsbawm, E. J., Mitra, A., Raj, K. N., Sachs, I. and Thorner, A. (eds) (1980), *Peasants in History: Essays in Memory of Daniel Thorner*, Calcutta: Oxford University Press.

Holt, J. and Seaman, J. (1976), 'The Scope of the Drought', in Hussein (1976).

Holt, J. and Seaman, J. (1979), 'The Causes and Nature of Famine: A General Theory', mimeographed, International Disaster Institute, London.

Holt, J., Seaman, J. and Rivers, J. P. W. (1975), 'The Ethiopian Famine of 1973-74: 2. Hareighe Province', *Proceedings of the Nutritional Society*, 24.

Hopecraft, A. (1968), *Born to Hunger*, London: Pan Books.

Hsia, R. and Chau, L. (1978), *Industrialisation, Employment and Income Distribution*, London: Croom Helm.

Hueckel, G. (1973), 'War and the British Economy, 1815-1973: A General Equilibrium Analysis', *Explorations in Economic History*, 10.

Huq, A. (ed,) (1976), *Exploitation and the Rural Poor*, Comilla: Bangladesh

Academy of Rural Development.

Hussein, A. M. (ed.) (1976), *Rehab: Drought and Famine in Ethiopia*, London: International African Institute.

Hutchinson, J. (1972), *Farming and Food Supply*, Cambridge: University Press.

ILO(1976a), *Employment, Growth and Basic Needs: A One-World Problem*, Geneva: ILO.

ILO(1976b), *Basic Needs and National Employment Strategies*, Background Papers, vol. I, Tripartite World Conference on Employment, Income Distribution and Social Progress and the International Division of Labour, Geneva. ILO.

Imperato, P. J. (1976), 'Health Care Systems in the Sahel before and after the Drought', in Glantz(1976).

Institute for Food and Development Policy (1979). 'The Aid Debate', Working Paper no. 1, San Francisco.

Interfutures (1979), *Facing the Future: Mastering the Probable and Managing the Unpredictable*, Paris: OECD.

Isenman, P. J. and Singer, H. W. (1977), 'Food Aid: Disincentive Effects and Their Policy Implications', *Economic Development and Cultural Change*, 25.

Ishikawa, S. (1977), 'China's Food and Agriculture', *Food Policy*, May.

Ishikawa, S., Khan, A. R., Ahmed, I., Naseem, S. M., Wickramasekara, P., Lee, E. and Vaidyanathan, A. (1980), *Employment Expansion in Asian Agriculture, Asian Employment Programme, Bangkok*: ILO/ARTEP.

Islam, Nurul (1977), *Development Planning in Bangladesh: A Study in Political Economy*, London: Hurst.

Islam, Rushidan (1977), 'Approaches to the Problem of Rural Development', Working Paper no, 10, Village Study Group, Dacca University.

Jackson, D. (1972), *Poverty*, London: Macmillan.

Jain, S. P. (1954), 'Computed Birth and Death Rates in India during 1941-

1950', Annexure II, *Estimation of Birth and Death Rates in India during* 1941-50, 1951 Census of India, Paper no. 6, New Delhi, Government of India.

JODHA, N. S. (1975), 'Famine and Famine Policies: Some Empirical Evidence', *Economic and Political Weekly*, 10, October 11.

JOHNSON, B. L. C. (1975), *Bangladesh*, London: Heinemann.

JOHNSON, D. GALE (1967), *The Struggle against World Hunger*, New York: Foreign Policy Association.

JOHNSON, D. GALE (1973). 'Famine', in *Encyclopaedia Britannica*, 1973 edn.

JOHNSON, D. GALE (1975), *World Food Problems and Prospects*, Washington, D C: American Enterprises Institute for Public Policy Research.

JOHNSON, D. GALE (1976), 'Increased Stability of Grain Supplies in Developing Countries: Optimal Carryovers and Insurance', *World Development*, 4.

JOLLY, R. (1976), 'The World Employment Conference: The Enthronement of Basic Needs', *Overseas Development Institute Review*, no. 2.

JOSHI, NANDINI (1978), *The Challenge of Poverty: The Developing Countries in the New International Order*. Delhi: Vazirani and Arnold-Heinemann.

JOSLING, T. (1977), 'Grain Reserves and Government Agricultural Policies', *World Development*, 5.

JOY, L. and PAYNE, P. (1975), *Food and Nutrition Planning*, Nutrition Consultants Reports Series, no. 35; ESN: CRS/75/34, Rome: FAO.

JUTIKKALA, E. and KAUPPINEN, M. (1971), 'The Structure of Mortality during Catastrophic Year in Pre-Industrial Society', *Population Studies*, 25.

KAKWANI, N. (1977), 'Measurement of Poverty and Negative Income Tax', *Australian Economic Papers*, 16.

KAKWANI, N. (1980a), *Income Inequality and Poverty*, New York: Oxford University Press.

KAKWANI, N. (1979), 'Issues in Measurement of Poverty', Discussion Paper no. 330, Institute of Economic Research, Queen's University, Kingston, Ontario.

KAKWANI, N. (1980b), 'On a Class of Poverty Measures', *Econometrica*, 48.

KAIDOR, NICHOLAS (1976), 'Inflation and Recession in the World Economy', *Economic Journal*, 86.

KAUTILYA (*circa* 320 BC), *Arthasastra*, Pataliputra (Patna); translated by R. SHAMASASTRY, *Kautiliya Arthasastra*, Mysore, 1909; 2nd edn, 1919; Bangalore, 1915; 2nd edn, 1923.

KEYS, A. (1950), *The Biology of Human Starvation*, Minneapolis.

KHALIFA, A. and SIMPSON, M. (1972), 'Perverse Supply in Nomadic Conditions', *Oxford Agrarian Studies*, 1.

KHAN, A. R. (1972), *The Economy of Bangladesh*, London: Macmillan.

KHAN, A. R. (1977), 'Poverty and Inequality in Rural Bangladesh', in Griffin and Khan (1977).

KHAN, A. R. (1979), 'The Comilla Model and the Integrated Rural Development Programme in Bangladesh: An Experiment in Cooperative Capitalism'. *Wold Development*, 7.

KLOTH, T. I. (1974), *Sahel Nutrition Survey* 1974, Atlanta: US Public Health Service.

KLOTH, T. I. *et al*. (1976), 'Sahel Nutrition Survey: 1974', *American Journal of Epidemiology*, 103.

KNIGHT, C. G. and NEWMAN, J. L. (1976), *Contemporary Africa: Geography and Change*, Englewood Cliffs, NJ: Prentice-Hall.

KNUDSON, O. and SCANDIZZO, P. L. (1979), 'Nutrition and Food Needs in Developing Countries', World Bank, Staff Working Paper no. 328.

KOLM, S. Ch. (1969), 'The Optimal Production of Social Justice', in Margolis and Guitton (1969).

KOLM, S. Ch. (1976a), 'Unequal Inequalities: I', *Journal of Economic Theory*, 12.

KOLM, S. Ch. (1976b), 'Unequal Inequalities: II', *Journal of Economic Theory*, 13.

KONANDREAS, P., HUDDLESTON, B. and RAMANGKURA, V. (1979), *Food Security: An Insurance Approval*, Washington, D C: International Food Policy Research Institute.

KOOPMANS, T. C. (1957), *Three Essays on the State of the Economic Science*,

New York: McGraw-Hill.

KORNAL, JÁNOS (1979a), *The Economics of Shortage*, mimeographed; to be published.

KORNAI, J. (1979b), Resource-constrained versus Demand-constrained Systems', *Econometrica*, 47.

KRELLE, W. and SHORROCKS, A. F. (1978), *Personal Income Distribution*, Amsterdam: North-Holland.

KRISHNAJI, N. (1976), 'Public Distribution and Procurement of Foodgrains: A Comment', *Economic and Political Weekly*, 11, 21 February.

KUMAR, DHARMA (1974), 'Changes in Income Distribution and Poverty in India: A Review of the Literature', *World Development*, 2.

KUMAR, S. K. (1979), *Impact of Subsidised Rice on Food Consumption in Kerala*, Washington. D C: International Food Policy Research Institute.

KUNDU, A., and SMITH, T. E. (1981), "On the Possibility of Poverty Indices", Working Paper 43, Regional Science and Transportation, University of Pennsylvania.

KUZNETS, S. (1966), *Modern Economic Growth*, New York: Norton.

LADEJINSKY, W. (1976), 'Food Shortage in West Bengal: Crisis or Chronic?', *World Development*, 4.

LAL., DEEPAK (1976), 'Agricultural Growth, Real Wages and the Rural Poor in India', *Economic and Political Weekly*, 11.

LANCASTER, K. J. (1966), 'A New Approach to Consumer Theory', *Journal of Political Economy*, 74.

LAPPÉ, F. M. and COLLINS, J. (1977), *Food First: Beyond the Myth of Scarcity*, New York: Houghton Mifflin (republished New York: Ballantine Books, 1979).

LAPPÉ, F. M. and COLLINS, J. (1978), *World Hunger: Ten Myths*, San Francisco: Institute for Food and Development Policy.

LARDY, N. R. (1978), *Economic Growth and Distribution in China*, Cambridge: University Press.

LEVINSON, F. J. (1974), *Morinda: An Economic Analysis of Malnutrition among Young Children in Rural India*, Cambridge, Mass,: Cornell-MIT International Nutrition Policy Series.

LIFSCHULTZ, L. (1975), 'The Crisis Has Not Passed', *Far Eastern Economic Review*, 5 December.

LIPTON, MICHAEL (1977), *Why Poor People Stay Poor: A Study of Urban Bias in World Development*, London: Temple Smith.

LIVINGSTONE, I. (1977), 'Economic Irrationality among Pastoral Peoples: Myth or Reality', *Development and Change*, 8.

LLOYD, E. M. H. (1956), *Food and Inflation in Middle East 1944-45*, Stanford: University Press.

LOFCHIE, M. F. (1975), 'Political and Economic Origins of African Hunger', *Journal of Modern African Studies*, 14.

LÖRSTAD, M. H. (1976), 'Nutrition Planning through Gaming', *Food and Nutrition*, 3.

LOVEDAY, A. (1916), *The History and Economics of Indian Famines*, London: G. Bell.

LUCE, R. D. and RAIFFA, H. (1958), *Games and Decisions*, New York: John Wiley.

LUNDHOLM, B. (1976), 'Domestic Animals in Arid Ecosystems', in Rapp, Le Houérou and Lundholm(1976).

MADISON, ANGUS (1970), 'The Historical Origins of Indian Poverty', *Banca Nazionale del Lavorò*, no. 92.

MAGDOFF, H. (1968), 'The Age of Imperialism', *Monthly Review*, 20.

MAHALANOBIS, P. C., MUKHERJE, R., and GHOSH, A. (1946), 'A Sample Survey of After-effects of the Bengal Famine of 1943', *Sankhya*, 7.

MAHALANOBIS, P. C., *et al.* (1946), *Famine and Rehabilitation in Bengal*, Calcutta: Statistical Publishing Society.

MALLORY, W. H. (1926), *China: Land of Famine*, New York: American Geographical Society.

MALTHUS, T. R. (1798), *Essay on the Principle of Population as It Affects the Future Improvement of Society*, London.

MALTHUS, T. R. (1800), *An Investigation of the Cause of the Present High Price of Provisions*, London.

MANETSCH, J. (1977), 'On the Role of Systems Analysis in Aiding Countries Facing Acute Shortages', *Man and Cybernetics*, 7 April.

MANN, H. H. (1955), *Rainfall and Famine*, Bombay: Indian Society of Agricultural Economics.

MANN, J. S. (1968), 'The Impact of Public Law 480 Imports on Prices and Domestic Supply of Cereals in India', *American Journal of Farm Economics*, 49.

MANSERGH, N, (ed.)(1971), *The Transfer of Power 1942-7*. vol. Ⅲ, London: HMSO.

MANSERGH, N, (ed.)(1973), *The Transfer of Power 1942-7*. vol. Ⅳ, London: HMSO.

MARGLIN, S. A. (1974-5), 'What Do Bosses Do?' *Review of Radical Political Economics*, Part I, 6; Part Ⅱ, 7.

MARGOLIS, J. and GUITTON. H. (eds) (1969), *Public Economics*, London: Macmillan.

MARNHAM, P. (1977), *Nomads of the Sahel*, London: Minority Rights Group.

MARRIS, R. and THEIL, H. 'International Comparisons of Economic Welfare', presented to A. E. A., Denver(1980), 'Towards a World Utility Function', mimeographed, Department of Economics, University of Maryland.

MARX, KARL (1857-8), *Grundrisse der Kritik der Politischen Okonomie*. Moscow: Marx-Engels-Lenin Institute, 1939 and 1941; English translation by M. Nicolaus(1973), *Grundisse: Foundations of the Critique of Political Economy*, Harmondsworth: Penguin; also part translation with supplementary texts of Marx and Engels, and with an Introduction by Eric Hobsbawm (1964), *Pre-Capitalist Economic Formations*, London: Lawrence and Wishart.

MARX, KARL (1859), *Zur Kritik der Politischen Ökonomie*, Berlin: Deitz Verlag, 1964,; English translation by S. W. Ryazanskaya, with an Introduction by Maurice Dobb(1971), A *Contribution to the Critique of Political Economy*, London: Lawrence and Wishart.

MARX, KARL (1867), *Das Kapital*, vol. I; English translation by S. Moore and E. Aveling, edited by F. Engels (1887), *Capital: A Critical Analysis of Capitalist Production*, vol. I, London: Sonnenschein; republished by Allen and Unwin, 1938.

MASEFIELD, G. B. (1963), *Famine: Its Prevention and Relief*, Oxford: University Press.

MATHIAS, PETER (1972), 'Adam's Burden: Diagnoses of Poverty in Post-Medieval Europe and the Third World Now', Gildersleeve Lecture, Barnard College, Columbia University.

MATLOCK, W. G. and COCKRUM, E. L. (1976), 'Agricultural Production Systems in the Sahel', in Glantz (1976).

MAYER, JEAN (1975), 'Management of Famine Relief', *Science* 5, 9 May.

Mc ALPIN, MICHELLE (1976), 'The Demographic Effects of Famine in Bombay Presidency, 1871-1931: Some Preliminary Findings', mimeographed, Economics Department. Tufts University.

Mc HENRY, D. F. and BIRD, K. (1977), 'Food Bungle in Bangladesh', *Foreign Policy*, no. 27, Summer.

Mc LAREN, D. S. (1974), 'The Great Protein Fiasco', *Lancet*. 13 July.

MEADOWS, D. H., MEADOWS, D. L., RANDERS, J. and BEHRENS Ⅲ, W. W. (1972), *The Limits to Growth*, Washington, DC: Potomac Associates.

MEILLASSOUX, C. (1972), 'From Reproduction to Production', *Economy and Society*, 1.

MEILLASSOUX, C. (1974), 'Development or Exploitation: Is the Sahel Famine Good for Business?' *Review of African Political Economy*, 1.

MEILLASSOUX, C. (1975), *Femme, greniers, et capitaux*, Paris: Maspéro.

MELLOR, J. W. (1976), *The New Economics of Growth: A Strategy for India and the Developing World*, Ithaca, NY: Cornell University Press.

MELLOR, J. W. (1978a), 'Food Price Policy and Income Distribution in Low-Income Countries', *Economic Development and Cultural Change*, 27.

MELLOR, J. W. (1978b), *Three Issues of Development Strategy: Food. Population, Trade*, Washington, DC: IFPRI.

MENCHER, J. P. (1978), 'Why Grow More Food?: An Analysis of Some

Contradictions in the"Green Revolution"in Kerala', *Economic and Political Weekly*, 13.

Mia, Ahmadullah (1976), *Problems of Rural Development: Some Household Level Indicators*, Dacca Integrated Rural Development Programme.

Miller, D. S., and Holt, J. F. J. (1975), 'The Ethiopian Famine', *Proceedings of the Nutritional Society*, 34.

Miller, H. P. (1971), *Rich Man, Poor Man*, New York: Cromwell.

Miller, S. M., Rein, M., Roby, P. and Cross, B. (1967), 'Poverty, Inequality and Conflict', *Annals of the American Academy of Political Science*.

Miller, S. M. and Roby, P. (1971), 'Poverty: Changing Social Stratification', in Townsend(1971).

Minhas, B. S. (1970), 'Rural Poverty, Land Distribution and Development', *Indian Economic Review*, 5.

Minhas, B. S. (1971), 'Rural Poverty and Minimum Level of Living', *Indian Economic Review*, 6.

Minhas, B. S. (1974), 'Rural Poverty, Land Distribution and Development Strategy: Facts', in Srinivasan and Bardhan(1974).

Mitra, Ashok (1977), *Terms of Trade and Class Relations: An Essay in Political Economy*, London: Frank Cass.

Monod, T. (ed.) (1975), *Pastoralism and Development in Africa*, London: Oxford University Press.

Moraes, Dom (1974), *A Matter of People*, London: Deutsch.

Moraes, Dom (1975), 'The Dimensions of the Problem: Comment', in Aziz (1975).

Morawetz, D. (1977), *Twenty-five Years of Economic Development* 1950 *to* 1975, Baltimore: Johns Hopkins University Press.

Morris, M. D. (1974), 'What is Famine?', *Economic and Political Weekly*, 9, 2 November.

Morris, M. D. (1975), 'Needed: A New Famine Policy', *Economic and Political Weekly*, Annual Number, 10.

Morris, M. D. (1979), *Measuring the Condition of the World's Poor: The Physical Quality of Life Index*, Oxford: Pergamon Press.

MUELLBAUER, JOHN (1974a), 'Recent UK Experience of Prices and Inequality: An Application of True Cost of Living and Real Income Indices', *Economic Journal*, 84.

MUELLBAUER, JOHN (1974b), 'Household Composition, Engel Curves and Welfare Comparison between Households: A Duality Approach', *European Economic Review*, 5.

MUELLBAUER, JOHN (1974c), 'Inequality Measures, Prices and Household Composition', *Review of Economic Studies*, 41.

MUELLBAUER, JOHN (1975), 'Aggregation, Income Distribution and Consumer Demand', *Review of Economic Studies*, 42.

MUELLBAUER, JOHN (1976), 'Community Preferences and the Representative Consumer', *Econometrica*, 44.

MUELLBAUER, JOHN (1977a), 'Cost of Living', in *Social Science Research*, London: HMSO.

MUELLBAUER, JOHN (1977b), 'Testing the Barten Model of Household Composition Effects and the Cost of Children', *Economic Journal*, 87.

MUELLBAUER, JOHN (1978), 'Distributional Aspects of Price Comparisons', in Stone and Peterson(1978).

MUELLBAUER, JOHN (1980), 'The Estimation of the Prais-Houthakker Model of Equivalent Scales', *Econometrica*, 48.

MUKERJI, K. (1952), *Socio-Economic Survey of 49 Villages*, Calcutta: Chatterjee and Co.

MUKERJI, K. (1957), *The Problems of Land Transfer*, Santiniketan: Visva-Bharati.

MUKERJI, K. (1965), *Agriculture, Famine and Rehabilitation in South Asia*, Santiniketan: Visva-Bharati.

MUKHERJEE, M., BHATTACHARYA, N. and CHATTERJEE, G. S. (1972), 'Poverty in India: Measurement and Amelioration', *Commerce*(Calcutta), 125.

MUNDLAK, Y. (1979), *Intersectoral Factor Mobility and Agricultural Growth*, Washington. D C: International Food Policy Research Institute.

MYINT, H. (1973), *The Economics of Developing Countries*, 4th edn, London: Hutchinson.

Myrdal, Gunnar (1957), *Economic Theory and Underdeveloped Regions*, London: Duckworth.

Myrdal, Gunnar (1968), *Asian Drama*, New York: Pantheon.

Nakamura, J. I. (1966), *Agricultural Production and the Economic Development of Japan 1873-1922*, Princeton, NJ: University Press.

Nash, V. (1900), *The Great Famine and Its Causes*, London: Longmans.

National Bank of Ethiopia (1976), *Eleventh Annual Report 1974/5*, Addis Ababa: Government of Ethiopia.

Newman, J. L. (1975), *Drought, Famine and Population Movements in Africa*, Syracuse, NY: University Press.

Newman, Peter (1977), 'Malaria and Mortality', *Journal of American Statistical Association*, 72.

Nicholson, J. L. (1976), 'Appraisal of Different Methods of Estimating Equivalent Scales and Their Results', *Review of Income and Wealth*, 22.

Nolan, Liam (1974), *The Forgotten Famine*, Dublin: Mercier Press.

Norton, B. E. (1976), 'The Management of Desert Grazing Systems', in Glantz (1976).

Nozick, Robert (1974), *Anarchy, State and Utopia*, Oxford: Basil Blackwell.

OECD Development Centre (1979), *Food Aid for Development*, Paris: OECD.

Ohkawa, K. and Rosovsky, H. (1960), 'The Role of Agriculture in Modern Japanese Economic Development', *Economic Development and Cultural Change*, 9.

Ohkawa, K. and Rosovsky, H. (1973), *Japanese Economic Growth*, Stanford: University Press.

Ohkawa, K., *et al.* (1957), *The Growth Rate of the Japanese Economy since 1878*, Tokyo: Kinokuniya Bookstore.

Ojha, P. D. (1970), 'A Configuration of Indian Poverty', *Reserve Bank of India Bulletin*, 24.

O'Keefe, P. and Wisner, B. (1975), 'African Drought: The State of the Game', *African Environmental Special Report No. 1: Problems and Perspectives*.

London: International African Institute.

O'Keefe, P. and Wisner, B. (eds) (1977), *Landuse and Development*, London: International African Institute.

Orshansky, M. (1965), 'Counting the Poor: Another Look at the Poverty Profile', *Social Security Bulletin*, 28.

Orshansky, M. (1966), 'Recounting the Poor: A Five Year Review', *Social Security Bulletin*. 29.

Orshansky, M. (1969), 'How Poverty is Measured', *Monthly Labor Review*.

Osmani, S. R. (1978), 'Economic Inequality and Group Welfare: Theory and Application to Bangladesh'; to be published by Oxford University Press.

Oxby, C. (1975), *Pastoral Nomads and Development*, London: International African Institute.

Paddock, W. and Paddock, P. (1967), *Famine*—1975!, Boston: Little, Brown.

Palekar, S. A. (1962), *Real Wages in India* 1939-1950, Bombay: International Book House.

Palmer, Ingrid (1972), *Food and New Agricultural Technology*, Geneva: UNRISD, United Nations.

Panikar, P. G. K., *et al* (1975), *Poverty, Unemployment and Development Policy*, *New York*: *United Nations*, ST/ESA/29.

Pankhurst, R. (1961), *An Introduction to the Economic History of Ethiopia fron Early Times to* 1800, London: Lalibela House.

Pankhurst, R. (1966), 'The Great Ethiopian Famine of 1888-1892: A New Assessment', *Journal of the History of Medicine and Allied Sciences*, 21.

Pantulu, Y. V. (1980), 'On Sen's Measure of Poverty', mimeographed, Sardar Patel Institute of Economic and Social Research.

Patnak, P., Rao, S. K. and Sanyal, A. (1976), 'The Inflationary Process: Some Theoretical Comments', *Economic and Political Weekly*, 11, 23 October.

Paukert, Felix (1973), 'Income Distribution at Different Levels of Development: A Survey of Evidence', *International Labout Review*, 108.

Pen, J. (1976), *Income Distribution*, Harmondsworth: Penguin.

Penny, D. H. (1966), 'The Economics of Peasant Agriculture: The Indonesian

Case', *Bulletin of Indonesian Economic Studies*, no. 5, October.

PENNY, D. H. (1979), 'The Economics of Peasant Starvation', presented at the 1979 Conference of the Australian Agricultural Economics Society.

PERKINS, D. H. (1969), *Agricultural Development in China* 1368-1968, Chicago: Aldine.

PERKINS, D. H. (1978), 'Meeting Basic Needs in the People's Republic of China', *World Development*, 6.

PINSTRUP-ANDERSON, P., RAIZ DE LONDONA, N. and HOOVER, E. (1976), 'The Impact of Increasing Food Supply on Human Nutrition: Implications for Commodity Priorities in Agricultural Research and Policy', *American Journal of Agricultural Economics*, 58.

POLEMAN, T. T. (1977), 'World Food: Myth and Reality', *World Development*, 5.

POWER, J., and HOLENSTEIN, A. (1976), *World of Hunger*, London: Temple Smith.

PRABHAKAR, M. S. (1974), 'The Famine: A Report from Dhubri', *Economic and Political Weekly*, 9.

PRAIS, S. J. and HOUTHAKKER, H. S. (1955), *The Analysis of Family Budgets*, Cambridge: University Press(2nd edn 1971).

PYATT, GRAHAM (1976), 'On the Interpretation and Disaggregation of Gini Coefficients', *Economic Journal*, 86.

PYATT, GRAHAM (1980), 'Poverty and Welfare Measures Based on the Lorenz Curve', mimeographed, Development Research Center, World Bank, Washington, DC.

PYATT, G. and THORBECKE, E. (1976), *Planning for a Better Future*, Geneva: ILO.

RADHAKRISHNA, R. and SARMA, A. (1975), 'Distributional Effects of the Current Inflation', *Social Scientist*. 30-1.

RADHAKRISHNA, R. and SARMA, A. (1980), 'Intertemporal Welfare Comparisons of India', mimeographed, Sardar Patel Institute of Economic and Social Research.

RADO, E. and SINHA, R. (1977), 'Africa: A Continent in Transition', *World*

Development, 5.

Rahman, Anisur (1974a), 'Relief Tour of Shahbajpur, Brahmanbaria: Daily Diary', mimeographed, Dacca University.

Rahman, Anisur (1974b), 'Famine', mimeographed, Dacca University.

Rajaraman, Indira (1974), 'Constructing the Poverty Line: Rural Punjab, 1960-61', Discussion Paper no. 43, Research Program in Economic Development, Princeton University.

Ramachandran, L. (1977), *India's Food Problem: A New Approach*, New Delhi: Allied Publishers.

Rangasami, Amrita (1974a), 'West Bengal: A Generation is Being Wiped Out', *Economic and Political Weekly*, 9, 30 November.

Rangasami, Amrita (1974b), 'The Uses of "Drought"', *Economic and Political Weekly*, 9, 14 December.

Rangasami, Amrita (1975), 'The Paupers of Kholisabhita Hindupara: Report on a Famine', *Economic and Political Weekly*, Annual Number, 10.

Rapp, A., Le Houérou, H. N. and Lundholm, R. (eds) (1976), *Can Desert Encroachment Be Stopped?*, Ecological Bulletins, no. 24. Stockholm.

Rashid, S. (1980), 'The Policy of Laissez-faire during Scarcities', *Economic Journal*. 90.

Rath, N. (1973), 'Regional Variation in Level and Cost of Living in Rural India', *Artha Vijnana*, 15.

Ratuim, A. M. A. (1974), 'An Analysis of Smuggling in Bangladesh', *Bangladesh Bank Bulletin*. 14.

Rawski, T. G. (1979), *Economic Growth and Employment in China*, Oxford: University Press.

Raynaut, C. (1977), 'Lessons of a Crisis', in Dalby, Harrison Church and Bezzaz(1977)

Reddaway, W. B. and Rahman, M. (1975), 'The Scale of Smuggling Out of Bangladesh', Research Report no. 21, Bangladesh Institute of Development Studies, Dacca.

Rees, J. D. (1901), *Famines: Facts and Fallacies*, London.

Rein, M. (1971), 'Problem in the Definition and Measurement of Poverty', in

Townsend(1971).

Relief and Rehabilitation Commission, Ethiopia (1976), 'Relief and Rehabilitation for Famine Victims in Ethiopia', in Hussein(1976).

Retzlaff, R. H. (1978), 'Structural Change: An Approach to Poverty in Asian Rural Development', *Economic and Political Weekly*, 13, 22-30 December.

Reutlinger, S. (1977), 'Malnutrition: A Poverty or a Food Problem', *World Development*, 5.

Reutlinger, S. (1978), 'Food Insecurity: Magnitude and Remedies', *World Development*, 6.

Reutlinger, S. and Selowsky, M. (1976), *Malnutrition and Poverty: Magnitude and Policy Options*. Baltimore: Johns Hopkins University Press.

Ricardo, David (1822), Text of speech in Parliament on 10 July: published in P. Sraffa (ed.), *The Works and Correspondence of David Ricardo*, vol. V, 'Speeches and Evidence', Cambridge: University Press.

Riskin, Carl, (1975), Incentives for Industrial Workers', in Joint Economic Committee, *People's Republic of China: A Reassessment of the Economy*, Washington, DC: US Government Printing Office.

Rivers, J. P. W., Holt, J. F. J., Seaman, J. A. and Bowden, M. H. (1976), 'Lessons for Epidemiology from the Ethiopian Famines', *Annales Société belge de Médecine Tropicale*, 56.

Rodgers, G. B. (1976), 'A Conceptualisation of Poverty in Rural India', *World Development*, 4.

Rogers, K. D., Srivastava, U. K. and Heady, E. O. (1972), 'Modified Price, Production and Income Impacts of Food Aid under Market Differentiated Distribution', *American Journal of Farm Economics*, 54.

Rothschild, M. and Stiglitz, J. E. (1973), 'Some Further Results on the Measurement of Inequality', *Journal of Economic Theory*, 6.

Rowntree, S. (1901), *Poverty: A Study of Town Life*, London: Macmillan.

Rudra, Ashok (1978), *The Basic Needs Concept and Its Implementation in Indian Development Planning*, Bangkok: ILO/ARTEP.

Runciman, W. G. (1966), *Relative Deprivation and Social Justice*, London: Routledge & Kegan Paul.

SARMA, J. S. (1978), 'India: A Drive toward Self-Sufficiency in Food Grains', *American Journal of Agricultural Economics*, 60.

SARMA, J. S., ROY, S. and GEORGE, P. S. (1979), *Two Analyses of Indian Foodgrains Production and Consumption Data*, Washington, DC: International Food Policy Research Institute.

SARRIS, A. H., ABBOTT, P. C. and TAYLOR, L. (1977), *Grain Reserves, Emergency Relief and Food Aid*, Washington, DC: Overseas Development Council.

SASTRY, S. A. R. (1977), 'Poverty, Inequality and Development: A Study of Rural Andhra Pradesh', *Anvesak*, 7.

SASTRY, S. A. R. (1980), "Poverty: Concepts and Measurement", *Indian Journal of Economics*, 61.

SASTRY, S. A. R. and SURYANARAYANA, T. (1980), 'Optimum Diet and Poverty Lines', National Seminar on Employment, Levels of Living on Public Policy, Sardar Patel, Institute of Economics and Social Research, Ahmedabad.

SCASE, R. (1974), 'Relative Deprivation: A Comparison of English and Swedish Manual Workers', in Wedderburn(1974).

SCHOVE, D. J. (1977), 'African Droughts and the Spectrum of Time', in Dalby, Harrison Church and Bezzaz(1977).

SCHULTZ F. W. (1960), 'Value of U. S. Farm Surpluses to Underdeveloped Countries', *Journal of Farm Economics*, 42.

SCHULTZ, T. W. (1964), *Transforming Traditional Agriculture*, New Haven: Yale University Press.

SCITOVSKY, TIBOR (1976), *The Joyless Economy*, New York: Oxford University Press.

SEAMAN, J., and HOLT, J. (1980), 'Markets and Famines in the Third World', *Disasters*, 4.

SEAMAN, J., HOLT, J., RIVERS, J. and MURLIS, J. (1973), 'An Inquiry into the Drought Situation in Upper Volta', *The Lancet*, 6 October.

SEAMAN, J., HOLT, J. and RIVERS, J. (1974), *Harerghe under Drought*, Addis Ababa, Ethiopian Relief and Rehabilitation Commission.

SEAMAN, J., HOLT, J. and RIVERS, J. (1978), 'The Effects of Drought on Human

Nutrition in an Ethiopian Province', *International Journal of Epidemiology*, 7.

Seastrand, F., and Diwan, R. (1975), 'Measurement and Comparison of Poverty and Inequality in the United States', presented at the Third World Econometric Congress, Toronto.

Selowsky, M. and Taylor, L. (1973), 'The Economics of Malnourished Children: An Example of Disinvestment in Human Capital', *Economic Development and Cultural Change*, 22.

Sen, A. K. (1960), *Choice of Techniques*, Oxford: Basil Blackwell (3rd edn 1968).

Sen, A. K. (1966), 'Peasants and Dualism with or without Surplus Labour'; *Journal of Political Economy*, 74.

Sen, A. K. (1967a), 'Isolation, Assurance and the Social Rate of Discount', *Quarterly Journal of Economics*, 81.

Sen, A. K. (1967b), 'Surplus Labour in India: A Critique of Schultz's Statistical Test', *Economic Journal*, 77.

Sen, A. K. (1970), *Collective Choice and Social Welfare*. Edinburgh: Oliver and Boyd; reprinted by North-Holland, Amsterdam.

Sen, A. K. (1973a), *On Economic Inequality*, Oxford: Clarendon Press.

Sen, A. K. (1973b), 'Poverty, Inequality and Unemployment: Some Conceptual Issues in Measurement', *Economic and Political Weekly*, 8, Special Number.

Sen, A. K. (1974), 'Informational Bases of Alternative Welfare Approaches: Aggregation and Income Distribution', *Journal of Public Economics*, 4.

Sen, A. K. (1975), *Employment, Technology and Development*, Oxford: Clarendon Press.

Skn, A. K. (1976a), 'Poverty: An Ordinal Approach to Measurement', *Econometrica*. 44.

Sen, A. K. (1976b), 'Real National Income', *Review of Economic Studies*, 43.

Sen, A. K. (1976c), 'Famines as Failures of Exchange Entitlements', *Economic and Political Weekly*, 11, Special Number.

Sen, A. K. (1976d), *Poverty and Economic Development*, Second Vikram Sarabhai Memorial Lecture. Ahmedabad, Vikram A. Sarabhai AMA Memorial Trust.

Sen, A. K. (1977a), 'Social Choice Theory: A Re-examination', *Econometrica*, 45.

Sen, A. K. (1977b), 'Starvation and Exchange Entitlements: A General Approach and Its Application to the Great Bengal Famine', *Cambridge Journal of Economics*, 1.

Sen, A. K. (1977c), 'On Weights and Measures: Informational Constraints in Social Welfare Analysis', *Econometrica*. 45.

Sen, A. K. (1978a), 'On the Labour Theory of Value: Some Methodological Issues', *Cambridge Journal of Economics*, 2.

Sen, A. K. (1978b), 'Ethical Measurement of Inequality: Some Difficulties', in Krelle and Shorrocks(1978).

Sen, A. K. (1979a), 'The Welfare Basis of Real Income Comparisons: A Survey', *Journal of Economic Literature*, 17.

Sen, A. K. (1979b), 'Issues in the Measurement of Poverty', *Scandinavian Journal of Economics*, 81.

Sen, A. K. (1980a), 'Description as Choice', *Oxford Economic Papers*, 32.

Sen, A. K. (1980b), 'Famine Mortality: A study of the Bengal Famine of 1943', in Hobsbawm *et al*. (1980).

Sen, A. K. (1980c), 'Famines', *World Development*, 8.

Sen, A. K. (1980d), 'Economic Development: Objectives and Obstacles', in R. F. Dernberger, ed., *China's Development Experience in Comparative Perspective*, Cambridge, Mass.: Harvard University Press.

Sen, A. K. (1981), 'Ingredients of Famine Analysis: Availability and Entitlements', *Quarterly Journal of Economics*, 95.

Sen, S. R. (1971), *Growth and Instability in Indian Agriculture*, Calcutta: Firma K. L. Mukhopadhyay.

Sen, Sunil (1979), *Agrarian Relations in India* 1793-1947, New Delhi: People's Publishing House.

Shanin, T. (1972) *The Awkward Class*, Oxford: Clarendon Press.

SHEAR, D. and STACY, R. (1976), 'Can the Sahel Survive? Prospects for Longterm Planning and Development', in Glantz(1976).

SHEARS, P. (1976), 'Drought in South-Eastern Ethiopia', in Hussein(1976).

SHEETS, H. and MORRIS, R. (1976), 'Disaster in the Desert', in Glantz(1976).

SHEPHERD, J. (1975), *The Politics of Starvation*, New York: Carnegie Endowment for International Peace.

SHUKLA, ROHIT (1977), 'Employment Behaviour in Labour Surplus Economy in a Famine Situation: A Study of Gujarat', *Anvesak*, 7.

SHUKLA, ROHT (1979), *Public Works Policy during Droughts and Famines and Its Lessons for an Employment Policy*, Ahmedabad: Sardar Patel Institute of Economic and Social Research.

SINGER, H., and ANSARI, J. (1977), *Rich and Poor Countries*, London: Allen and Unwin.

SINGH, A. (1965), *Sectional Price Movements in India*, Benares: Benares Hindu University.

SINGH, AJIT (1978), 'The "Basic Needs" Approach to Development vs. the New International Economic Order: The Significance of Third World Industrialization', mimeographed, Department of Applied Economics, Cambridge University.

SINGH, INDERJIT (1979), 'Small Farmers and the Landless in South Asia', World Bank Staff Working Paper no. 320.

SINGH, K. SURESH (1975), *The Indian Famine 1967: A Study in Crisis and Change*, New Delhi: People's Publishing House.

SINHA, RADHA (1976a), *Food and Poverty: The Political Economy of Confrontation*, London: Croom Helm.

SINHA, RADHA (1976b), 'The World Food Security', *Journal of Agricultural Economics*, 26.

SINHA, RADHA (1977), 'The World Food Problem: Consensus and Conflict', *World Development*, 5.

SINHA, R., and GORDON, DRABEK, A. (1978), *The World Food Problem: Consensus and Conflict*, Oxford: Pergamon.

SINHA, R., PEARSON, P., KADEKODI, G. and GREGORY, M. (1979), *Income*

Distribution, Growth and Basic Needs in India, London: Croom Helm.

SMITH, ADAM (1776), *An Inquiry into the Nature and Causes ofthe Wealth of Nations.*

SOBHAN, REHMAN (1979), 'Politices of Food and Famine in Bangladesh', *Economic and Political Weekly*, 14.

SRINIVASAN, T. N. (1977a), 'Poverty: Some Measurement Problems', in *Conference Proceedings*, 41st Seminar of the International Statistical Institute, held at New Delhi.

SRINIVASAN, T. N. (1977b), 'Development, Poverty and Basic Human Needs: Some Issues', *Food Research Institute Studies*, 16.

SRINIVASAN, T. N. (1979), 'Malnutrition: Some Measurement and Policy Issues', mimeographed, World Bank, Washington, D. C.

SRINIVASAN, T. N. and BARDHAN, P. K. (1974), *Poverty and Income Distribution in India*, Calcutta: Statistical Publishing Society.

SRIVASTAVA, H. S. (1968), *The History of Indian Famines* 1858-1918, Agra: Sri Ram Mehra.

STEIN, Z., SUSSER, M., SAENGER, G. and MAROLLA, F. (1975), *Famine and Human Development: The Dutch Hunger Winter of* 1944-1945, London: Oxford University Press.

STEPHENS, I. (1966), *Monsoon Morning*, London: ErnestBenn.

STEPHENS, I. (1977), *Unmade Journey*, London: Stacey International.

STEWART, F. and STREETEN, P. (1976), 'New Strategies for Develoment: Poverty. Income Distribution and Growth', *Oxford Economic Papers*, 28.

STIGLER, G. J. (1945), 'The Cost of Subsistence', *Journal of Farm Economics*, 27.

STIGLITZ, J. E. (1974), 'Incentives and Risk Sharing in Share Cropping', *Review of Economic Studies*, 41.

STONE, R. (1970), *Mathematical Models of the Economy and Other Essays*, London: Chapman and Hall.

STONE, R., and PETERSON, W. (eds) (1978), *Econometric Contributions to Public Policy*, New York: Macmillan.

STREETEN, PAUL (1972), *The Frontiers of Development Studies*, London:

Macmillan.

Streeten, Paul (1977), 'The Constructive Features of a Basic Needs Approach to Development', mimeographed, World Bank, Washington, DC.

Streeten, P. and Burki, S. J. (1978), 'Basic Needs: Some Issues', *World Development*, 6.

Sukhatme, P. V. (1977), *Nutrition and Poverty*, New Delhi: Indian Agricultural Research Institute.

Sukhatme, P. V. (1978), 'Assessment of Adequacy of Diets at Different Income Levels', *Economic and Political Weekly*, 13, Special Number.

Summers, R. S. (1978), 'Two Types of Substantive Reasons: The Core of a Theory of Common-Law Justification', *Cornell Law Review*, 63.

Svedberg, Peter (1978), 'World Food Sufficiency and Meat Consumption', *American Journal of Agricultural Economics*, 60.

Svedberg, Peter (1979), 'The Price Disincentive Effect of Food Aid Revisited: A Comment', *Economic Development and Cultural Change*, 28.

Subramanian, V, (1975), *Parched Earth: The Maharashtra Drought 1970-73*, New Delhi: Orient Longmans.

Swift, J. (1977a), 'Sahelian Pastoralists—Underdevelopment, Desertification, and Famine', *Annual Review of Anthropology*, 6.

Swift, J. (1977b), 'Desertification and Man in the Sahel', in O'Keefe and Wisner(1977).

Szal, R. J. (1977), 'Poverty: Measurement and Analysis', ILO Working Paper, WEP 2-23/WP60.

Tadesse, K. (1976), 'Health Problems Resulting from Famine', in Hussein (1976).

Takayama, N. (1979), 'Poverty, Income Inequality and Their Measures: Professor Sen's Approach Reconsidered', *Econometrica*, 47.

Tayldry, Lance (1975), 'The Misconstrued Crisis: Lester Brown and World Food', *World Development*, 3.

Taylor, Lance (1977), 'Research Directions in Income Distribution, Nutrition, and the Economics of Food', *Food Research Institute Studies*, 16.

TAYLOR, L. and SARRIS, A. (1976), 'Cereal Stocks, Food Aid and Food Security for the Poor', *World Development*, 4.

THEIL, H. (1967), *Economics and Information Theory*, Amsterdam: North-Holland.

THEIL, H. (1976), *Theory and Measurement of Consumer Demand*, 2 vols., Amsterdam: North-Holland, volume I(1975), and volume II (1976).

THOM, R. (1975), *Structural Stability and Morphogenesis: An Outline of a General Theory of Models*, Reading: Benjamin.

THON, D. (1979), 'On Measuring Poverty', *Review of Income and Wealth*, 25.

THON, D. (1980), "A Contribution to the Axiomatic Approach to the Measurement of Income Inequality and Poverty", Ph. D. thesis, Toronto University.

TOUPET, C. (1977), 'La Grande Sécheresse en Mauritanie', in Dalby, Harrison Church and Bezzaz(1977).

TOWNSEND, PETER (1954), 'The Meaning of Poverty', *British Journal of Sociology*, 5.

TOWNSEND, PETER (1971), *The Concept of Poverty*, London: Heinemann.

TOWNSEND, PETER (1974), 'Poverty as Relative Deprivation: Resources and Styles of Living', in Wedderburn(1974).

TOWNSEND, PETER (1979), *Poverty in the United Kingdom*, Harmondsworth: Penguin.

TUDGE, COLIN (1977), *The Famine Business*, London: Faber and Faber.

TYDINGS, J. D. (1970), *Born to Starve*, New York: William Morrow.

UNRISD (1975), 'Famine Risk in the Modern World', mimeographed, United Nations, Geneva.

UNRISD (1976), 'Famine Risk and Famine Prevention in the Modern World: Studies in Food Systems under Conditions of Recurrent Scarcity', mimeographed, United Nations, Geneva.

US President's Commission on Income Maintenance (1969), *Poverty amid Plenty*, Washington, D C: US Government Printing Office.

VAIDYANATHAN, A. (1974), 'Some Aspects of Inequalities of Living Standards in Rural India', in Srinivasan and Bardhan(1974).

VENKATARAMANI, M. S. (1973), *Bengal Famine of 1943: The American Response*, Delhi: Vikas.

WAGSTAFF, HOWARD (1976), *World Food: A Political Task*, London: Fabian Society.

WALFORD, C. (1878), 'On the Famines of the World: Past and Present', *Journal of Statistical Society*, 41.

WALLACE, R. (1900), *Lectures on Famines in India*, Edinburgh.

WAVELL. ARCHIBALD, 1st Earl (1973), *The Viceroy's Journal*, ed. P. Moon, Oxford: University Press.

WECKSTEIN, R. S. (1977), 'Food Security: Storage vs. Exchange', *World Development*, 5.

WEDDERBURN, DOROTHY (ed.) (1974), *Poverty, Inequality and Class Structure*, Cambridge: University Press.

WEDDERBURN, D. and CRAIG, C. (1974), 'Relative Deprivation in Work', in Wedderburn(1974).

WEISBROD, B. A. (ed.) (1965), *The Economics of Poverty*, Englewood Cliffs, NJ: Prentice-Hall.

WIDSTRAND, C. G. (1975), 'The Rationale of the Nomad Economy', *Ambio*, 1.

WILES, P. (1974), *Distribution of Income: East and West*, Amsterdam: North-Holland.

WILKINSON, R. G. (1973), *Poverty and Progress*, London: Methuen.

WINSTANLEY, D. (1976), 'Climatic Changes and the Future of the Sahel', in Glantz(1976).

WISEBERG, L. (1976), 'An International Perspective on the African Famines', in Glantz(1976).

WOOD, A. P. (1976), 'Farmers' Responses to Drought in Ethiopia', in Hussein (1976).

WOOD, G. D. (1976), 'Class Differentiation and Power in Bangladesh', in Huq (1976).

WOODHAM-SMITH, CECIL (1962), *The Great Hunger: Ireland 1845-9*, London: Hamish Hamilton (republished in new edition, London: New English Library, 1975).

World Bank (1975), *Ethiopia—Grain Storage and Marketing*, Washington, D C: World Bank.

World Bank (1980), *The World Development Report 1980*, Washington, D C: World Bank.

WRIGLEY, E. A. (1969), *Population and History*, London: Weidenfeld and Nicolson.

YITZHAKI, S. (1979), 'Relative Deprivation: A New Approach to the Social Welfare Function', *Quarterly Journal of Economics*, 93.

ZEEMAN, E. C. (1977), *Catastrophe Theory: Selected Papers 1972-77*, Reading, Mass.: Addison-Wesley.

ZEWDE, B. (1976), 'A Historical Outline of Famine in Ethiopia', in Hussein (1976).

ZIA BARANI (1291), *Tarikh-i-Firozshāhī*, Delhi.

主题索引

（所标页码为原书页码，即本书边码）

人名索引*

（所标页码为原书页码，即本书边码）

* 本人名索引包括参考文献中所提到的作者。

图书在版编目(CIP)数据

贫困与饥荒/(印)阿马蒂亚·森著;王宇,王文玉译.—北京:商务印书馆,2017
(汉译世界学术名著丛书:120年纪念版:珍藏本)
ISBN 978-7-100-14145-1

Ⅰ.①贫… Ⅱ.①阿… ②王… ③王… Ⅲ.①贫困问题—研究—世界 Ⅳ.①F113.9

中国版本图书馆CIP数据核字(2017)第138708号

汉译世界学术名著丛书
(120年纪念版·珍藏本)
贫困与饥荒
〔印〕阿马蒂亚·森 著
王 宇 王文玉 译

商务印书馆出版
(北京王府井大街36号 邮政编码100710)
商务印书馆发行
南京爱德印刷有限公司印刷
ISBN 978-7-100-14145-1

2017年12月第1版 开本710×1000 1/16
2017年12月第1次印刷 印张20½
定价:95.00元